KB025214

오늘의 토정비결

오늘의 토정비결

1판 1쇄 발행일 | 2006년 8월 16일
1판 2쇄 발행일 | 2007년 2월 26일

발행처 | 삼한출판사
발행인 | 김충호
지은이 | 김찬동

등록일 | 1975년 10월 18일
등록번호 | 제13-47호

411-800 경기도 고양시 일산 서구 구산동 142-4번
대표전화 (031) 921-0441
팩시밀리 (031) 925-2647

값 16,000원
ISBN 89-7460-113-3   03180

신비한 동양철학 · 72

오늘의 토정비결

역산 김찬동 저

삼
한

역산비결은 일년신수를 보는 역학서이다. 당년의 신수만 본다는 것은 토정비결과 비슷하다. 그러나 토정비결은 토정 선생께서 사람들에게 용기와 희망을 주기 위함이 목적이어서 다소 허황되고 과장된 부분이 많다. 병든 사람에게는 회복의 희망을 주고, 가난한 사람에게는 부자가 되는 희망을 주고, 자식이 없는 사람에게는 득남의 희망을 주는 것을 중점으로 이루어진 재미로 보는 역학서이다.

그러나 역산비결은 재미로 보는 신수가 아니라, 죽느냐 사느냐를 알려주는 예언서이다. 사업운을 구체적으로 알려주고, 어떤 자세로 임해야 상대방보다 유리한가를 알려주고, 미혼남녀에게는 결혼운을 알려주기도 한다. 이 외에 질병운·금전운·연애운·여행운·입사운·입학운 등에서 90%이상 적중하는 예언서이니 재미로 보는 토정비결과는 차원이 다르다.

따라서 운이 좋으면 확신을 갖고 용기 있게 전진하고, 운이 나쁘면 조심하여 피해를 줄일 수 있다. 이 책은 선장에게는 나침판과 같고, 사업가에게는 길흉을 알려주는 예언서가 될 터이니 잘 활용하면 누구나 큰 이익을 볼 것이다. 아무쪼록 독자들의 건강과 행운을 바라며 소원성취하기를 진심으로 바란다.

역산 김찬동 합장

역산비결 보는 방법

역산비결 해설편

차례 ③

차례 ⑤

■ 역산비결 보는 방법

역산비결은 상반기와 하반기 운으로 나누어 본다. 상반기 운은 1월~6월까지의 운을 말하고, 하반기 운은 7월~12월까지의 운을 말한다. 운을 찾는 방법은 도표를 활용하니 매우 간단하다. 설명대로 따라가면서 하면 누구나 찾을 수 있다. 생년월일은 음력으로 한다.

육십갑자와 연령 대조표

甲子	乙丑	丙寅	丁卯	戊辰	己巳	庚午	辛未	壬申	癸酉
1984	1985	1986	1987	1988	1989	1990	1991	1992	1993
1924	1925	1926	1927	1928	1929	1930	1931	1932	1933
甲戌	乙亥	丙子	丁丑	戊寅	己卯	庚辰	辛巳	壬午	癸未
1994	1995	1996	1997	1998	1999	2000	2001	2002	2003
1934	1935	1936	1937	1938	1939	1940	1941	1942	1943
甲申	乙酉	丙戌	丁亥	戊子	己丑	庚寅	辛卯	壬辰	癸巳
2004	2005	2006	2007	2008	2009	2010	2011	2012	2013
1944	1945	1946	1947	1948	1949	1950	1951	1952	1953
甲午	乙未	丙申	丁酉	戊戌	己亥	庚子	辛丑	壬寅	癸卯
2014	2015	2016	2017	2018	2019	2020	2021	2022	2023
1954	1955	1956	1957	1958	1959	1960	1961	1962	1963
甲辰	乙巳	丙午	丁未	戊申	己酉	庚戌	辛亥	壬子	癸丑
1964	1965	1966	1967	1968	1969	1970	1971	1972	1973
甲寅	乙卯	丙辰	丁巳	戊午	己未	庚申	辛酉	壬戌	癸亥
1974	1975	1976	1977	1978	1979	1980	1981	1982	1983

1. 상반기 운 찾는 방법

상반기 운은 1월~6월까지의 운으로, 나이와 생월만 알면 된다. 나이로 〈상반기 상괘수 도표〉에서 상괘수를 찾고, 생월로 〈상반기 하괘수 도표〉에서 하괘수를 찾아 합친다. 하괘수를 찾을 때는 천간(天干)을 알아야 하는데 〈육십갑자와 연령 대조표〉를 보면 된다.

명리학을 전혀 모르는 사람은 육십갑자(六十甲子)나 천간(天干)을 모를 수 있으나, 〈육십갑자와 연령 대조표〉의 한자 두 글자 중에 첫글자가 천간(天干)이라는 것 정도만 알아도 된다. 예를 들어 1987년생을 〈육십갑자와 연령 대조표〉에서 찾아보면 정묘(丁卯)다. 여기서 앞 글자인 정(丁)이 천간(天干)이다. 만일 1961년생이면 천간(天干)은 신(辛)이다. 이제 상반기 운 찾는 방법을 연습해보자.

예 1) 1955년 3월생의 2006년도 상반기 운을 찾아보자.

① 1955년생이면 2006년도에는 52세이니 〈상반기 상괘수 도표〉에서 52세를 찾아보면 14운이 나온다.

② 3월생이고 올 2006년은 병술(丙戌)년이다. 〈상반기 하괘수 도표〉에서 먼저 3월을 찾고, 천간(天干)으로 찾는다고 했으니 병(丙)을 찾아보면 7운이 나온다.

③ 이렇게 나온 14와 7을 합치면 147운이 나오는데, 상반기 운이다.

④ 147운을 「역산비결 해설편」에서 찾아보면 상반기 운세를 알 수 있다. 이 책의 목차에 쪽가 있으니 쉽게 찾을 수 있을 것이다.

예 2) 다시 1958년 9월생의 2006년도 상반기 운을 찾아보자.

① 1958년생이면 2006년도에는 49세이니 〈상반기 상괘수 도표〉에서 49세를 찾아보면 11운이 나온다.

② 9월생이고 올 2006년은 병술(丙戌)년이다. 〈상반기 하괘수 도표〉에서 먼저 9월생을 찾고 천간(天干)으로 찾는다고 했으니 병(丙)을 찾아보면 3운이 나온다.

③ 이렇게 나온 11과 3을 합치면 113운이 나오는데, 상반기 운이다.

④ 113운을 「역산비결 해설편」에서 찾아보면 상반기 운세를 알 수 있다. 이 책의 목차에 쪽수가 있으니 쉽게 찾을 수 있을 것이다.

상반기 상괘수 도표

음력기준

11운	12운	13운	14운	15운	16운	17운	18운
1세	2세	3세	4세	5세	6세	7세	8세
9세	10세	11세	12세	13세	14세	15세	16세
17세	18세	19세	20세	21세	22세	23세	24세
25세	26세	27세	28세	29세	30세	31세	32세
33세	34세	35세	36세	37세	38세	39세	40세
41세	42세	43세	44세	45세	46세	47세	48세
49세	50세	51세	52세	53세	54세	55세	56세
57세	58세	59세	60세	61세	62세	63세	64세
65세	66세	67세	68세	69세	70세	71세	72세
73세	74세	75세	76세	77세	78세	79세	80세
81세	82세	83세	84세	85세	86세	87세	88세
89세	90세	91세	92세	93세	94세	95세	96세

음력기준

	1운	2운	3운	4운	3운	2운	5운	6운	7운	8운	7운	6운
1월	丙	丁	己	庚	辛	戊	壬	癸	-	甲	乙	-
2월	丁	己	庚	辛	戊	壬	癸	-	甲	乙	-	丙
3월	己	庚	辛	戊	壬	癸	-	甲	乙	-	丙	丁
4월	庚	辛	戊	壬	癸	己	甲	乙	-	丙	丁	-
5월	辛	戊	壬	癸	己	甲	乙	-	丙	丁	-	庚
6월	戊	壬	癸	己	甲	乙	-	丙	丁	-	庚	辛
7월	壬	癸	己	甲	乙	戊	丙	丁	-	庚	辛	-
8월	癸	己	甲	乙	戊	丙	丁	-	庚	辛	-	壬
9월	己	甲	乙	戊	丙	丁	-	庚	辛	-	壬	癸
10월	甲	乙	戊	丙	丁	己	庚	辛	-	壬	癸	-
11월	乙	戊	丙	丁	己	庚	辛	-	壬	癸	-	甲
12월	戊	丙	丁	己	庚	辛	-	壬	癸	-	甲	乙

2 하반기 운 찾는 방법

하반기 운은 7월~12월까지의 운을 보는 것으로 태어난 달과 태어난 날만 알면 된다. 생월로 〈하반기 상괘수 도표〉에서 상괘수 숫자를 찾고, 생일로 〈하반기 하괘수 도표〉에서 숫자를 찾아 합치면 된다. 상괘수를 찾을 때는 올해의 지지(地支)를 알아야 하는데 〈육십갑자 도표〉에서 찾는다.

앞에서 상반기 운을 찾을 때 〈육십갑자와 연령 대조표〉의 한자 두

글자 중에 첫글자가 천간(天干)이라고 했다. 나머지 한 글자인 뒷 글자가 바로 지지(地支)이다. 예를 들어 1987년생을 〈육십갑자와 연령 대조표〉에서 찾아보면 정묘(丁卯)이다. 여기서 앞 글자인 정 (丁)이 천간(天干)이고, 뒷 글자인 묘(卯)가 지지(地支)이다. 이제 하반기 운 찾는 방법을 연습해보자.

예 1) 1955년 3월 25일생의 하반기 운을 찾아보자.
① 3월생이고 올 2006년은 병술(丙戌)년이니, 〈하반기 상괘수 도표〉 에서 3월생과 술(戌)을 찾아보면 24운이 나온다.

하반기 상괘수 도표

음력기준

	21운	22운	23운	24운	23운	22운	25운	26운	27운	28운	27운	26운
1월	巳	午	未	申	酉	戌	亥	子	丑	寅	卯	辰
2월	午	未	申	酉	戌	亥	子	丑	寅	卯	辰	巳
3월	未	申	酉	戌	亥	子	丑	寅	卯	辰	巳	午
4월	申	酉	戌	亥	子	丑	寅	卯	辰	巳	午	未
5월	酉	戌	亥	子	丑	寅	卯	辰	巳	午	未	申
6월	戌	亥	子	丑	寅	卯	辰	巳	午	未	申	酉
7월	亥	子	丑	寅	卯	辰	巳	午	未	申	酉	戌
8월	子	丑	寅	卯	辰	巳	午	未	申	酉	戌	亥
9월	丑	寅	卯	辰	巳	午	未	申	酉	戌	亥	子
10월	寅	卯	辰	巳	午	未	申	酉	戌	亥	子	丑
11월	卯	辰	巳	午	未	申	酉	戌	亥	子	丑	寅
12월	辰	巳	午	未	申	酉	戌	亥	子	丑	寅	卯

② 다음은 생일이 25일이니 〈하반기 하괘수 도표〉에서 25일을 찾아보면 1운이 나온다.

③ 이렇게 나온 24운과 1운을 합치면 241운이 나온다. 이것이 이 사람의 하반기 운이다.

④ 241운을 뒤에 나오는 「역산비결 해설편」에서 찾아보면 된다. 이 책의 목차에 쪽수가 적혀 있으니 쉽게 찾아갈 수 있을 것이다.

예 2) 1958년 9월 21일생의 하반기 운을 찾아보자.

① 9월생이고 올 2006년은 병술(丙戌)이니, 〈하반기 상괘수 도표〉에서 9월생과 술(戌)을 찾아보면 28운이 나온다.

② 다음은 생일이 21일이니 〈하반기 하괘수 도표〉에서 21일을 찾아보면 5운이 나온다.

③ 이렇게 나온 28운과 5운을 합치면 285운이 나온다. 이것이 이 사람의 하반기 운이다.

④ 285운을 뒤에 나오는 「역산비결 해설편」에서 찾아보면 된다. 이 책의 목차에 쪽수가 적혀 있으니 쉽게 찾아갈 수 있을 것이다.

하반기 하괘수 도표

음력기준

1운	2운	3운	4운	5운	6운	7운	8운
1일	2일	3일	4일	5일	6일	7일	8일
9일	10일	11일	12일	13일	14일	15일	16일
17일	18일	19일	20일	21일	22일	23일	24일
25일	26일	27일	28일	29일	30일	-	-

역산비결 해설편

111운 | 현상유지하는 것으로 만족해야 한다

1월 | 현상유지 감사만족(現狀維持 感謝滿足)의 운이다.

지금은 현상유지하는 것으로 감사하고 만족하라. 항상 변함이 없는 운이다. 지금은 현상유지하는 것으로 만족해야 한다. 큰 발전은 어렵고 그렇다고 후퇴도 아니다. 현모양처에게는 어디를 가나 언제나 복록이 따른다. 풍년이 들어 창고가 가득하니 기쁘다. 과욕은 금물이고 현재에 만족하면 이롭다. 입사운이 반길이다.

2월 | 학수고대 만사해결(鶴首苦待 萬事解決)의 운이다.

학수고대하면 만사가 해결된다. 학의 목처럼 목을 길게 늘여 애절하게 기다리면 이롭다. 시간이 지나면 모든 문제가 다 해결된다. 의식주생활을 모두 현상유지 하는 것으로 만족하면서 때를 기다려야 한다. 마음을 편안히 가지면 흉함이 변하여 길하게 되는 시기다. 독불장군에게는 미래가 없다. 운세는 상향한다.

3월 | 길운도래 자수성가(吉運到來 自手成家)의 운이다.

길운이 도래하니 자수성가한다. 자신감을 가지고 나가면 스스로의 힘으로 자립한다. 연애운을 보니 복잡한 연애관계가 정리되어 1:1의 좋은 연애로 발전한다. 결혼운을 보니 혼담이 많고 결국 결혼에 성공한다. 친구 같은 배우자를 만나면 부창부수하는 행복한 부부가 될 수 있다. 자수성가해 사업을 성공한다.

4월 │ 선견지명 역지사지(先見之明 易地思之)의 운이다.

　미리 앞을 내다보는 눈이 있어야 하며 또 입장을 바꾸어 생각해보는 도량이 있어야 한다. 처음은 화합이 어려우나 일단 화합만 되면 의외로 크게 성공하는 좋은 운이다. 좋은 교섭을 위해서는 역지사지의 교훈을 참고해야 한다. 돈과 재물의 운을 보니 창업을 할 때는 좀 어렵지만 공동으로 출자하면 자금난이 사라진다.

5월 │ 심신평화 의외유익(心身平和 意外有益)의 운이다.

　심신이 평화로우니 의외로 유익함이 많다. 뜻밖의 이익이 많다. 심신이 평화롭고 안정하니 즐거움이 스스로 찾아온다. 운이 길하다. 무슨 일이든지 단독으로 처리하면 불리하고 공동으로 추진해야 성공한다. 밖에 나가서 많은 사람들과 교제하는 것이 유리하다. 사업운을 보니 운이 강하기 때문에 성공한다.

6월 │ 타산지석 대조점검(他山之石 對照點檢)의 운이다.

　다른 산의 돌이다. 다른 사람의 좋은 점과 나쁜 점을 참고해 자신을 수양하며 항상 천지의 진리에 대조해 자신을 점검하면 이롭다. 타산지석을 교훈으로 삼아 처세한다면 발전한다. 타인의 도움이 필요한 운이다. 타인과 잘 화합해 협동해야 지금의 난관을 극복 할 수가 있다. 혼자서는 무리이고 역부족이다.

112운 | 꾸준히 노력하면 전화위복이 될 수 있다

1월 | 일심선정 전화위복(一心善正 轉禍爲福)의 운이다.

일심이 선정이면 전화위복이다. 마음 하나가 선하고 바르면 화근이 변해 복이 된다. 아직 부족한 상태다. 미완성한 상태이니 멈추지 말고 더욱더 노력을 해야 한다. 꾸준히 노력하면 전화위복이 될 수 있다. 운은 영고성쇠의 반복이다. 결혼운을 보니 성사되지 않는다. 설사 결혼을 한다해도 좋은 인연이 아니다.

2월 | 개과천선 흉변개운(改過遷善 凶變開運)의 운이다.

전날의 잘못을 고치고 선행을 행하면 흉운이 변해 개운이 된다. 이 달은 길흉이 상반하니 60%만 길하다. 영화로운 시기가 있는가 하면 고통스러운 시기가 있다. 지금의 운은 미완성한 운이니 꾸준한 노력이 필요하다. 개과천선을 교훈 삼고 자신을 돌아본다면 이익이 많다. 사람을 사랑하고 상부상조하라.

3월 | 중구난방 마이동풍(衆口難防 馬耳東風)의 운이다.

많은 사람들의 입을 막기는 어려우니 마이동풍하라. 즉 많은 사람들이 마구 떠들어대는 소리는 감당하기 어려우니 들어도 못 들은 척하라. 배 사공이 너무 많으면 배가 산으로 간다. 사업운을 보니 자영업은 남의 협조를 얻어야 안전하고 공동사업의 경우라면 자신에게 문제가 있어 결정을 못 내린다.

4월 │ 화이부동 군자지도(和而不同 君子之道)의 운이다.

사람들과 화합은 하나 정의를 버려가며 무턱대고 악당들에게 동조는 하지 않는 것이 군자의 길이다. 겸손하고 양보하면 사람이 도와준다. 집안에서 조용히 근신하면 이롭고 밖에 나가면 불리하다. 지금은 앞이 불분명하니 진행을 중단함이 좋다. 운을 보니 자신에게 허점이 많다. 혈액순환기. 호흡기를 주의하라.

5월 │ 객우경계 죽마고우(客友警戒 竹馬故友)의 운이다.

객지에서 만난 친구는 경계하고 고향친구는 이롭다. 어릴 때 대나무로 만든 말을 타며 함께 놀든 고향친구를 만난다. 객지의 친구보다 고향친구가 더 이롭다. 자기보다 강한 세력에 의지하면 이익을 얻는다. 사업의 발전이 서행하니 마음이 안타깝다. 건강운을 보니 원인 모를 고약한 병에 걸리지 않도록 조심하라.

6월 │ 주지육림 색정경계(酒池肉林 色情警戒)의 운이다.

주지육림의 타락운이니 주색을 경계하라. 술로 못을 만들고 고기로 숲을 이루었다. 즉 사치하고 음란하여 타락과 불륜에 빠지는 운이다. 때문에 여색을 경계해야 한다. 여색의 유혹에 넘어가 비싼 술값을 바가지 뒤집어쓰기도 한다. 이 달은 고전운이니 피해를 줄이는데 힘써야 한다. 분수를 지켜라. 여행을 다녀오라.

113운 | 분명히 구분하여 선택해야 한다

1월 | 일도양단 양자택일(一刀兩斷 兩者擇一)의 운이다.

 일도양단하여 양자택일을 하라. 칼로 양단한다. 즉 이 달은 분명히 구분해 선택을 해야 한다. 직업이나 배우자나 어떤 일을 결정할 운이다. 결정을 하는데는 지공무사하게 결정해야 한다. 결혼운을 보니 배우자에게 색정이나 삼각관계 문제로 결혼이 어렵다. 오직 순결을 지켜야 원만하다. 입사나 입학할 운이다.

2월 | 우유부단 일도양단(優柔不斷 一刀兩斷)의 운이다.

 우유부단하면 불리하니 일도양단하라. 우유부단해 결정을 내리지 못하면 손해보고 불리하다. 일도양단의 담대함이 필요하다. 도적과 악당은 사정을 보지말고 단호히 처단해야 길하다. 만사가 막히고 불통이니 자중자제하고 근신하라. 돈과 재물의 운을 보니 생활비는 무난하다. 큰 돈은 불통이다. 사업은 조심해야 한다.

3월 | 욕속부달 순리도달(欲速不達 順理到達)의 운이다.

 즉 급히 서둘면 뜻을 이루지 못한다. 순리를 따라야 목적지에 도달한다. 순리를 따라 신규사업을 하면 길하고 순리를 따라 사업을 시작하면 성공하는 운이다. 작전을 세우고 계획을 잘 세우면 성공한다. 연애운을 보니 순조롭지 못하다. 전근이나 이사에 장해물이 생긴다. 급할수록 돌아가며 서둘면 실패한다.

4월 │ 속성금지 토적성산(速成禁止 土積成山)의 운이다.

　속성을 금지하라. 티끌 모아 태산이다. 한 줌의 흙이 쌓여 산을 이룬다. 즉 작은 것이 쌓여 큰 것이 된다. 과욕을 부리지 말고 차근차근 쌓아나가면 소원을 성취한다. 새로운 사업을 출발할 시기다. 그러나 운이 60%만 길하기 때문에 신중함이 필요하다. 운이 절반은 길하고 절반은 흉한 운이다. 님이 그리워진다.

5월 │ 천지관찰 광대자각(天地觀察 廣大自覺)의 운이다.

　천지를 관찰하면 우주의 광대무량함을 자각한다. 지금은 우물 안의 개구리다. 즉 소견이 좁아서 지혜가 부족하다. 때문에 지혜를 넓혀야 한다. 집안에서 조용히 근신하면 해롭고 밖에 나가면 유리하다. 앞이 불분명하지만 서서히 진행하면 좋다. 자기보다 강한 세력에 화합하며 따라가면 이익을 얻는다. 여행을 가면 좋다.

6월 │ 다재선상 운내조아(多財善商 運來助我)의 운이다.

　재물이 많으면 장사를 잘한다. 운이 오면 모든 사람들이 나를 도와준다. 즉 주변의 조건과 환경적인 여건이 좋아야 성공한다. 당신은 지금 다재선상의 운이다. 때문에 사업은 순조롭게 흐르며 정체된 곳이 없는 상태이다. 전진하기에 별로 어려움이 따르지 않는다. 여러 가지 고통과 문제점이 의외로 없다.

114운 | 정도와 절도를 굳게 지키면 안전하다

1월 | 감미유혹 정도고수(甘味誘惑 正道固守)의 운이다.

 감미로운 유혹이 다가오니 정도를 고수하라. 사방이 사기꾼들이다. 즉 달콤한 유혹이 따르는 운이다. 그러나 정도와 절도를 굳게 지키면 안전하다. 감미로운 유혹이 사방에서 따르니 정신을 차려야한다. 감미로운 낚시 밥이 앞뒤에서 유혹하고 있다. 색정이 끓어오르는 불장난의 유혹이 따르고 또 뇌물의 유혹이 따른다.

2월 | 정심정도 신명가호(正心正道 神明加護)의 운이다.

 마음을 바르게 하고 바른 길을 걸어가니 천지신명이 도와준다. 유언비어에 현혹되지 말고 사기꾼의 함정에 빠지지 말아야 한다. 바른 마음을 가지고 바른 길을 가고자하는 정심정도가 필요하다. 이달은 무엇을 구입하지 말라. 모두 유혹이 따르고 사기꾼이 뒤에 있다. 달콤한 말을 잘하는 사람을 경계하라.

3월 | 복록충만 자수성가(福祿充滿 自手成家)의 운이다.

 복록이 충만하니 자수성가한다. 운이 길하여 복록이 충만하고 자수성가로 사업에 성공한다. 이 달의 운을 보니 겨울이 지나고 봄이 돌아오니 승승장구한다. 사업운을 보니 새로운 사업에 착수하면 번영한다. 그러나 호사다마의 교훈은 잊지 말아야 한다. 절도를 지키는 군자에게는 이롭다. 교섭을 통하여 인덕을 얻어라.

4월 | 점차개운 만사형통(漸次開運 萬事亨通)의 운이다.

운이 점차로 개운이 되는 좋은 운이므로 만사가 형통하다. 운이 강하여 최고의 정상을 달린다. 현모양처에게는 어디에 가나 인심을 얻고 사람이 따른다. 풍년이 들어 창고가 가득하니 기쁘다. 적극적으로 임하면 거래가 성사된다. 돈과 재물의 운을 보니 현금의 융통이 좋다. 이사나 여행을 가도 무방하다.

5월 | 일석이조 어부지리(一石二鳥 漁父之利)의 운이다.

돌 하나로 두 마리 새를 잡으니 어부지리다. 심신이 평화롭고 안정하니 즐거움이 스스로 찾아온다. 운이 길하여 희희낙낙이다. 연애운을 보니 적극적으로 밀고 나가면 좋은 애인을 만난다. 결혼운을 보니 좋은 결혼이다. 건강운을 보니 대체로 건강하다. 정도를 지키면 길하다. 자신감을 가지고 전진하라.

6월 | 성장발전 만사형통(成長發展 萬事亨通)의 운이다.

운이 성장하고 발전하니 만사가 형통하다. 재물은 충만하고 만사는 형통하며 성장하고 발전한다. 이사나 가게 이전이나 여행을 가면 귀인을 만난다. 소원의 운을 보니 80%정도 소원을 성취한다. 취직의 운을 보니 때를 놓치지 말고 추진하라. 시험의 운을 보니 합격률이 상당히 높다. 하늘의 기후는 맑다.

115운 | 대세의 흐름에 복종해야 할 운이다

1월 | 자력부족 대세순종(自力不足 大勢順從)의 운이다.

 자력이 부족하니 대세에 순종하라. 이 달은 60%정도 길하다. 대세의 흐름에 순종해야 할 운이다. 운이 온유하고 춘풍이 불어오지만 자신의 운은 연약하다. 동분서주하여 바쁘기는 하지만 실속은 없다. 결혼운을 보니 성사되지 않는다. 설사 결혼을 한다해도 좋은 배우자가 아니다. 관망함이 길하다. 입사할 운이다.

2월 | 동분서주 무익분주(東奔西走 無益奔走)의 운이다.

 동분서주하지만 아무 이익도 없이 바쁘다. 일거리가 많고 이동도 많고 분주하지만 결국은 빈손이다. 자신의 연약한 운을 의지하지 말고 대세의 흐름에 순종하면 길하다. 하늘의 기후를 보니 구름이 많고 안개가 십리나 끼여 앞이 보이지 않는다. 이 달은 자신에게 문제가 있으니 일단 반성하며 관망하라.

3월 | 지성동인 삼고초려(至誠動人 三顧草廬)의 운이다.

 지극한 정성이면 사람을 움직이니 삼고초려이다. 중국 촉한의 유비는 공명선생을 만나기 위해 세 번이나 찾아가 간청한 것이 삼고초려다. 작전을 세우고 계획을 잘 세우면 절반은 성공한다. 이 달은 사업을 출발할 시기다. 그러나 절반은 길하고 절반은 흉한 운이다. 고집을 부리지 말고 타인과 화합하면 성공한다.

4월 │ 겸손양보 다인내조(謙遜讓步 多人來助)의 운이다.

겸손하고 양보하면 많은 사람들이 와서 도와준다. 집안에서 조용히 근신하면 이롭고 밖에 나가면 불리하다. 앞이 불분명하니 진행을 서행함이 좋다. 돈과 재물의 운을 보니 자신에게 허점이 많아 의외로 많은 지출로 고민한다. 장부정리에 조심하라. 충고를 잘 받아야 길하다. 양약은 입에 쓰다. 연애나 결혼운이 길하다.

5월 │ 강세의존 화이부동(強勢依存 和而不同)의 운이다.

강세에 의존하지만 화이부동한다. 자기보다 강한 세력에 화합하면 이익을 얻는다. 사업의 발전이 서행하니 마음이 안타깝다. 건강운을 보니 원인 모를 고약한 병에 걸리지 않도록 조심하라. 소화기 기억상실증 정신관계 질병을 조심할 것이다. 이사나 가게 이전은 취소하고 다음으로 미루어라. 진리를 자각한다.

6월 │ 고전연속 서행자중(苦戰連續 徐行自重)의 운이다.

고전운이 연속이니 서행하고 자중하라. 고전운이니 피해를 줄이는 데 힘써야 한다. 경제적인 운이 서행하는 상태이니 자중해야 한다. 사업운이 불리하니 관망함이 유리하다. 운이 불리하니 수고를 해도 허송세월이다. 운을 보니 환경이 갖추어져 있지 않아서 성사되는 일이 없다. 침착하게 살펴보라.

116운 | 밖이 아니라 안에 문제가 생겼다

1월 | 예방준비 무난무사(豫防準備 無難無事)의 운이다.

예방하고 준비하면 어려움도 근심도 없다. 절반은 길하고 절반은 흉한 운이다. 사전에 예방하고 준비를 해야 한다. 과욕을 부리지 말고 현상유지에 만족하라. 밖이 문제가 아니라 내부에 문제가 생겼다. 내부를 정비하라. 정비를 하면 막혔던 운이 개운되고 고전하던 사업이 생명력을 얻어 회복한다.

2월 | 기력양성 내부정비(氣力養成 內部整備)의 운이다.

기력을 양성하고 내부를 정비하라. 기력이 쇠약한데 우선 기력부터 양성하며 내부를 정비하라. 마음에 혁명을 일으키고 개혁을 해야 한다. 기력을 회복하면 잃어버린 명예를 만회하고 즐거움이 몰려온다. 급하게 서둘면 불리하니 여유를 가지고 서서히 전진해야 한다. 운이 반길반흉하니 서서히 발전한다.

3월 | 인재선발 적재적소(人材選拔 適材適所)의 운이다.

인재를 선발하여 적재적소에 심고 꾸준히 밀고 나가면 성공한다. 사업을 시작할 시기다. 작전을 세우고 계획을 잘 세우면 성공한다. 운의 절반은 길하고 절반은 흉한 운이다. 가까운 일부터 시작하면 모든 일이 회복된다. 자금은 이미 경영하던 사업에 투자하라. 무리하게 투자하면 불리하다. 교섭을 잘하면 이롭다.

4월 │ 인화유리 화합성공(人和有利 和合成功)의 운이다.

 인화가 유리하니 화합하면 성공한다. 사람들과 좋은 인연을 맺으면 이롭다. 독불장군은 불리하고 타인과 화합하면 성공한다. 겸손하고 양보하면 사람이 도와준다. 집안에서 조용히 근신하면 무익하고 밖에 나가면 유리하다. 교섭을 잘 하면 이익이 많다. 소원은 목적대로 꾸준히 반복하면 성사된다. 부부가 여행간다.

5월 │ 서행전진 좌우관찰(徐行前進 左右觀察)의 운이다.

 서행으로 전진하며 좌우을 관찰하라. 앞이 불분명하니 진행을 서행함이 좋다. 자기보다 강한 세력에 화합하면 이익을 얻는다. 사업의 발전이 서행하니 마음이 안타깝다. 연애운을 보니 미지근한 사랑이 다시 열정으로 불이 붙는다. 결혼운을 보니 혼담이 다시 거래되고 가능성이 점점 높아진다. 질병을 예방하라.

6월 │ 도원결의 득인득재(桃園結義 得人得財)의 운이다.

 도원결의의 운이니 사람을 얻고 재물을 얻는다. 인간관계를 잘 유지시켜나가야 한다. 마치 유비가 관우와 장비와 더불어 도원결의를 하듯이 사람을 얻어야 문제를 해결하고 길을 열 수 있다. 시험의 운을 보니 자기실력에 맞는 학교라면 합격한다. 기후는 하늘의 반쪽은 맑으나 또 반쪽은 구름이 남아있다.

117운 | 새로운 친구나 거래처는 위험하다

1월 | 악연상봉 의심경계(惡緣相逢 疑心警戒)의 운이다.

악연을 상봉하는 운이니 사람을 의심하고 경계하라. 새로운 사람을 만나는 운이다. 그러나 만나는 사람이 이롭지 못하며 악한 인연의 만남이다. 자기모순에 빠지는 시기이니 신중해야 한다. 결혼이 성사되지 않는다. 설사 결혼을 한다해도 좋은 인연이 아니다. 새로운 친구나 거래처는 위험한 상대이니 경계하라.

2월 | 교언영색 유혹경계(巧言令色 誘惑警戒)의 운이다.

대인관계나 거래를 관망함이 길하다. 교묘하게 꾸며대는 말과 아첨하는 자를 경계하지 않으면 큰 사기를 당한다. 시험의 운을 보니 하향지원하면 가능하나 상향지원하면 불합격이다. 스스로 강해지지 않으면 생존경쟁에서 이길 수 없다. 자력양성에 주력해야 한다. 사람을 함부로 믿지 말라. 많이 속는다.

3월 | 칠보단장 선전광고(七寶丹粧 宣傳廣告)의 운이다.

많은 패물로써 몸을 단장한다. 즉 외적인 면에 남의 눈에 띄게 꾸민다. 선전광고를 많이 한다. 작전을 세우고 계획을 잘 세우면 성공한다. 사업을 시작할 시기다. 사업운을 보니 자영업은 남의 협조를 얻어야 안전하고 공동사업의 경우라면 자신에게 여러 가지 부족한 문제가 있다. 선전을 많이 하면 유리하다.

4월 │ 재가근신 인조다익(在家謹愼 人助多益)의 운이다.

집에서 조용히 근신하면 이롭다. 겸손하고 양보하면 사람이 도와
주니 이익이 많다. 집안에서 조용히 근신하면 이롭고 밖에 나가면
불리하다. 앞이 불분명하니 진행을 일시 서행함이 좋다. 운을 보니
자신에게 허점이 많아 의외로 많은 지출로 고민한다. 장부 점검을
잘하라. 상대방이 찾아 오도록 기다려라.

5월 │ 칠전팔기 용기분발(七顚八起 勇氣奮發)의 운이다.

일곱 번 넘어져도 여덟 번 일어나는 용기와 분발심이 필요하다.
산전수전 다 겪으며 살아가는 인생 길에서 한 두 번 정도 실패에
낙심해서는 아니 된다. 여러 번 실패에도 굽히지 않고 분투하는 운
이다. 자기보다 강한 세력에 의지해 화합하면 이익을 얻는다. 건강
운을 보니 원인 모를 고약한 병에 조심하라.

6월 │ 노이무공 허송세월(勞而無功 虛送歲月)의 운이다.

노력을 해도 공이 없으니 허송세월이다. 자중해야 한다. 운이 불리
하니 수고를 해도 아무 이익은 없는 허송세월이다. 운을 보니 환경
이 갖추어져 있지 않아서 열심히 노력해도 성사되는 일이 없다. 취
직의 운을 보니 60%만 길하여 자신의 힘으로는 불가능하고 선배
나 상사의 도움을 청해야 가능하다. 무엇을 잊어버린다.

118운 | 정신이 혼돈하고 공허하여 불안정하다

1월 | 무지몽매 혼돈공허(無知蒙昧 混沌空虛)의 운이다.

무지몽매하니 정신이 혼돈하고 공허하다. 생각이 무지하고 몽매하여 판단력이 떨어진다. 정신이 혼돈하고 공허하여 불안정하다. 사기꾼의 유혹이 다가온다. 이때는 혼자서 결정하면 크게 후회한다. 부모님이나 형제의 조언을 듣고 신중해야 사기를 당하지 않는다. 당신의 생각이 옳지 않는 부분이 많다.

2월 | 초지일관 초심반조(初志一貫 初心返照)의 운이다.

초지일관의 운이니 초심을 반조하라. 처음의 뜻을 그대로 유지하면 이롭다. 초심을 생각하며 인내하라. 앞길이 막연하여 고통이 많이 따른다. 전혀 가망이 없는 운이지만 이러한 시기에 열심히 노력하고 공부해야 장래가 열린다. 선배나 상사의 도움을 청하지 않으면 되는 일이 없다. 충고를 감수하라. 길흉이 상반이다.

3월 | 두몽신고 주몽노고(頭蒙身苦 主蒙奴苦)의 운이다.

즉 머리가 멍청하면 몸이 고달프다. 주인을 잘못 만나면 머슴들이 고달프다. 지금은 타인의 협조를 얻어야 안전하다. 공동사업의 경우라면 문제가 있어 결정을 내리기에 힘드는 시기다. 자신에게 문제가 있으니 일단 관망하였다가 다음 기회를 노려야 유리하다. 군자는 어려운 일을 당하면 자신을 반성한다.

4월 | 취사선택 전화위복(取捨選擇 轉禍爲福)의 운이다.

취사선택을 잘하면 전화위복이 된다. 이로운 것은 취하고 해로운 것은 버려야 한다. 겸손하고 양보하면 전화위복이 된다. 자신에게 허점이 많아 의외로 많은 지출로 고민한다. 장부정리에 주의하고 어려워도 참아야 한다. 낙관할 시기가 아니며 노력해도 성사되지 않는다. 한 번 더 환경을 살펴보라.

5월 | 낙불가극 자기규제(樂不可極 自己規制)의 운이다.

즐거운 일이 있으면 다 즐기지 말고 남겨두어 다음에 즐기도록 하는 자기 규제가 중요하다. 자기보다 강한 운을 가진 사람에게 의지하고 부탁하며 화합해야 이루어진다. 건강에 주의를 요하는데 원인도 모를 병으로 고통을 당할 수 있다. 이사나 이전이나 여행은 다음으로 미루어라. 건강을 주의하고 진리를 자각하라.

6월 | 오리무중 동서불분(五里霧中 東西不分)의 운이다.

안개가 오리나 끼었다. 동서남북의 방향을 알 수 없이 앞이 불분명하다. 경제적인 면이 서행하는 상태이므로 새로운 신규사업은 중지하고 지금까지 하던 사업에 충실해야 이롭다. 구름이 많고 안개가 십리나 끼여 앞이 보이지 않는다. 지금까지 해 오는 사업을 다시 손질하고 정비하면 유리하다. 작은 소원을 성취한다.

121운 | 운이 진동하니 새롭게 변신하라

1월 | 육분성사 감사만족(六分成事 感謝滿足)의 운이다.

즉 60% 정도 이루어지면 감사하고 만족해야 한다. 운이 진동하니 새롭게 변신하고 변화를 추구하면 길하다. 이동하거나 새로운 사업을 신설하면 길한 시기다. 영업장소를 옮기거나 이사를 가도 좋다. 새로운 동업자를 찾아 나서도 좋다. 새로운 친구를 만나면 유리하고 신진대사의 시기다. 새로운 곳에 입사한다.

2월 | 변신유리 이동여행(變身有利 移動旅行)의 운이다.

변신이 유리하니 이동하고 여행하라. 새로운 변신을 하거나 새로운 장소로 이동하면 모두 길하다. 지금까지 유지하여 오던 방법에서 변화를 주어야 길하다. 기본적인 골격은 그대로 유지하되 부분적으로 변화가 필요하다. 새로운 방법으로 대인관계를 응하면 보다 많은 실적을 올릴 수 있다. 운수가 열린다.

3월 | 승승장구 자수성가(乘勝長驅 自手成家)의 운이다.

승승장구하니 자수성가한다. 운이 70%이상 길하여 복록이 충만하고 자수성가로 사업에 성공한다. 겨울이 지나고 봄이 돌아오니 승승장구한다. 사업운을 보니 새로운 사업에 착수하면 번영한다. 백가지 꽃이 만발하니 따라서 운도 시원시원하게 열린다. 담대하게 전진하라. 투자할 시기다. 교섭을 통하여 사람을 얻는다.

4월 │ 강건정상 호사다마(强健頂上 好事多魔)의 운이다.

강건한 운이 정상을 달린다. 좋은 일에는 항상 마가 많이 따른다. 개운이 되는 좋은 운이므로 만사가 형통하다. 현모양처는 누구나 좋아하고 가정을 행복하게 한다. 풍년이 들어 창고가 가득하니 기쁘다. 교섭을 잘 하면 이익이 많다. 적극적으로 임하면 거래가 성사된다. 현금의 융통이 아주 좋다. 좋은 연애를 한다.

5월 │ 욕불가장 낙불가극(欲不可長 樂不可極)의 운이다.

원하는 바를 전부 다 잘되기만을 바라지 말라. 즐거움을 끝까지 다 누리지는 말라. 군자는 원하는 바에 60%만 이루어지면 만족한다. 뜻밖의 이익이 많다. 좋은 일이 많은 가운데 질투하는 무리가 방해한다. 운이 길하여 희희낙낙이다. 연애운을 보니 적극적으로 밀고 나가면 좋은 애인을 만난다. 작은 소원을 성취한다.

6월 │ 고진감래 가내경사(苦盡甘來 家內慶事)의 운이다.

고생을 다하면 즐거움이 온다. 가내에 큰 경사가 일어난다. 지금은 즐거움을 누릴 시기다. 소원의 운을 보니 80%정도 소원을 성취한다. 취직의 운을 보니 때를 놓치지 말고 추진하라. 시험의 운을 보니 합격율이 상당히 높다. 하늘의 기후를 보니 하늘은 높고 대체로 맑다. 천지가 명랑하다. 여행을 가면 귀인을 만난다.

122운 | 안정기간이 계속되도록 노력하라

1월 | 적선공덕 전화위복(積善功德 轉禍爲福)의 운이다.

적선의 공덕을 쌓으면 재앙이 변하여 복이 된다. 안정된 상태이다. 사람은 누구나 안전하고 평화로움을 좋아한다. 몸과 마음은 건강하다. 심신이 건강하니 매사에 자신이 생겨 무엇을 상대하나 자신이 만만하다. 마음이 안정되니 몸도 안정되고 따라서 사업도 안정된다. 기분이 아주 좋다. 물건을 잊어버리니 조심하라.

2월 | 흥진비래 안시예방(興盡悲來 安時豫放)의 운이다.

즐거움이 다하면 슬픔이 오는 법이니 안전할 때 예방하라. 예방하면 근심이 없다. 군자는 어디에 가나 복록이 따른다. 달도 차면 기운다. 좋은 가운데 소소한 근심이 발생한다. 운이 조금씩 기울고 있다. 이러한 때는 안정기간이 연장 되도록 노력해야 한다. 대인관계를 잘 하는 것이 성공 비결의 첩경이다.

3월 | 정심수분 마장불침(正心守分 魔障不侵)의 운이다.

마음의 자세를 바르게 하고 분수를 지키면 마장의 침범이 없다. 연애운을 보니 복잡한 삼각관계의 연애가 정리되어 1:1의 좋은 연애로 발전한다. 결혼운을 보니 혼담이 많고 결국 결혼에 성공한다. 좋은 배우자를 만나면 부창부수의 부부가 될 수 있다. 또 좋은 친구를 얻는다. 피부. 호흡기. 소화기에 발병을 주의하라.

4월 │ 인봉유익 인화유리(人逢有益 人和有利)의 운이다.

 사람을 통하여 이익을 얻는 운이니 인간관계가 제일 중요하다. 사람들과 화합을 잘 하면 유리하다. 교섭을 잘 하면 이익이 많다. 처음은 화합이 어려우나 일단 화합만 되면 의외로 크게 성공하는 좋은 운이다. 좋은 교섭을 위해서는 역지사지의 교훈을 참고해야 한다. 운을 보니 공동으로 출자하면 자금난이 사라진다.

5월 │ 자기규제 대덕군자(自己規制 大德君子)의 운이다.

 자기규제 할 줄 아는 사람이면 그는 대덕 군자다. 자기의 잘못된 언행을 스스로 규제하면 이롭다. 남이 와서 규제해 주면 고통이 따르지만 스스로 규제하면 즐겁다. 귀인이 나타나 도와주니 뜻밖의 이익이 많다. 심신이 평화롭고 안정하니 즐거움이 스스로 찾아온다. 밖에 나가서 많은 사람들과 교제하면 유리하다.

6월 │ 청렴결백 다인자종(淸廉潔白 多人自從)의 운이다.

 청렴결백한 마음을 가지면 많은 사람들이 스스로 따른다. 마음자세가 맑고 바르면 이롭다. 재물은 충만하고 만사는 형통하며 성장하고 발전한다. 그러나 타인의 도움도 필요한 운이다. 타인과 잘 화합하여 협동하면 보다 크게 성공한다. 비록 운이 좋으나 혼자서는 한계가 있고 역부족이다. 타인의 도움을 받아야 한다.

123운 | 서로 의지하며 더불어 살아가야 한다

1월 | 발상전환 인생역전(發想轉換 人生逆轉)의 운이다.

생각을 한 번 바꾸면 인생이 역전된다. 좋은 발상을 일으키면 운이 전환된다. 즉 마음 한 번만 잘 돌리면 어디에 가나 천국이다. 사람은 혼자서 살수가 없다. 서로 의지하며 더불어 살아가야 한다. 문호를 개방하고 교류를 해야 살수가 있다. 새로운 사람과 사교하고 거래를 확대하면 발전한다. 진리를 자각하니 즐겁다.

2월 | 상부상조 인화길연(相扶相助 人和吉緣)의 운이다.

혼자서는 살아갈 수 없다. 서로 서로 도움을 주고받아야 한다. 대인관계를 잘 조화롭게 하는 것이 성공이 지름길이다. 실적이나 판매는 70%이상 점차 향상한다. 적극적인 거래가 필요하다. 오랜 고난에서 얻어진 성공이므로 당장 자기 자금이 없어도 도와줄 사람이 생긴다. 먼저 도와주면 반드시 준 것만큼 돌려 받는다.

3월 | 사막감수 복록충만(沙漠甘水 福祿充滿)의 운이다.

즉 목마른 사막에서 오아시스를 만난 좋은 운이니 복록이 충만하다. 복록이 충만하니 부러울 것이 없다. 사업운을 보니 당신이 바라는 사업은 다른 사람들도 바라는 것이므로 지도자를 얻어 계획하는 일을 빨리 추진하라. 교섭상대와 우선 친목을 도모하라. 그리고 기선을 잡아라. 먼저 선수를 쳐야 이롭다.

4월 | 오복구비 천국생활(五福具備 天國生活)의 운이다.

　오복을 구비하면 천국생활인데 즉 심신은 건강하고 부부는 화합하며 자손은 번창하고 재물은 충만하고 직업은 안정된다. 많은 복을 다 받으니 좋은 운이다. 사업운을 보니 70%이상 성공이 눈앞에 보인다. 건강도 좋다. 부부사이에도 금슬이 좋다. 자녀에게도 경사가 있다. 좋은 운이므로 만사가 형통하다.

5월 | 대세의존 화이부동(大勢依存 和而不同)의 운이다.

　대세를 의존하며 조화를 이루지만 악당들과는 주견 없이 함부로 협조하지 않는다. 정도를 지키는 사람에게는 어디에 가나 언제나 복록이 따른다. 풍년이 들어 창고가 가득하니 기쁘다. 뜻밖의 이익이 많다. 이사나 가게 이전이나 여행을 가면 이로운데 여행지에서 친구나 애인이나 동업자를 만나 소원을 성취한다.

6월 | 일석이조 일거양득(一石二鳥 一擧兩得)의 운이다.

　일석이조의 운이니 일거양득이다. 한 가지 일로 두 가지의 이익을 얻는다. 운이 70%이상 길하다. 심신이 평화롭고 안정하니 즐거움이 스스로 찾아온다. 운이 길하여 희희낙낙이다. 재물은 충만하고 만사는 형통하며 성장하고 발전한다. 취직의 운을 보니 귀인의 도움으로 무난히 입사한다. 질병에 걸리지 않도록 하라.

124운 | 소인과 동행하면 마음이 상한다

1월 | 군자동행 다락다익(君子同行 多樂多益)의 운이다.

덕이 높은 군자의 뒤를 따르면 즐거움이 많고 이익이 많다. 그러나 소인과 동행하면 마음이 상하고 손해만 따를 뿐이다. 돈과 재물의 운을 보니 오랜 고난에서 얻어진 성공이므로 당장 자기 자금이 없어도 도와줄 사람이 생긴다. 노력 한 만큼 성과가 있다. 시험의 운을 보니 합격율이 높다. 건강을 잘 지켜야 한다.

2월 | 원만구족 공명정대(圓滿具足 公明正大)의 운이다.

모난 것이 없이 둥글게 처해야 하며 지극히 공명정대를 하면 이롭다. 언행이 공명정대하면 길하고 소인들과 타협하면 흉하다. 부정으로 축재한 재물은 화근이며 근검절약이 축재의 순리임을 생각해야 한다. 소인과 동행하여 개망신을 당하는 것보다는 차라리 조용히 성현의 글을 읽는 것이 유리하다.

3월 | 정심정행 정직진실(正心正行 正直眞實)의 운이다.

바른 마음과 바른 행동과 정직하고 진실해야 한다. 마음의 자세를 바르게 하고 행동을 바르게 하면 이롭다. 사업운을 보니 내가 바라는 사업은 다른 사람들도 바라는 것이므로 전문가를 얻어 계획하는 일을 빨리 추진하라. 교섭을 잘 하면 이익이 많다. 교섭상대와 우선 친목을 도모하라. 그리고 기선을 잡아라.

4월 | 영생불멸 인과응보(永生不滅 因果應報)의 운이다.

영생불멸의 도와 인과응보의 도를 아는 사람이 가장 큰 도를 아는 사람이다. 인생은 풀잎의 이슬 같다. 운은 비록 좋으나 마음이 어찌 편하지 않다. 재물운도 넉넉하고 큰 문제도 없는데 마음이 허전한 것은 인생의 대도를 깨닫지 못했기 대문이다. 즉 마음수양이 필요한데 영생불멸과 인과응보의 도를 깨달아야 한다.

5월 | 약빈독자 구제봉사(弱貧獨者 救濟奉仕)의 운이다.

약하고 가난하고 외로운 사람을 구제하고 그들을 위해 봉사하라. 적선공덕을 쌓고 가난한 사람들을 위해 봉사활동을 하면 이롭다. 현모양처에게는 어디에 가나 언제나 민심이 따른다. 풍년이 들어 창고가 가득하니 기쁘다. 뜻밖의 이익이 많다. 잃어버린 물건은 찾을 수 있다. 이사나 가게 이전이나 여행은 이롭다.

6월 | 심신평화 희희낙낙(心身平和 喜喜樂樂)의 운이다.

심신이 평화롭고 안정하니 즐거움이 스스로 찾아온다. 운이 길하여 희희낙낙이다. 재물은 충만하고 만사는 형통하며 성장하고 발전한다. 취직의 운을 보니 경쟁자가 많으나 귀인의 도움으로 무난히 입사한다. 하늘의 기후를 보니 약간의 가랑비는 온다. 피부·혈액관계·만성병 등을 주의하라. 부부사이에 즐거움이 있다.

125운 | 속도는 느리지만 점점 운이 열린다

1월 | 정각정행 감사생활(正覺正行 感謝生活)의 운이다.

바르게 깨닫고 바르게 행동하면 좋은 결과가 오며 원망생활은 만 가지 죄악의 근본이니 원망생활을 하지말고 감사생활을 할 것이다. 온고지신이란 말이 있다. 전날에 경험들을 하나 하나 점검하면서 새로운 사업에 도전을 하면 길하다. 상대편에서 먼저 교섭을 해 오 도록 기다려라. 인내하면 이긴다.

2월 | 용감전진 재명양득(勇敢前進 財名兩得)의 운이다.

운은 점점 발전하는 좋은 시기이니 주저말고 용감하게 전진하면 재물과 명예를 둘 다 얻는다. 심신이 평화롭고 안정하니 즐거움이 스스로 찾아온다. 운이 길하여 희희낙낙이다. 취직의 운을 보니 접 객업소 개인 상점 등 단순한 직장이면 쉽게 입사가 되지만 큰 회 사는 어렵다. 미혼자는 결혼하는 경사가 있다.

3월 | 심신수양 기력양성(心身修養 氣力養成)의 운이다.

몸과 마음을 수양하여 기력을 양성하면 크게 이롭다. 천리 길도 한 걸음부터. 너무 급하게 성공을 원하면 무리가 따른다. 만사가 순리대로 물이 흘러가는 것처럼 대세에 따라야 유리하다. 새로운 사업을 시작하거나 확장도 좋다. 재물의 운을 보니 저축에 있어서 는 만족한다. 소화기 · 호흡기 등을 주의하라.

4월 ┃ 유능제강 온유겸손(柔能制剛 溫柔謙遜)의 운이다.

부드러운 것이 강한 것을 이기니 온유겸손하라. 처세에는 온유겸손한 것이 제일 귀하다. 강폭하고 교만함음 모든 재앙의 근본이다. 학문을 중요시하는 사람에게는 어디에 가나 언제나 복록이 따른다. 어느 떡을 먹을까 하는 행복한 고민이고 재물은 충만하고 만사가 순성이다. 자신감을 가지고 전진하라.

5월 ┃ 용기분발 활기양양(勇氣奮發 活氣陽陽)의 운이다.

용기를 내어 분발하니 활기가 양양하고 크게 발전한다. 70%이상 길하다. 이사나 가게 이전이나 여행은 가까운 여행이라면 즐거우나 멀리 가는 여행은 불리하다. 소원의 운을 보니 인내심을 가지고 기다리면 모든 일이 성사된다. 풍년이 들어 창고가 가득하나 호사다마를 생각하라. 좋은 인연의 님을 만나 연애를 한다.

6월 ┃ 영웅호색 불륜경계(英雄好色 不倫警戒)의 운이다.

영웅호걸들은 원래 호색적이다. 불륜을 경계하라. 지금 당신은 영웅호걸과 같은 입장이므로 색정의 유혹이 따른다. 불륜색정으로 남녀간의 호색에 빠지는 시기다. 상대자는 대단한 호색가이다. 지금은 만남은 불륜이 앞서는 불장난에 불과하다. 기후를 보니 비가 온 뒤에 개인다. 뜻밖의 횡재운으로 돈이 생긴다.

126운 | 이 달은 하늘 높이 승천하는 운이다

1월 | 사반공배 일거양득(事半功倍 一擧兩得)의 운이다.

적게 일하고 많은 이익을 얻으니 일거양득이다. 길하다. 용이 하늘 높이 승천하는 운이다. 일거양득의 길운이니 만사가 형통하다. 어려움을 참고 참아온 보람이 이제 나타나는 결실의 시기를 만났다. 좋은 운이 왔을 때 전진하고 투자하여 한몫을 단단히 잡아두어야 한다. 투자하고 전진하라. 친구를 통하여 인덕이 생긴다.

2월 | 욱일승천 천지광명(旭日昇天 天地光明)의 운이다.

욱일승천하니 천지가 광명하다. 감사하고 만족하라. 70%이상 길하여 태양이 하늘 높이 욱일승천하는 기세이다. 이러한 기회를 놓치지 말고 사업가는 투자하고 공격하고 전진하면 길하다. 질투하는 사람들이 음모를 꾸미고있으니 조심하라. 풍년이 들어 창고가 가득하니 기쁘다. 투자하고 전진하라. 교섭을 잘하면 길하다.

3월 | 육분성사 감사만족(六分成事 感謝滿足)의 운이다.

60%만 이루어지면 감사하고 만족하라. 더 이상의 과욕은 부리지 말라. 사업은 길함이 많고 흉함은 적다. 연애운을 보니 복잡한 삼각관계의 연애가 정리되어 1:1의 좋은 연애로 발전한다. 결혼운을 보니 혼담이 많고 결국 결혼에 성공한다. 친구 같은 배우자를 만나면 맞벌이 부부가 될 수 있다. 길흉이 교차한다.

4월 | 신명가호 만사순성(神明加護 萬事順成)의 운이다.

신명이 가호하니 만사가 순성이다. 천지신명이 도와주니 모든 일이 순순하게 잘 풀린다. 신명의 도움이 없다면 아무것도 이루어지지 않는다. 운을 알면 길이 보인다. 크게 성공하는 좋은 운이다. 좋은 교섭을 위해서는 역지사지의 교훈을 참고해야 한다. 돈과 재물의 운을 보니 의외로 넉넉하고 좋다.

5월 | 도리성실 사리중시(道理誠實 事理重視)의 운이다.

도리에 성실하고 사리에 중시하라. 즉 일과 이치를 중요시하면 재물이 많이 들어온다. 세상만사는 모두 일과 이치로 이루어져 있다. 때문에 사리를 중요시하면 성공한다. 밖에 나가서 많은 사람들과 교제하는 것도 사리에 맞게 하면 유리하다. 집안에 있으면 이익이 없고 밖에 나가면 귀인을 만난다. 사업운이 열린다.

6월 | 정도고수 마장불침(正道固守 魔障不侵)의 운이다.

정도를 고수하니 마장의 침범이 없다. 마장의 침범이 없으니 만사가 뜻과 같다. 큰 마장은 없으나 소소한 작은 마장은 따른다. 타인과 잘 화합하여 협동해야 원하는 바에 목적을 이룰 수 있다. 사업은 동업이 유리하고 인간관계를 잘 해야 한다. 훗날을 생각해서 항상 좋은 여운을 남겨두어야 한다. 운수가 형통하다.

127운 | 개운되고 기력이 회복되니 전진하라

1월 | 기력회복 서행전진(氣力回復 徐行前進)의 운이다.

기력이 회복되니 서서히 전진하라. 운이 개운 되고 기력이 회복되니 서서히 전진을 해야 한다. 변동하고 변화를 해야 할 시기다. 마음은 해방되고 자유를 얻는다. 희망은 솟아오르고 계획도 뜻과 같다. 그러나 사방을 보니 아직 유혹의 손길은 도사리고 있다. 신중하게 전진하라. 주변을 감찰하면서 전진하라.

2월 | 어부지리 일거양득(漁父之利 一擧兩得)의 운이다.

도요새와 조개가 싸우고 있는 사이에 어부가 나타나 쉽게 둘 다 잡으니 일거양득이다. 두 사람이 다투고 있는 사이에 엉뚱한 사람이 이익을 본다. 당신은 지금 어부의 입장이니 이익이 많다. 길운이니 전진하면 이롭다. 너무 신중해도 시기를 놓칠 수 있다. 강하게 전진하라. 주변을 살펴보면 어부지리가 보인다.

3월 | 지성감천 소원성취(至誠感天 所願成就)의 운이다.

지극한 정성이면 하늘이 감동하여 소원을 성취한다. 견실하고 확고하면 70%성공한다. 과욕이나 망상은 버려라. 서서히 발달하고 서서히 발전하니 순리를 따르면 이익이 많다. 봄여름의 운을 보니 모든 것을 자연에 맡겨두어야 한다. 진인사대천명(盡人事待天命)이다. 자신감을 가져라. 천지가 명랑하니 즐겁다.

4월 | 사방인연 인즉애인(四方因緣 仁則愛人)의 운이다.

사방에서 좋은 인연이 나타나 도와주니 크게 길하다. 사랑을 사랑하는 것이 곧 인(仁)이다. 작은 이익에 만족하고 분수를 지키면 유리하다. 상대방의 운세가 강한 세력이니 복종함이 유리하다. 정도를 고수하면 반드시 귀인을 만나 도움을 받는다. 상대방을 존중하고 일보후퇴나 양보함이 유리하다. 좋은 회사에 들어간다.

5월 | 순결정숙 열남열녀(純潔貞淑 烈男烈女)의 운이다.

순결을 지키고 정숙하면 이롭다. 남자는 열남이 되고 여자는 열녀가 되어야 한다. 연애운을 보니 연애에 금이 가니 노력을 하면 다시 화합이 된다. 결혼운을 보니 혼담에 방해꾼이 생긴다. 기성가정이면 별거나 이혼한다. 부부간에 애정을 돈독히 해야 불행을 막을 수 있다. 아직도 여러 분야에서 부족하다.

6월 | 수련연마 자력양성(修鍊研磨 自力養成)의 운이다.

수련연마하니 자력이 양성된다. 심신을 수련하고 연마하여 자신감을 길러야 한다. 사기꾼을 만나 손해볼 운이니 사람을 경계하라. 운이 불리하니 확장은 금물이다. 이사나 가게 이전이나 여행을 중단하라. 여행가면 사고가 일어난다. 취직의 운을 보니 다음의 때를 기다려라. 길한 중에 소흥이 있다. 작은 소원을 성취한다.

128운 | 자신의 기력부터 키워야 한다

1월 | 사지소멸 정심양성(邪智消滅 正心養成)의 운이다.

사악한 지혜를 소멸시켜야 이롭다. 사악한 지혜를 소멸시키지 못하면 큰 재앙이 온다. 그리고 바른 마음은 양성해야 한다. 길운이 개운되고 기력이 회복되니 서서히 전진을 해야 한다. 변동하고 변화를 해야 할 시기다. 그러나 심신이 허약하고 환경이 따르지 않는다. 자신의 염력과 기력을 양성하라. 여행을 가게된다.

2월 | 아생우선 살타후차(我生優先 殺他後次)의 운이다.

즉 내가 사는 것이 먼저이고 적을 잡는 것은 다음이다. 무엇이 더 중요한가를 생각할 때다. 즉 수비가 급한가 아니면 공격이 우선인가. 욕망이 큰데 현실과 비교해 보아야 한다. 능력이 부족하니 보충하고 보강해야 한다. 남을 공격할 여유가 없다. 수비가 우선이다. 간장. 신경. 소화기. 호흡기를 주의하라.

3월 | 망언금지 덕담포시(妄言禁止 德談布施)의 운이다.

망언은 금지하고 덕담은 포시하라. 망언을 금지하지 않으면 큰 화근이 발생한다. 입을 굳게 다물어야 이롭다. 그러나 덕담은 많이 해야 길하다. 운은 비록 길하여 70%까지 성공한다. 그러나 과욕이나 망상은 버려라. 서서히 발전하니 순리를 따르면 이익이 많다. 언행에 신중하면 재물을 얻고 교섭이 이루어진다.

4월 | 자신중책 타인경책(自身重責 他人輕責)의 운이다.

 자신은 중책하고 타인은 경책하니 군자의 도리다. 허물이 있으면 자신을 강하게 중책하고 타인에게는 가볍게 책하면 허물이 사라진다. 교섭을 잘 하면 이익이 많다. 처음은 화합이 어려우나 일단 화합만 되면 의외로 크게 성공하는 좋은 운이다. 좋은 교섭을 위해서는 역지사지의 교훈을 참고해야 한다.

5월 | 지공무사 공명정대(至公無私 公明正大)의 운이다.

 지공무사하고 공명정대하게 처신하면 크게 길하다. 봄여름의 운을 보니 무슨 일이든지 단독으로 처리하면 불리하고 공동으로 추진해야 성공한다. 밖에 나가서 많은 사람들과 교제하는 것이 유리하다. 집안에 있으면 이익이 없고 밖에 나가면 귀인을 만난다. 바른 길을 걸어가라. 사불범정이다. 물건을 잃어버린다.

6월 | 강자생존 기력양성(强者生存 氣力養成)의 운이다.

 강자만이 생존하는 법칙이니 스스로 기력을 양성하라. 즉 스스로 강해지지 않으면 생존경쟁에서 이길 수 없다. 타인과 잘 화합하여 협동해야 지금의 난관을 극복 할 수가 있다. 혼자서는 역부족이다. 타인의 도움을 받으려면 청렴하고 결백해야 한다. 사업은 동업이 유리하다. 대인관계를 잘 유지하는 것이 중요하다.

131운 | 투자를 많이 하고 거래처를 확장하라

1월 | 원만구족 영육쌍전(圓滿具足 靈肉雙全)의 운이다.

모든 일에 한편에 편착(偏着)하면 안되며 원만해야 한다. 모나지 말고 공처럼 원만하고 스스로 만족하면 적이 없다. 80%이상 길하여 의식주가 풍족한 운이다. 풍년이 들어 창고에는 곡식이 가득하고 지갑에는 돈이 넉넉하다. 창고가 풍성하니 밥을 먹지 않아도 배가 부르다. 주식은 상승하는 종목을 선택하여 매수를 하라.

2월 | 고향불망 금의환향(故鄕不忘 錦衣還鄕)의 운이다.

군자는 자기가 태어나고 자란 고향과 부모형제를 잊지 말며 반드시 금의환향할 것을 생각한다. 80%이상 길하여 재물이 충만하여 만사가 순조롭다. 사업가는 투자를 해야 길하고 직장인은 승진을 기대해야 한다. 금의환향하는 운이니 지갑에 돈이 두둑하게 불어난다. 더도 말고 덜도 말고 이 달만 같으면 좋겠다.

3월 | 유비무환 선견지명(有備無患 先見之明)의 운이다.

미리 예방하고 준비하는 자에게는 환난이 없는 것이니 미리 앞을 내다보는 지혜가 필요하다. 재물이 산처럼 많이 모이는 운이니 크게 길하다. 자본관계의 호전은 물론이고 투자에 대한 이익배당이 많이 돌아온다. 노력은 사소한데 이익은 대어를 낚는 모양이니 기쁘다. 노력에 따라서 크게 전망될 입장이다.

4월 │ 부귀영화 의식풍족(富貴榮華 衣食豊足)의 운이다.

부귀영화의 운이 들어오니 의식주 생활이 풍족하다. 부귀영화가 충만하니 즐겁다. 돈과 재물의 운을 보니 토지와 현금운이 좋다. 승진운도 좋다. 길운이니 투자를 하라. 연애운을 보니 연애가 순조롭고 불꽃이 튀는 열열한 사랑이다. 두 사람은 마음이 통하여 열정이 계속되고 있다. 매수한 주식이 많이 올라간다.

5월 │ 인생여정 새옹지마(人生旅程 塞翁之馬)의 운이다.

인생여정은 곧 새옹지마다. 길복과 재앙은 항상 교대로 찾아온다. 지금은 길복의 운이다. 길운이라 부귀영화를 누린다. 그러나 곧 흉운이 오는 것을 생각하라. 결혼운을 보니 중매결혼이나 연애결혼이나 모두 성사된다. 결혼하여 기쁨이 충만하다. 건강운을 보니 건강운이 좋다. 투병생활을 하던 환자도 많이 호전된다.

6월 │ 천재일우 대길대성(千載一遇 大吉大成)의 운이다.

천재일우의 좋은 운이니 대길하고 대성한다. 하늘이 준 좋은 기회다. 천재일우의 대길운이니 강하게 전진하라. 이사나 가게 이전이나 여행은 즐거운 여행이 된다. 마음놓고 즐기다 돌아온다. 소원의 운을 보니 대부분의 원하는 것이 이루어진다. 취직의 운을 보니 취직이 된다. 과욕을 부리면 불리하다.

132운 | 길운이니 주저하지 말고 전진하라

1월 | 천지내조 소원성취(天地來助 所願成就)의 운이다.

천지가 내조하니 소원을 성취한다. 천지가 도와준다. 천지가 도와주니 두려울 것이 없다. 앞으로 전진하면 80%길한 운이다. 운이 돌아오면 천지가 다 내편이 되어 도와주지만 운이 떠나면 영웅도 재주를 부리지 못한다. 길운이니 주저하지 말고 전진해야 한다. 하늘도 땅도 모두 당신의 편이다. 진리를 깨닫는다.

2월 | 파죽지세 속성발전(破竹之勢 速成發展)의 운이다.

파죽지세의 운이니 속성으로 발전한다. 대나무를 쪼개듯 급속도로 발전한다. 파죽지세와 같은 운이니 사업가는 투자를 해야 하고 확장해야 길하다. 타고난 능력을 충분히 발휘하는 운이니 독불장군처럼 전진하라. 근검절약하는 사람에게는 어디에 가나 언제나 복록이 따른다. 풍년이 들어 창고가 가득하다.

3월 | 천벌재앙 개과천선(天罰災殃 改過遷善)의 운이다.

하늘은 죄악이 많이 있는 자에게는 반드시 무서운 진노(震怒)하시는 신이시다. 죄악이 많이 있는 자는 빨리 회개하여야 살길이 열린다. 전날의 과오를 고치고 선행을 약속한다면 미래가 밝다. 연애운을 보니 복잡한 연애관계가 정리되어 좋은 연애로 발전한다. 결혼운을 보니 혼담이 많고 결국 결혼에 성공한다.

4월 │ 역지사지 안빈낙도(易地思之 安貧樂道)의 운이다.

  상대방의 입장에서 생각하고 판단하여보면 모든 문제가 풀리게
되며 가난하게 살아도 도(道)를 즐기는 자가 평안하고 복이 많다.
교섭을 잘 하면 이익이 많다. 처음은 화합이 어려우나 일단 화합만
되면 의외로 크게 성공하는 좋은 운이다. 좋은 운을 보니 창업을
할 때는 좀 어렵지만 공동으로 출자하면 성공한다.

5월 │ 일일신신 우일신신(日日新新 又日新新)의 운이다.

  날마다 날마다 새롭고 새로우며 또 새롭게 전진할 것이다. 즉 어
제보다는 오늘이 더 발전해야 하고 오늘보다는 내일이 더 발전해
야 한다. 밖에 나가서 많은 사람들과 교제하는 것이 유리하다. 집안
에 있으면 이익이 없고 밖에 나가면 귀인을 만난다. 침착하게 전진
하면 사업도 성공한다. 만성적인 질병을 주의하라.

6월 │ 자기규제 진실일로(自己規制 眞實一路)의 운이다.

  자기를 규제하면 진실한 한 길로 갈 수 있다. 진실한 길로만 나아
간다면 틀림없이 좋은 운이 온다. 타인과 상부상조가 필요한 운이
다. 타인과 잘 화합하여 협동해야 지금의 난관을 극복 할 수가 있
고 좋은 친구를 얻어 동업하면 유리하다. 좋은 친구를 얻으려면 먼
저 당신 자신이 좋은 사람이 되어야 한다.

133운 | 축복이 넘치는 좋은 운이다

1월 | 주경야독 주마가편(晝耕夜讀 走馬加鞭)의 운이다.

낮에는 밭 갈고 밤에는 공부하며 달리는 말에 채찍을 가하는 듯한다. 잘 하고 있는 사람에게 더 주문하여 많은 것을 요구한다. 축복이 넘치는 좋은 운이다. 사막에서 오아시스를 만난 행운이다. 겨울이 끝나고 새 봄이 돌아오니 모든 짐승이나 벌레나 초목이 기뻐하며 생기가 왕성하니 길운이 틀림없다.

2월 | 유주망국 음주망신(有酒亡國 飮酒亡身)의 운이다.

유주망국의 운이니 이 달은 술을 마시면 큰 망신을 당한다. 즉 술 때문에 망하는 나라가 있다. 술은 사람의 정신을 혼미하게 하고 중독성이 있어 정사를 그르칠 수 있다. 비록 운은 좋으나 과음하면 큰 손해를 본다. 술의 노예가 되지 말고 술을 주관할 수 있어야 한다. 사업운은 좋은데 술 때문에 손해본다.

3월 | 역마발동 동분서주(驛馬發動 東奔西走)의 운이다.

역마가 발동하니 동분서주한다. 길함이 다하면 흉함이 온다. 길운이 아직 남아 있지만 머지 않아 흉운이 온다. 때문에 미리 흉운을 대비하는 예방책을 강구해야 한다. 이제는 더 이상의 과욕을 부리면 운이 나빠진다. 사업운을 보니 거의 성공한 단계에 올라왔다. 이제 만족하고 점검하라. 건강을 잘 지켜야 한다.

4월 │ 영육쌍전 주경야독(靈肉雙全 晝耕夜讀)의 운이다.

정신적인 면과 물질적인 면을 다 함께 온전하여 영육을 쌍전하여야 완전한 사람이다. 또 낮에는 직업에 충실하고 밤에는 독경(讀經)과 사경(寫經)을 많이 쌓아야 한다. 좋은 운이므로 만사가 형통하다. 운이 강하여 최고의 정상을 달리고 천지가 함께 한다. 성인군자에게는 어디에 가나 언제나 복록이 따른다.

5월 │ 음덕적선 경사자래(陰德積善 慶事自來)의 운이다.

 음덕의 적선이 많으면 경사가 스스로 온다. 남 모르게 덕을 쌓아두면 세상이 다 알게 되어 복을 받는다. 사람을 만나면 뜻밖의 이익이 많다. 심신이 평화롭고 안정하니 즐거움이 스스로 찾아온다. 운이 길하여 만사가 형통하니 희희낙낙이다. 연애운을 보니 적극적으로 밀고 나가면 좋은 애인을 만난다.

6월 │ 안거위사 안시예방(安居危思 安時豫放)의 운이다.

 편안할 때 위태함을 생각하여 예방하면 안전하다. 편안하게 거하면서 위태함을 생각한다. 즉 편안할 때 예방하여 충분한 준비가 있으면 근심이 없다. 재물은 충만하고 만사는 형통하며 성장하고 발전한다. 이사나 가게 이전이나 여행을 가면 귀인을 만난다. 소원의 운을 보니 80%정도 소원을 성취한다.

134운 │ 대인관계가 잘 되면 이롭다

1월 │ 사전예방 사후대조(事前豫防 事後對照)의 운이다.

사전에 예방하고 사후에 대조한다. 일이 터지기 전에 사전에 예방하면 무난하다. 항상 재난에 대하여 준비하고 있으면 근심할 것이 없다. 안전할 때 예방해야 한다. 또 일이 끝난 뒤에 대조해 봐야 한다. 이웃과 화친하며 즐겁게 지내는 운이다. 인간관계를 잘 조화하는 사람이 성공한다. 독불장군은 위험하다.

2월 │ 호사다마 묵중언행(好事多魔 默重言行)의 운이다.

좋은 일에는 항상 마(魔)가 많이 따르는 법이라 그러므로 말과 행동에 신중하고 묵중해야 한다. 즉 길한 중에 흉함이 숨어 있다는 것을 생각해야 한다. 마장이 침범하려고 한다. 경쟁의 피해를 재빠르게 정리하고 협력자를 만나서 앞으로 나아갈 형국이다. 예상 밖의 좋은 일이 일어난다. 사람들과 화목이 중요하다.

3월 │ 절대불변 백절불굴(絕對不變 百折不屈)의 운이다.

어떤 어려움이 닥쳐도 절대로 정도를 지키는 마음이 변(變)하지 말라. 백절불굴의 정신을 가진 자에게 하늘은 복을 주신다. 백절불굴의 자세가 충신열사의 도리며 군자의 처세다. 오직 겸손과 분수 지킴을 우선하면 이익이 많다. 그래서 자기에게 도움을 줄 사람을 빨리 구하여 남들보다 먼저 기선을 잡도록 하라.

4월 │ 위편삼절 발분망식(韋編三絕 發憤忘食)의 운이다.

공자(孔子)는 진실로 위대한 성인(聖人)이다. 가죽끈이 세 번이나 끊어지도록 독경공덕을 하였고 또 식사하는 것을 잊어버릴 정도로 도(道)에 취하여 살았고 고기 맛을 모를 정도로 구도(求道)에 열중하였다. 이러한 정신상태로 사업에 임한다면 무엇을 하거나 성공한다. 노력 한 만큼 성과가 있으니 전진하라.

5월 │ 신지겸비 일취월장(信智兼備 日就月將)의 운이다.

깊은 신앙과 총명한 지혜를 겸비하면 일취월장하고 발전하여 승리할 수 있다. 역사적으로 큰 인물들이 실패한 것은 신앙이 부족하여 실패한 것이 아니라 대부분 지혜가 부족하여 실패하였다. 총명한 지혜를 가져라. 사자가 작은 토끼 한 마리를 잡는데도 최선을 다한다고 한다. 성공했다고 해서 방심은 금물이다.

6월 │ 용두사미 유명무실(龍頭蛇尾 有名無實)의 운이다.

용두사미의 운이니 모든 일이 유명무실이다. 즉 머리는 용인데 꼬리는 뱀이다. 계획은 무성하지만 선택은 단순하지 않아서 얼른 성립되지 않는다. 기존의 사업을 유지한다면 심신과 가정이 평화롭다. 건강면은 약간 주의를 요하는데 즉 만성적인 질병에 시달릴 수 있다. 기력을 회복하는데 힘을 써야 한다.

135운 | 작은 이익에 만족하고 과욕은 금물이다

1월 | 소탐대실 소손대리(小貪大失 小損大利)의 운이다.

작은 이익을 탐하면 큰 것을 손해보고 반대로 작은 손해를 감수하면 큰 이익이 온다. 호랑이를 잡으려고 하는 포수는 토끼를 보아도 총을 쏘지 않는다. 큰 사업을 하는 사람은 작은 이익에 욕심을 부리지 않는다. 욕심을 부리면 길운이 변하여 흉한 운이 된다. 사업가는 치밀한 계획을 세우고 투자 할 것이다.

2월 | 박빙여림 전전긍긍(薄氷如臨 戰戰兢兢)의 운이다.

얇은 어름을 밟은 듯 조심조심해야 무사하다. 이 달은 "돌다리도 두들려 보고 건너간다"는 교훈이 필요하다. 대인관계는 소극적으로 해야 길하다. 투기사업은 아직 금물이다. 봄비를 기다리는 사람이 흐린 하늘을 보고 있는 심정과 같다. 매사에 신중해야 한다. 간. 신경. 소화기 호흡기 등을 주의하라.

3월 | 수분각도 진실인생(守分覺道 眞實人生)의 운이다.

분수를 지키고 갈 길을 자각하면 진실한 인생이다. 즉 분수를 지키고 자기가 갈 길을 깨닫는다. 급할수록 돌아가라는 속담이 있다. 마음은 급한데 환경이 아직 따르지 않는 상태다. 물질적인 운은 좋으나 모든 일이 뜻대로 진행되지 않으니 너무 초조해 하지말고 때를 기다리면서 여유를 가져야 한다. 부부가 화합한다.

4월 │ 진리실천 언행일치(眞理實踐 言行一致)의 운이다.

진리를 실천하고 언행을 일치하라. 진리를 머리로만 알고 있지 말고 실천해야 한다. 진리를 실천하면 크게 이롭다. 언행이 일치해야 한다. 새로운 사업을 시작하거나 확장은 좋지 않다. 교섭하는 상대자가 지지부진하다. 지금까지 해 오든 사업을 잘 손질하여 키워나가는 편이 안전하고 유리하다. 미혼자는 결혼한다.

5월 │ 생존경쟁 적자생존(生存競爭 適者生存)의 운이다.

생존은 경쟁인데 환경에 이겨서 적응하는 자만 생존한다. 살아남기 위해서는 경쟁을 할 수밖에 없다. 때문에 인생은 생존경쟁이다. 경쟁에서 승리한 사람만이 살아남는 비정한 것이 인생이다. 거래처 한 곳을 두고서 여러 업체가 서로 차지하려고 경쟁이 치열하다. 그러나 세상만사는 인과응보이고 자업자득이다.

6월 │ 연속적공 필유경사(連續積功 必有慶事)의 운이다.

쉬지 말고 연속적으로 적선하고 공덕을 쌓는다면 반드시 집안에 큰 경사가 따른다. 거래처를 확장하려면 접객업소나 개인 상점 등 단순한 직장이면 쉽게 확장이 되지만 큰 회사는 어렵다. 기존의 거래처가 이탈하지 못하도록 단속을 잘 하는 것도 중요하다. 도리에 성실하고 사리에 총명하면 사람이 따르고 성공한다.

136운 | 지위가 오면 사양하지 말고 군림하라

1월 | 지위군림 출세승진(地位君臨 出世昇進)의 운이다.

지위가 오니 군림하여 출세하고 승진한다. 좋은 자리에 군림한다. 이 달은 80%의 좋은 운이므로 만사가 형통하다. 좋은 지위가 오면 사양하지 말고 군림하면 이롭다. 회사원이면 출세하고 승진하는 좋은 운이다. 운을 보니 태양이 솟아오르듯 점점 발전한다. 지위를 얻고 군림한다. 좋은 운이 당신에게 있다.

2월 | 불의제거 정도고수(不義除去 正道固守)의 운이다.

불의는 제거하고 정도는 고수하라. 악당들의 불의는 제거해야 한다. 운은 비록 좋으나 악당이 한 명 들어와 있다. 미꾸라지 한 마리가 전체를 흐릴 수 있다. 구시대는 가고 신시대가 돌아오는 신진대사의 운이다. 물은 흘러야 썩지 않는 법이다. 지위에 군림하여 자신의 능력을 발휘함이 길하다. 좋은 애인을 얻는다.

3월 | 우화등선 변화무쌍(羽化登仙 變化無雙)의 운이다.

굼벵이가 변하여 날개를 달고 하늘을 날아가니 변화가 무쌍하다. 즉 보잘것없는 초라한 사람이 어느 사이 출세하고 성공하여 많은 사람들로부터 부러움의 우상이 된다. 겨울이 지나고 봄이 돌아오니 승승장구한다. 새로운 사업에 착수하면 번영한다. 강하게 전진하면 대박을 터뜨린다. 좋은 행운을 잡는다.

4월 | 청풍명월 군자도심(淸風明月 君子道心)의 운이다.

 시원한 바람과 밝은 달이 비치니 군자에게는 도심이 나온다. 즉 덕이 많은 군자는 청풍명월과 같은 사람이다. 이 달은 약간 불리하다. 타인과 잘 화합하여 협동해야 지금의 난관을 극복 할 수가 있다. 혼자서는 역부족이다. 겸손한 태도로 처세하면 남에게 존경과 신뢰를 얻게되고 한층 더 빛난다. 뜻밖의 돈이 들어온다.

5월 | 정의사수 불의제거(正義死守 不義除去)의 운이다.

 불의와 타협하지 말고 정의를 사수하면 이롭다. 이 달은 기왕에 지위가 높거나 부자였다면 만족하고 호사다마의 교훈을 잊지 말라. 항상 조심하는 사람에게는 불행은 침범하지 못하고 항상 행운이 머물게 된다. 사업운을 보니 한 걸음 전진하기에 앞서 잠시 멈추라. 연애운을 보니 전진하면 성공한다. 인덕으로 즐겁다.

6월 | 대두소미 용두사미(大頭小尾 龍頭蛇尾)의 운이다.

 머리는 용처럼 큰데 꼬리는 뱀처럼 작다. 시작은 크고 명예롭고 좋은데 끝은 흐지부지하고 실속이 없다. 선전광고는 요란한데 상품은 별것이 아니다. 적극적으로 임하면 거래가 성사된다. 돈의 운을 보니 현금의 융통이 좋으니 단기투자에 힘써라. 사업가는 명예보다 실속 있는 거래를 해야 한다. 거래하면 유리하다.

137운 | 환경에 적응하는 사람이 살아남는다

1월 | 선악구분 권선징악(善惡區分 勸善懲惡)의 운이다.

먼저 선과 악을 구분할 줄 아는 판단력을 가져라 그리하여 선은 권하여 장려하고 악은 징계하여 소멸하여야 하느니라. 선행은 권하고 악행은 징계한다. 즉 좋은 점은 발전하도록 장려하고 나쁜 점은 고치도록 징계한다. 심각한 생존경쟁을 실감한다. 그래도 사도(邪道)를 가서는 안 된다. 길흉이 상반이나 결국 길하다.

2월 | 정어출해 환골탈태(井魚出海 換骨奪胎)의 운이다.

우물의 물고기가 바다에 나가는 운이니 환골탈태한다. 전날의 허약한 졸장부의 모습을 벗어 던지고 오늘의 강하고 공명정대한 군자의 모습으로 변신한다. 이 달은 과욕과 무리는 모든 실패의 원인이다. 능력에 알 맞는 사업체를 찾아 투자하면 무난하게 결실을 본다. 자기의 길을 깨닫는다는 것이 군자가 길이다.

3월 | 막근시비 와우각쟁(莫近是非 蝸牛角爭)의 운이다.

시비를 가까이 말라. 달팽이 뿔 위에서 싸움이다. 아무런 이득도 없는 보잘것없는 일로 다툰다. 도를 통한 군자의 눈에는 생존경쟁이 달팽이 뿔 위에서 싸움으로 보인다. 인생을 지배하는 것은 지혜가 아니라 운이다. 때문에 누가 뭐라고 해도 운이 좋은 사람에게는 당할 자가 없다. 사업을 하면 재물을 얻는다.

4월 │ 호연지기 천은자각(浩然之氣 天恩自覺)의 운이다.

하늘과 땅 사이에 가득 찬 넓고도 큰 정기를 받으니 천지의 큰은
혜를 깨닫게 된다. 인간관계에서는 처음은 화합이 어려우나 일단
화합만 되면 의외로 크게 성공하는 좋은 80%길운이다. 돈과 재물
의 운을 보니 창업을 할 때는 좀 어렵지만 공동으로 출자하면 자
금난이 사라진다. 크게 길하고 적게 흉하니 걱정 없다.

5월 │ 독파만권 박학다식(讀破萬券 博學多識)의 운이다.

독파만권을 하니 박학다식하여 박사다. 엄청나게 많은 양의 경전
을 독서한다. 독파만권의 운이므로 지혜가 총명하여지고 생각하는
것이 적중하여 투자하는 곳마다 성공한다. 풍년이 들어 창고가 가
득하니 기쁘다. 뜻밖의 이익이 많다. 심신이 평화롭고 안정하니 즐
거움이 찾아온다. 마음의 양식도 좋다.

6월 │ 형우제공 양친희락(兄友弟恭 兩親喜樂)의 운이다.

형제사이에 우애가 아주 좋다. 형제가 우애가 좋으니 양친부모가
기뻐하고 즐거워한다. 봄여름의 운을 보니 무슨 일이든지 단독으로
처리하면 불리하고 형제가 합심하면 성공한다. 밖에 나가서 많은
사람들과 교제하는 것이 유리하다. 동업자와 협력을 하면 무난히
성공한다. 대인관계를 잘하도록 하라.

138운 | 선전하고 광고해야 이익이 돌아온다

1월 | 고진감래 가내경사(苦盡甘來 家內慶事)의 운이다.

고생을 다하면 좋은 것이 온다. 집안에 큰 경사가 있다. 이 달은 고생이 끝났고 복을 받을 시기다. 80% 좋은 운이므로 만사가 형통하다. 강하고 담대하게 전진하면 이익이 많다. 아름답게 꾸미고 장식을 해야 한다. 자신을 선전하고 광고를 해야 이익이 돌아온다. 적극적이면 성공한다. 전진하고 투자하라.

2월 | 만용금지 신밀성공(蠻勇禁止 愼密成功)의 운이다.

만용을 금지하라. 신중하고 치밀하면 성공한다. 즉 맨손으로 범을 잡고 맨몸으로 황하를 건너려는 무모한 사람을 용기 있는 사람이라고 말할 수 없다. 매사에 신중하고 하나 하나 세밀한 계획을 세우고 전진하면 발전한다. 만용을 부리지 말고 안전제일주의로 전진하면 무난하게 성공한다. 운수가 열리니 용기백배하라.

3월 | 혈성남자 재관구비(血誠男子 財官具備)의 운이다.

혈성의 남자운이니 길하다. 재관을 구비하라. 의지가 굳고 용감하여 죽음을 두려워하지 않는 사나이다. 혈성남자의 운이므로 무조건 성공한다. 좋은 운이므로 만사가 형통하다. 이 달은 화려하게 밖을 꾸미면 길해진다. 간판을 새롭게 걸고 선전 광고를 요란하게 하면 길하다. 많이 꾸미고 장식을 하라.

4월 │ 명진사해 강건정상(名振四海 强健頂上)의 운이다.

출세한 명성이 사해바다 건너까지 날린다. 운이 강하여 최고의 정상을 달린다. 풍년이 들어 창고가 가득하다. 사업운을 보니 많이 꾸며야 잘 이루어진다. 선전 광고에 투자를 많이 하라. 외모에 신경을 더 많이 써야 길하니 빚을 얻어서라도 밖으로 치장을 하라. 원하는 어떤 시험을 보면 합격이다. 좋은 직장이 생긴다.

5월 │ 급속성공 기적창출(急速成功 奇蹟創出)의 운이다.

급속하게 성공하니 기적을 창출한다. 뜻밖의 이익이 많다. 심신이 평화롭고 안정하니 즐거움이 스스로 찾아온다. 사업가는 투자하고 주식은 매매해야 이롭다. 연애운을 보니 실속은 없지만 외모를 꾸미고 애교를 부리면 흉한 것이 변하여 길이 된다. 결혼운을 보니 결혼식을 올린다. 소원을 성취하여 즐거워한다.

6월 │ 군계일학 명진사해(群鷄一鶴 名振四海)의 운이다.

닭의 무리 속에 한 마리의 학이니 명성이 사해에 날린다. 즉 특별나게 두드러진 좋은 모습이 보인다. 길하다. 재물은 충만하고 만사는 형통하며 성장하고 발전한다. 이사나 가게 이전이나 여행은 화려한 여행을 떠나면 귀인을 만나니 길하다. 소원의 운을 보니 실속보다 명예를 얻는다. 피부. 혈액. 호흡기 등에 주의하라.

141운 | 메뚜기도 6월 한 철이라 했다

1월 | 태산북두 대덕군자(泰山北斗 大德君子)의 운이다.

즉 태산과 북극성처럼 많은 사람들로부터 존경받는 대덕 군자와 같은 운이다. 크게 왕성 하는 좋은 운이다. 사업가는 확장을 해야 할 시기다. 의기양양하게 전진해야 한다. 메뚜기도 6월 한 철이라 했다. 좋은 운은 오래 계속되는 것이 아니니 기회가 왔을 때 많이 벌어 한몫 잡아야 한다. 투자를 하고 전진하라.

2월 | 하석상대 임시통변(下石上臺 臨時通辯)의 운이다.

아랫돌을 빼서 위에 둑을 쌓는다. 자기 살 자기가 뜯어먹기다. 즉 급하니 임시 통변으로 이리저리 둘러맞춘다. 임시 통변식으로 나아가는 것은 일시적이다. 계속하여 아랫돌을 빼서 위에 둑을 쌓을 수는 없다. 할 일이 있다면 제3자를 내세우지말고 자신이 직접 만나는 것이 유리하다. 근본적인 대책을 세워야 한다.

3월 | 추길피흉 사반공배(追吉避凶 事半功倍)의 운이다.

좋은 복록은 당신을 따라 들어오고 고통의 재앙은 당신을 피해 달아난다. 수고는 조금만 하고 수확은 두 배로 얻는다. 천지가 당신을 도와주기 때문이다. 노력은 사소한데 이익은 대어를 낚는 모양이니 기쁘다. 교섭을 잘 하면 이익이 많다. 노력에 따라서 크게 전망될 입장이다. 그러나 방심하면 불리하다.

4월 │ 타산지석 선인참고(他山之石 先人參考)의 운이다.

　다른 산의 돌인데 먼저 간 옛사람들의 일을 참고하면 이롭다. 다른 산의 돌이라도 자기의 옥을 가는데 도움이 된다. 즉 다른 사람의 문제를 참고하면 좋은 교훈이 된다. 이 달은 타산지석의 교훈을 깊이 생각한다면 부귀영화가 충만한 좋은 운이 된다. 돈과 재물의 운을 보니 토지와 인연이 좋고 현금운도 좋다.

5월 │ 피장봉호 소화감수(避獐逢虎 小禍甘受)의 운이다.

　노루를 피하려다 호랑이를 만난다. 즉 작은 해로움을 피하려다가 큰 화를 당한다. 때문에 이 달은 작은 해로움은 아까워하지 말고 감사히 받아 드려야 한다. 그래야 큰 재앙을 당하지 않고 평안 무사하게 지낸다. 큰 이익을 보려면 작은 손실은 감수해야 한다. 투자도 하지 않고 이익을 구하면 안 된다.

6월 │ 촌철살인 언중천금(寸鐵殺人 言重千金)의 운이다.

　말 한마디로 사람을 죽일 수 있다. 때문에 말 한마디를 천금처럼 무겁게 하라. 당신의 운이 좋다고 하여 상대방에 대하여 함부로 말하고 대하면 안 된다. 당신이 가볍게 함부로 한 말이 상대방은 큰 충격을 받을 수도 있다. 즐거운 여행이니 마음놓고 즐기다 돌아온다. 다만 촌철살인이니 말을 조심하라.

142운 | 강하게 전진하면 소원을 성취한다

1월 | 풍조우순 복신가호(風調雨順 福神加護)의 운이다.

 기후가 순조롭고 곡식이 잘 되어 풍년이 드는 것을 보니 복을 주는 신명이 도와주고 있다는 증거다. 때문에 이 달은 90%대길이다. 태평성대의 운이니 크게 이익을 보는 운이다. 사업이 대성하고 크게 발전한다. 무엇을 하나 일거양득이다. 사업은 확장을 하는 것이 길하고 대인관계도 넓게 교제하면 유리하다.

2월 | 청출어람 대성발전(靑出於藍 大成發展)의 운이다.

 쪽에서 뽑아낸 푸른 물감이 쪽보다 더 푸르니 크게 성공하고 발전한다. 제자가 스승보다 더 훌륭하다. 좋은 운이니 대성으로 발전하고 소원성취를 한다. 그러나 중천의 태양도 때가 되면 서쪽으로 기울어지듯이 운도 마찬가지다. 만석꾼 부자도 걱정이 있듯이 인생살이는 사계절이 변하는 것처럼 변한다.

3월 | 천우신조 적수포호(天佑神助 赤手捕虎)의 운이다.

 천지신명이 모두 도와주니 맨손으로 호랑이를 잡는 능력을 발휘한다. 즉 크게 투자를 한 것도 없는데 큰 이익을 얻는다. 출세하고 승진하는 좋은 운이다. 재물이 산처럼 많이 모이는 운이니 크게 길하다. 사업운을 보니 너무 많이 벌려 놓은 사업을 자기가 감당할 만큼 줄이고 내실을 안전하게 함이 좋다.

4월 │ 포식난의 부귀영화(飽食暖衣 富貴榮華)의 운이다.

 배부르게 먹고 따뜻하게 옷을 입는다. 부귀영화를 누린다. 의식주가 넉넉하여 남부러울 것 없이 풍족하고 편안하게 지낸다. 돈과 재물의 운을 보니 자본이 넉넉하고 융통이 원활하다. 연애운을 보니 연애는 좋게 발전한다. 열정은 계속되며 곧 결혼으로 갈 것이다. 결혼운도 좋다. 이사나 여행도 좋다.

5월 │ 경천동지 음대무사(驚天動地 音大無事)의 운이다.

 하늘이 놀라고 땅이 흔들린다. 즉 크게 놀라는 일이 집안에 발생한다. 그러나 운이 비교적 길하여 천둥소리만 클 뿐 아무 일이 없이 곧 수습이 된다. 건강운을 보니 비교적 건강한데 약간의 열병에 주의해야 한다. 과음이나 과식을 삼가야 한다. 부귀영화가 충만하니 즐겁다. 피부. 혈액. 호흡기 등을 주의하라.

6월 │ 팔방미인 다재다능(八方美人 多才多能)의 운이다.

 어디로 보든지 아름다운 미인이다. 어떤 사람을 대하든지 두루 곱게 행동하는 사람이다. 다재다능하여 여러 다방면에 능통하다. 이달은 팔방미인의 운이므로 부귀영화가 넘치고 전성의 대길운이니 강하게 전진하면 이롭다. 잃어버린 신용은 다시 회복되고 재물도 다시 들어온다. 재능을 충분히 발휘한다.

143운 | 운이 좋으니 남의 돈이 내 돈 된다

1월 | 대운대길 지상천국(大運大吉 地上天國)의 운이다.

대운을 만나 대길한 운이니 지상천국이다. 오랜만에 찾아온 좋은 운이다. 이 달은 90%이상 길하여 기쁨이 충만하다. 마음과 몸이 건강하며 부부간에 화합하여 즐거움이 넘친다. 지상천국에 들어간 형상이다. 사막에서 오아시스를 만난 기쁨이다. 운이 좋으니 남의 돈이 내 돈이 된다. 여행을 가면 좋은 애인을 만난다.

2월 | 파경지탄 부부이별(破鏡之歎 夫婦離別)의 운이다.

부부사이에 별거나 이별을 서러워하며 파경을 탄식한다. 서로가 반반씩 양보하고 참으면 다시 화해가 된다. 서로가 먼저 양보하고 먼저 화해를 신청하면 빨리 사건은 수습된다. 문제는 자존심이다. 서로의 자존심 때문에 사건이 여기까지 온 것이다. 자존심을 버려라. 서로가 자존심을 버리지 못하면 해결이 어렵다.

3월 | 투서기기 소탐대실(投鼠忌器 小貪大失)의 운이다.

즉 쥐를 잡고저하나 그릇을 깨뜨릴까 염려가 된다. 작은 것을 탐하면 큰 것을 잃는다. 벼룩 한 마리를 잡으려고 초가삼칸을 불태우는 우를 범할까 두렵다. 소인배를 잡으려다 군자가 다칠까 염려된다. 때문에 이 달은 부분적인 것을 보지말고 전체적인 것을 보는 안목을 가져야 실수를 범하지 않는다. 잊어버린 물건을 찾는다.

4월 | 천고마비 천지광명(天高馬肥 天地光明)의 운이다.

즉 하늘은 높고 말은 살찌는 천고마비의 운이니 천지가 광명하고 즐겁다. 돈과 재물의 운을 보니 토지와 현금운이 좋다. 투자운이 좋으니 투자를 하라. 연애운을 보니 두 사람은 마음이 통하여 열정이 계속되고 있다. 꽃밭에서 미인과 포옹을 한다. 부부간에 금슬이 크게 좋으니 마주보고만 있어도 행복하다.

5월 | 군자자책 소인타책(君子自責 小人他責)의 운이다.

 무슨 잘못이 발생하면 군자는 책임을 자기에게 돌리고 소인은 책임을 남에게 돌린다. "내 탓이요"하면 군자고 "당신 때문이요"하면 소인이다. 자기를 반성하면 군자고 세상을 원망하면 소인이다. 당신 자신이 군자인지 소인이지 먼저 살펴보라. 투병생활을 하던 환자도 많이 호전된다. 잃어버린 물건은 찾는다.

6월 | 탁상공론 유명무실(卓上空論 有名無實)의 운이다.

 탁상공론은 유명무실이다. 즉 탁상공론은 실천할 수 없는 허황된 말장난뿐이다. 현실과 먼 공상 같은 말을 책상 위에서 늘어놓는다. 이 달은 탁상공론의 운이므로 이론이나 말만 무성할 뿐 실현 가능한 것은 하나도 없다. 유명무실하니 이익이 없다. 현실을 직시하고 실속 있는 것을 찾아라. 진리를 자각하여 즐겁다.

144운 | 원하는 만큼 소원을 성취한다

1월 | 의문해결 일보전진(疑問解決 一步前進)의 운이다.

의문점을 해결하면 일보전진한다. 의문점이 발생하면 주저하지 말고 해결해야 한다. 의문점을 해결하지 않으면 서로 사이에 오해를 불러오고 큰 화근을 일어 킨다. 이 달은 의문점 해결의 운이므로 궁금한 점이 있다면 허심탄회하게 털어놓고 대화로써 서로의 오해나 갈등을 풀고 넘어가야 한다. 질병을 조심하라.

2월 | 국창업난 국수성난(國創業難 國守城難)의 운이다.

하나의 나라를 창업하는 것도 어렵지만 그것을 지키는 것은 더욱 어렵다. 즉 모든 일의 시작도 어렵지만 그것을 계속 유지해 나가는 것은 더욱 어렵다. 지금의 길운을 계속 유지해 나가도록 노력해야 한다. 운은 항상 길흉으로 변화가 일어난다. 경영을 잘 하기 위해서는 재능과 덕망을 함께 겸해야 한다.

3월 | 포호엽사 견토불사(捕虎獵師 見兎不射)의 운이다.

호랑이만 전문적으로 사냥하는 사냥꾼이다. 호랑이를 잡으려고 나선 포수는 토끼를 보아도 함부로 총을 쏘지 않는다. 큰 것을 목적으로 하는 사람은 작은 이익을 돌아보지 않는다. 운이 크게 열려 있으니 당신이 노력하면 분명히 성공한다. 서서히 추진함이 좋다. 큰 일을 하는 사람은 작은 이익을 탐하지 않는다.

4월 | 충언역이 충고감수(忠言逆耳 忠告甘受)의 운이다.

 충고의 좋은 말은 귀에 거슬린다. 충고는 100% 받아 드리면 이롭다. 이 달은 충고를 잘 받아 드리면 이익을 본다. 비상금을 준비해 두는 것이 유리하다. 유비무한의 교훈을 잊지 말아야 군자의 처사다. 길한 중에 흉함을 잊지 않는다면 언제나 길함이 따른다. 운은 비록 길하나 충고를 받아 드려야 안전하다.

5월 | 지피지기 백전백승(知彼知己 百戰百勝)의 운이다.

 즉 적을 알고 나를 알면 백 번 싸워서 백 번 이긴다. 적을 모르고 나를 모르면 항상 진다. 천지의 이치가 정상에 오르면 반드시 내려가는 것이니 이제는 서서히 내려갈 준비를 해야 한다. 명예롭게 물러나라. 당신은 이미 정상을 올라서서 목적을 달성한 상태다. 연애운이 좋으니 먼저 속마음을 고백하면 좋다.

6월 | 청평세계 서방정토(淸平世界 西方淨土)의 운이다.

 혼탁하지 않고 맑고 평화로운 세상이다. 극락의 서방정토다. 이때는 자중하고 서서히 내려갈 준비를 해야 한다. 높이 오르면 오를수록 자기의 아래를 살펴야 한다. 사업관계로 인하여 이성적 교제가 있다. 달콤한 연애가 이어진다. 맞벌이 부부라면 장래성이 있다. 질병을 조심해야 한다. 정상에 다 올라왔다.

145운 | 재물의 횡재가 생기고 이익이 나타난다

1월 | 일석이조 일거양득(一石二鳥 一擧兩得)의 운이다.

일석이조에 일거양득이니 사방에서 재물이 들어온다. 이익이 나타나는 90%이상 길운이다. 돌 하나로 두 마리의 새를 잡는 일석이조이니 즐겁다. 사업가는 투자를 하고 주식은 상승하는 종목을 매수하여야 한다. 좋은 운이기 때문에 약간의 투기나 위험이 닥쳐도 과감하게 밀고 나가면 목돈을 잡을 수 있다.

2월 | 주지육림 불륜색정(酒池肉林 不倫色情)의 운이다.

술로 연못을 만들고 고기가 수풀을 이루었다. 불륜의 색정으로 망신을 당한다. 이 달은 풍족하여 길운인데 방심하면 주지육림과 불륜색정에 빠질 수 있다. 너무 방심하면 오히려 이익을 놓칠 수가 있다. 매사에 안전하게 전진하고 과욕을 금하면 오랜만에 온 기회를 잡는다. 재물과 여색의 문제가 발생한다.

3월 | 철옹산성 사반공배(鐵甕山城 事半功倍)의 운이다.

튼튼하고 견고하여 적이 쳐들어오지 못할 성벽이다. 지금 당신의 사업은 철옹산성과 같이 견고하다. 경쟁업체도 감히 싸움을 걸어오지 못한다. 이 달은 노력하면 두 배로 성공한다. 그러나 맹목적으로 강행하면 실패한다. 봄꽃이 활짝 핀 것과 같이 좋은 운이다. 용기백배한 마음으로 전진하면 승리한다.

4월 │ 천지동풍 사방동심(天地同風 四方同心)의 운이다.

 온 천지에는 같은 바람이 분다. 사방에 어디나 인심은 같다. 즉 어
느 지역이 특별나게 인심이나 환경이 좋은 것은 없고 사람이 사는
곳은 어디나 비슷비슷하다. 다만 자신의 행실이 바르면 어디가나
극락이고 자신의 행실이 바르지 못하면 어디에 가나 지옥이다. 문
제는 자기의 덕망과 행실이다. 건강이 제일이다.

5월 │ 조삼모사 권모술수(朝三暮四 權謀術數)의 운이다.

 조삼모사는 곧 권모술수다. 아침은 셋이고 저녁에는 넷이다. 즉 간
사한 꾀로 남을 속이는 운이다. 권모술수의 운이다. 당신이 남을 속
이거나 아니면 속임을 당한다. 지금 당신과 거래하는 사람들은 대
부분이 조삼모사이다. 말과 행동이 일치하지 않는 사람과 약속을
지킬 줄 모르는 사람이면 거래를 중단하라.

6월 │ 진리중심 자기자교(眞理中心 自己自敎)의 운이다.

 사람들이 하는 말보다는 진리를 중심으로 더 믿고 자기가 자기를
가르칠 것이다. 즉 자기가 자기를 가르치는 것이 가장 큰 교육이다.
자기보다 자신을 잘 아는 자는 없다. 자기의 본심에서 나오는 가르
침을 받는다면 가장 좋은 교육을 받는 것이다. 남의 일로 고민도
많이 하고 손해도 본다. 부부가 함께 즐거움을 누린다.

146운 | 일이 순풍에 돛을 단듯 잘 진행된다

1월 | 안시예방 태평성대(安時豫放 太平聖代)의 운이다.

안전할 때 예방하면 근심할 것이 없는 태평성대가 된다. 운이 태평성대이니 마음이 기쁘고 원하는 일들이 순풍에 돛을 단 듯 잘 진행된다. 운이 평안하고 길하나 항상 좋은 것만 아니다. 즉 안전할 때 다음에 닥칠 환난을 잘 예방하면 무서운 삼재팔난의 환난도 가볍게 지나간다. 길운이니 적선을 많이 하라.

2월 | 작심삼일 우왕좌왕(作心三日 右往左往)의 운이다.

결심한 것이 3일밖에 못 간다. 중심을 잡지 못하고 우왕좌왕한다. 한 번 결심하면 끝까지 밀고 나가는 사람이 되어야 성공한다. 작심삼일하고 우왕좌왕하는 마음을 소유한 사람은 성공을 기대할 수 없다. 모든 일이 순조롭다. 더 이상 우왕좌왕 하지말고 이런 좋은 상태를 좀더 오래 동안 연장하려고 노력해야 한다.

3월 | 진합태산 적소성대(塵合太山 積小成大)의 운이다.

티끌모아 태산이다. 작은 것도 많이 모이면 크게 된다. 너무 과욕을 부리지 말고 작은 이익에 만족하라. 노력에 따라서 크게 전망될 입장이다. 업무상의 거래도 좋은데 너무 방심하면 안 된다. 매사에 신중하고 방심만 하지 않는다면 평안함을 오래 동안 보존한다. 너무 급하게 성공하려 하지말고 여유 있게 전진하라.

4월 │ 직목선벌 강자다적(直木先伐 强者多敵)의 운이다.

곧은 나무가 먼저 꺾인다. 즉 강한 자는 항상 적을 먼저 많이 만난다. 지금 당신의 기질은 너무 강하다. 너무 강하여 적을 만나기 쉽다. 사업운은 길하여 전진하면 이익이 많다. 강한 성격을 억제하고 부드럽게 상대하면 이롭다. 연애운을 보니 마음이 통하여 열정이 계속되고 있다. 자신의 속마음을 고백하라.

5월 │ 정직건장 사곡노사(正直健壯 邪曲老死)의 운이다.

즉 도리와 사리가 정직하면 건강하고 도리와 사리가 사곡되면 노쇠하게 된다. 사리가 바르면 사기가 자연히 일어나고 사리가 바르지 못하면 사기가 자연히 죽는다. 먼저 사리를 바르게 하여 사기를 높여야 한다. 길운이 돌아왔을 때 공덕을 쌓고 흉운을 대비할 줄 알아야 유비무환의 처세를 아는 군자다.

6월 │ 지자불언 무지다언(智者不言 無智多言)의 운이다.

내용을 아는 사람은 말이 없고 내용을 모르는 사람은 말이 많다. 지혜가 있는 사람은 말이 없다. 즉 지식이 많이 있는 사람은 그 지식을 마음 속에 깊이 간직하여두고 함부로 지껄이지 않는다. 지식이 없는 사람들이 말이 많다. 당신도 지식을 많이 간직하되 말은 적게 하라. 운이 비록 좋아도 분수를 지켜야 안전하다.

147운 | 길운이니 무엇을 하거나 발전한다

1월 | 지족자부 수분만족(知足者富 守分滿足)의 운이다.

만족을 아는 자가 제일 부자다. 당신의 분수를 지키고 만족하라. 당신의 운은 이미 태평성대의 길운이 도래하였으니 무엇을 하거나 크게 발전한다. 현재 정도로 만족하고 감사하라. 더 이상을 바라면 무리고 과욕이다. 모든 일이 순조로운 운이다. 열심히 일하면 할수록 응당의 대가를 얻는다. 미혼자는 결혼한다.

2월 | 주중적국 자질부족(舟中敵國 資質不足)의 운이다.

배 안이 적국이다. 자질이 부족하다. 즉 군주가 덕을 닦지 않으면 신하들도 곧 적이 될 수 있다. 사장이 덕이 부족하면 종업원들이 배신한다. 당신이 먼저 덕을 쌓고 인심을 얻어야 성공한다. 사업은 소리만 요란하고 실속은 없다. 저 잘났다는 사람이 많다. 사공이 많으면 배가 산으로 올라간다. 애인을 만나 즐겁다.

3월 | 중도하차 유종지미(中途下車 有終之美)의 운이다.

중도에 내린다. 유종의 미가 필요하다. 즉 시작한 일을 깨끗이 끝내지 않고 중간에서 흐지부지하게 되고 만다. 지금 당신의 일은 중도에 하차할 그런 문제가 있다. 다시 한 번 더 마음을 다잡고 끝까지 밀고 나가야 유종에 미를 거둘 수 있다. 중도에 하차를 하면 시작을 아니함만 못하다. 돈이 수중에 들어오니 즐겁다.

4월 │ 추장포토 어부지리(追獐捕兎 漁父之利)의 운이다.

노루를 쫓다가 토끼를 잡는다. 어부지리의 행운이다. 뜻밖의 일로
횡재를 하여 큰 이익을 얻는다. 산처럼 재물이 많이 모이니 크게
즐겁다. 직장인이면 출세하고 승진한다. 운은 좋으나 방심은 절대
금물이다. 대부분의 화근은 사람들이 방심해서 사건이 일어난 것을
참고해야 한다. 미혼자는 좋은 결혼을 한다.

5월 │ 유아독존 전성시대(唯我獨尊 全盛時代)의 운이다.

유아독존의 전성시대를 만났다. 오직 나하나 뿐이고 천지간에는
나에게 따를 사람이 없다. 당신은 지금 유아독존의 강한 운이다. 운
이 전성시대를 맞이하니 대길하다. 천지의 이치가 정상에 오르면
반드시 내려가는 것이니 자만과 방심은 금물이다. 태양이 중천에
솟으면 서서히 서쪽으로 기운다. 사람의 도움이 생긴다.

6월 │ 옥상가옥 이중낭비(屋上加屋 二重浪費)의 운이다.

지붕 위에 또 지붕이다. 이중 낭비를 하고 있다. 즉 필요 없는 일
을 이중으로 한다. 당신은 지금 옥상가옥으로 일을 처리하고 있다.
때문에 지출이 2배로 늘어나고 손해다. 다시 한 번 점검하여 필요
없는 것에 투자를 하고 있는지 살펴보라. 이 달은 자중하고 서서히
내려갈 준비를 하라. 교섭을 통하여 이익을 본다.

148운 | 마른 나무가 봄을 만났다

1월 | 고목봉춘 미녀동락(枯木逢春 美女同樂)의 운이다.

 즉 마른 나무가 봄을 만났으니 미인을 만나 함께 즐긴다. 이 달은 90%운이 대길하여 태평성대를 이루고 대성하고 발전하는 좋은 시기다. 재물이 크게 모인다. 막대한 재물이 산처럼 모이는 운이다. 복권이 당첨되거나 크게 횡재하는 시기다. 일확천금을 얻어 재물이 창고에 가득히 모인다. 길하여 기쁨이 넘친다.

2월 | 정직진실 소원성취(正直眞實 所願成就)의 운이다.

 정직하고 진실하면 크게 이롭고 소원을 성취한다. 이 달은 소원성취를 이룬다. 즐겁고 희망이 넘친다. 사업가는 억만장자가 되는 길운이다. 지금까지 수고한 이상의 행운이 따르는 대길운이다. 차를 운전하는 사람이 좁은 산길을 벗어나 고속도로를 만나 신나게 달리는 형상이다. 호사다마를 생각하라.

3월 | 중천명월 천지명랑(中天明月 天地明朗)의 운이다.

 중천에 밝은 달이 떠올랐으니 천지가 명랑하다. 길운이 돌아오니 출세하고 승진하는 좋은 운이다. 재물이 산처럼 많이 모이는 운이니 크게 길하다. 봄여름의 운을 보니 모험을 하여도 무난히 성공한다. 크게 발전한다. 사업운을 보니 정면으로 밀고 나가면 무조건 성공한다. 꽃밭에서 미인을 상봉하여 함께 즐긴다.

4월 │ 구문견수 수구여병(口門堅守 守口如瓶)의 운이다.

입을 굳게 지켜라. 입을 병 뚜껑 막듯이 지키면 이롭다. 운은 비록 좋으나 말을 실수하는 운이 들었으니 말조심을 해야 한다. 재물운이 90%이상 퍽 좋다. 손에 천금을 잡는 대길운이니 복권이라도 사라. 천복성(天福星)이 당신을 비추고있으니 노력하지 않아도 남의 돈이 내 돈 된다. 말은 조심하고 행동은 민첩하라.

5월 │ 막근색정 불륜구설(莫近色情 不倫口舌)의 운이다.

불륜의 색정을 가까이 하지 말라. 운은 비록 좋으나 색정불륜으로 망신을 당한다. 과거에 함께 고생하고 동고동락해온 조강지처를 잊어서는 안 된다. 연애운을 보니 돈을 많이 투자하여 선물을 주면 더욱 연애가 불을 붙는다. 결혼운을 보니 원만하게 성사된다. 사업은 전진하면 유리하고 투자하라. 사업운은 좋다.

6월 │ 정신수양 운수안정(精神修養 運數安定)의 운이다.

정신을 수양하면 운수가 안정된다. 사람에게 제일 중요한 것은 정신이다. 정신이 혼란하면 만사가 흔들린다. 많은 재물을 관리하기 위해서는 바른 정신수양이 필요하다. 취직의 운을 보니 좋은 직장에 입사한다. 시험의 운을 보니 합격만세다. 하늘의 기후를 보니 맑은 날씨다. 만사가 형통하고 이익이 많다.

151운 | 감옥에 들어간 사람이 석방된다

1월 | 정중지와 우주광대(井中之蛙 宇宙廣大)의 운이다.

 즉 우물 안의 개구리가 되지 말고 우주의 광대함을 알라. 우물 안의 개구리 같은 생각을 가지면 크게 성공하지 못한다. 우주는 광대하다. 얼음 땅이 태양의 열기에 의해 녹아 해빙하는 해방의 운이다. 감옥에 들어간 자는 석방이 되어 자유를 얻게되니 즐거운 운이다. 사업운을 보니 성사되지 않고 고전한다.

2월 | 동풍해동 수분상책(東風解凍 守分上策)의 운이다.

 동풍에 해동하니 길운이다. 그러나 분수를 지키는 것이 상책이다. 분수를 지키면 안전하다. 이 달은 사업이 막혀 고전하던 사람은 서서히 사업이 풀리는 시기다. 잃었던 명예를 만회하고 어렵고 답답한 일들이 모두 해결된다. 시험의 운을 보니 하향지원하면 가능하나 상향지원하면 불합격이다. 운이 열리니 즐거움이 있다.

3월 | 의외득재 길운가지(意外得財 吉運可知)의 운이다.

 의외로 재물을 얻는 것을 보니 좋은 운임을 알 수 있다. 즉 생각하지도 않고 있던 일로 인하여 재물은 얻는다. 길운이 흉운보다 더 많으니 안심하고 전진하라. 사업운을 보니 자영업은 남의 협조를 얻어야 안전하고 이익이 많다. 공동사업의 경우라면 어부지리의 이익은 얻는다. 당신에게 좋은 운이 왔다.

4월 │ 절차탁마 자기연마(切磋琢磨 自己鍊磨)의 운이다.

　지금은 자기를 연단하고 훈련시켜 강한 사람으로 만들어야 한다. 스스로 강해지지 않으면 살아남지 못하기 때문이다. 이 달은 겸손하고 양보하면 사람이 도와준다. 집안에서 조용히 근신하면 이롭고 밖에 나가면 불리하다. 앞이 불분명하니 진행을 서행하라. 호흡기. 장부계통. 혈액계통의 발병을 주의하라.

5월 │ 입산구어 종시허탈(入山求魚 終時虛脫)의 운이다.

　산에 들어가 물고기를 구하니 결국에는 허탈에 빠진다. 즉 도저히 불가능한 일을 이루려고 시작한다. 이 달은 자기보다 강한 세력에 화합하면 이익을 얻는다. 사업의 발전이 서행하니 마음이 안타깝다. 건강운을 보니 원인 모를 고약한 병에 걸리지 않도록 조심하라. 여행가면 불리한 일을 당한다. 천지가 광명하니 기쁘다.

6월 │ 전전긍긍 신지신지(戰戰兢兢 愼之愼之)의 운이다.

　전전긍긍하니 조심하고 또 조심하라. 매우 두려워하며 조심한다. 즉 매사에 신중하고 조심조심하면 화근을 면한다. 이 달은 고전운이니 피해를 줄이는데 힘써야 한다. 운이 불리하니 수고를 해도 허송세월이다. 소원성취를 기원하나 환경이 불리하여 성사되는 일이 없다. 조용히 복지부동이 상책이다.

152운 | 과욕부리지 말고 현상유지에 만족하라

1월 | 독거청정 안빈낙도(獨居淸淨 安貧樂道)의 운이다.

홀로 거해도 청정해야 한다. 가난해도 마음을 편안하게 하며 도를 즐긴다. 이 달은 과욕을 부리지 말고 현상유지에 만족하라. 밖이 문제가 아니라 내부에 문제가 생겼다. 내부를 정비하라. 한바탕의 태풍이 지나간 상태이다. 고로 이 달은 외부에 신경을 쓸 것이 아니라 내부를 정비해야 할 시기다. 좋은 직장을 얻는다.

2월 | 자포자기 구제불능(自暴自棄 救濟不能)의 운이다.

자포자기하는 사람은 구제할 길이 없다. 모든 일에 지쳐서 스스로 포기한다. 어려움이 여러 차례 닥치니 자포자기하는 처지에 빠질 수 있다. 마음과 생활에 혁명을 일으키고 개혁을 해야 한다. 신규사업을 하려면 준비를 단단히 하고 철저한 계획이 되면 성공한다. 문제점을 찾아내어 불의를 제거하라.

3월 | 양호유환 화근자작(養虎遺患 禍根自作)의 운이다.

호랑이 새끼를 기르면 후환이 된다. 스스로 화근이 될 일을 만들지 말아야 한다. 목적을 향해 나가는 도중에 장벽에 봉착한다. 이 때는 만나서 대화로써 풀어나가야 한다. 무리하게 전진하면 역효과를 낸다. 시험의 운을 보니 하향지원하면 어렵게 합격한다. 마음을 안정시키면 좋은 돌파구가 보인다. 소원을 성취한다.

4월 │ 어불성설 무언상책(語不成說 無言上策)의 운이다.

말이 이치에 맞지 않을 바에야 말하지 않는 것이 상책이다. 말이 이치에 맞지 않으니 거래처와 언쟁이 발생한다. 겸손하고 양보하면 사람이 도와준다. 집안에서 조용히 근신하면 이롭고 밖에 나가면 불리하다. 사업운을 보니 과감하게 전진하지 말고 인망을 얻어야 한다. 교섭을 잘 하면 이익이다. 여행을 갈 일이 생긴다.

5월 │ 초심반조 초지일관(初心返照 初志一貫)의 운이다.

초심을 반조하여 보고 초지를 일관하라. 처음 시작할 때 마음을 다시 한 번 돌이켜 생각해 본다. 지금은 초심의 계획을 그대로 밀고 나가야 한다. 앞이 불분명하니 사업의 진행을 신중해야 좋다. 자기보다 강한 세력에 화합하면 이익을 얻는다. 연애운을 보니 다정하게 대화를 나누면 의외로 열정이다.

6월 │ 위생위사 선희선수(爲生爲死 先犧先授)의 운이다.

상대방을 위하여 살고 상대방을 위하여 죽는다. 먼저 희생봉사를 하고 먼저 사랑을 준다. 즉 충성의 도리를 다한다. 상대방의 입장에서 생각할 줄 아는 도량이 필요하다. 역지사지의 처세술만 깨닫는다면 이미 당신은 성공한 사람이다. 이사나 여행은 삼가는 것이 좋고 꼭 가려면 좋은 날을 선택하여 가라

153운 | 운이 불리하여 수고가 허송세월이다

1월 | 일모도원 기력보강(日暮途遠 氣力補強)의 운이다.

즉 날은 저물고 갈 길은 멀기 때문에 기력을 보강할 필요가 있다.
이 달은 혁명을 해야할 운이다. 과거의 잘못된 내용을 혁신하고 새
로운 좋은 법으로 개혁해야 한다. 이때는 혁명하는 충분한 대의명
분이 필요한데 즉 사심을 없애고 공도(公道)를 따른다. 강해지지
않으면 생존경쟁에서 이길 수 없다.

2월 | 일보후퇴 이보전진(一步後退 二步前進)의 운이다.

일보후퇴하는 것은 이보 전진하기 위해서다. 일보후퇴하여 새로운
대책을 세워야 길하다. 경영자는 체제를 대폭적으로 개편해야 한
다. 돈과 재물의 운을 보니 현상유지에 만족하라. 그리고 추진하는
일은 비용을 너무 아끼지 말아야 성사된다. 몸에서 썩은 부분을 그
냥 두면 목숨이 위태롭게 된다. 물건을 잊어버린다.

3월 | 화근불작 심신평안(禍根不作 心身平安)의 운이다.

화근을 만들지 않으니 심신이 평안하다. 화근이 될 문제를 만들지
말아야 한다. 마음과 생활에 희망적인 혁명을 일으키고 개혁을 해
야 한다. 이사나 가게 이전이나 여행은 흉하다. 소원의 운을 보니
작은 일은 3주일 큰일은 3개월을 인내하면 성취한다. 귀인을 찾고
자한다면 한적한 곳에서 찾는다. 진리를 자각한다.

4월 | 일망타진 내부정리(一網打盡)의 운이다.

 악당들을 완전히 소탕하고 내부를 정리하라. 외부에 적을 두려워하지 말고 내부의 배신자를 두려워해야 한다. 내부의 배신자를 찾아내어 처단해야 한다. 사업을 시작하면 고전한다. 연애와 결혼운을 보니 순조롭게 결정되지 않는다. 장해물이 많다. 기혼의 부부생활은 원만하다. 심장 혈액 호흡기 등을 주의하라. 병마가 노린다.

5월 | 매사신중 마장불침(每事愼重 魔障不侵)의 운이다.

 매사에 신중하면 마장이 침범하지 못한다. 군자는 매사에 신중한다. 사기꾼의 유혹이 가까이 오고있다. 사업운이 불리하니 서행하거나 중지함이 유리하다. 운이 불리하니 수고를 해도 허송세월이다. 사업운을 보니 모든 일은 수동적 자세에서 소극적으로 현상유지에 노력하는 것이 길하다. 건강이 제일이다.

6월 | 일석이조 재명양득(一石二鳥 財名兩得)의 운이다.

 일석이조의 좋은 운이니 재물과 명예의 두 가지 다 이익을 본다. 두 마리 토끼를 한꺼번에 잡으려고 노력을 하니 힘들지만 다 잡는다. 대세의 흐름에 온유하고 순종하면 길하고 고난이 없다. 지혜로운 사람은 물을 좋아한다고 했다. 즉 물의 흐름처럼 대세에 순종하면 천지가 도와준다. 부부사이에 좋은 일이 일어난다.

154운 | 바퀴가 펑크나 제대로 가지 못한다

1월 | 적선공덕 화근예방(積善功德 禍根豫防)의 운이다.

 적선의 공덕을 쌓는 것이 모든 화근을 예방하는 방법이다. 운은 반길반흉한 운이나 만사가 시원하지 못하다. 마치 자동차에 바퀴가 하나가 펑크가 난 것과 같이 제대로 굴러가지 못한다. 바퀴를 수리하라. 화근이 일어나기 전에 예방하고 준비하면 사고는 없다. 서류나 문서 계약서 등을 꼼꼼하게 살펴라.

2월 | 일장춘몽 인생초로(一場春夢 人生草露)의 운이다.

 인생은 한낮의 꿈이다. 인생을 비유하여 초로라고 하였는데 지나놓고 보면 잠깐이라는 것이다. 그러나 현재를 보면 멀고 길기만 하다. 마치 바퀴가 고장난 수레를 몰고 가는 형상이다. 고장난 바퀴를 수리하여 가야 한다. 시간이 걸린다하더라도 바퀴를 고쳐서 가라. 모든 일에 순리로 행하면 성공한다.

3월 | 신상필벌 엄정재판(信賞必罰 嚴正裁判)의 운이다.

 공이 있는 사람에게는 반드시 상을 주고 죄가 있는 사람에게는 반드시 벌을 주는 것이 엄정한 재판이다. 신규로 사업을 시작하나 순조롭지 못하다. 전근이나 이사나 질병으로 인하여 영업의 진행에 장해물이 생긴다. 새로운 거래처가 나타나도 좋은 상대가 아니다. 단념하는 것이 좋다. 엄정하게 상대하라.

4월 | **구제봉사 적선공덕(救濟奉仕 積善功德)의 운이다.**

어려운 사람을 구제하고 이웃에 봉사하는 것이 적선이며 공덕이다. 출발의 시기이지만 아직 운은 반길반흉한 운에 머물러 있다. 혼자서 밀고 나가지 말고 선배나 경험자의 조언을 받고 타인과 협동을 하며 겸손하고 양보하면 희망이 보인다. 사업에 어려움이 많으나 인내하면 극복한다. 미혼자는 결혼하는 경사가 있다.

5월 | **이심전심 선길인연(以心傳心 善吉因緣)의 운이다.**

이심전심으로 통하는 사이는 좋은 인연이다. 마음이 통하는 사람끼리 함께 일을 한다면 수확이 두 배로 크다. 즉 마음이 통하는 사람을 찾아라. 어려움이 차례차례 줄을 이어 나타나는 형상이다. 그러나 느긋하게 참고 인내하고 노력하면 해결이 된다. 집에서 조용히 머물며 새로운 사업을 구상하라. 연애가 달콤하다.

6월 | **겸손양보 도처명진(謙遜讓步 到處名振)의 운이다.**

겸손하고 양보하면 가는 곳마다 명성을 날린다. 어디에 가도 환영을 받는다. 운이 순조롭게 흐르지 못하고 정체된 상태이다. 전진하기에 어려움이 따른다. 여러 가지 고통과 의외로 어려움이 따른다. 천리마가 도중에 다리에 병이 나서 걷지 못하는 입장이다. 비록 운은 어렵지만 겸손양보하는 덕을 가지면 길하다.

155운 | 의심스런 사람은 고용하지 말라

1월 | 의심암귀 반신반의(疑心暗鬼 半信半疑)의 운이다.

의심을 하면 귀신이 따르지만 세상이 하도 어수선하니 반신반의를 하지 않을 수 없다. 의심나는 사람은 고용하지를 말고 일단 고용을 했으면 의심을 하지 말아야 한다. 거래하는 상대자를 한 번 더 의심해 보라. 의심하는 일이 없도록 사전에 투명하고 철저한 계산이 필요하다. 감시하고 관찰을 해야 한다.

2월 | 운종심기 심변개운(運從心起 心變開運)의 운이다.

운은 사람의 마음에 따라 일어나는 것이니 마음에 변화를 일으켜야 운도 따라서 개운된다. 크게 사기를 당하거나 함정에 빠질 수가 있다. 돌다리도 두들겨 보고 건너는 심정으로 살피고 점검해야 한다. 매사에 신중하면 사기꾼이 쳐 놓은 미끼에 걸리지 않는다. 사방에 사기꾼의 함정이 있다. 뜻밖의 돈이 생긴다.

3월 | 인내고대 소원성취(忍耐苦待 所願成就)의 운이다.

인내하고 고대하면 소원을 성취한다. 인내하며 세월이 지나면 모든 일이 다 해결한다. 이 달은 사업을 시작할 시기다. 그러나 운이 절반은 길하고 절반은 흉한 운이다. 거래처를 잘 살피지 않으면 사기를 당한다. 사기꾼은 호시탐탐 노리고 있다. 사업계획이 있다면 일단 다시 한 번 살펴보라. 사람을 통하여 덕을 본다.

4월 │ 읍참마속 대의명분(泣斬馬謖 大義名分)의 운이다.

눈물을 흘리면서 충복인 마속의 목을 배는 것이 대의명분이다. 즉 대의명분을 세우기 위해서는 작은 희생이 필요하다. 대의를 위해서는 사랑하고 아끼는 사람도 버려야 한다. 큰 일을 생각하고 있는 사람에게는 소소한 이해관계에 얽매이면 안 된다. 큰일과 작은 일을 구분하라. 공사(公私)를 구분해야 한다.

5월 │ 수신제가 치국평천(修身齊家 治國平天)의 운이다.

자기의 심신을 닦고 집안을 다스린 다음에 나라와 천하를 다스린다. 이것이 군자의 정도다. 자기보다 강한 세력에 화합하면 이익을 얻는다. 사업의 발전이 서행하니 마음이 안타깝다. 거래운을 보니 상대방은 이중인격자이다. 교섭운을 보니 교섭은 뒤로 미루고 좀더 깊이 관찰할 필요가 있다. 사기 거래를 당하기 쉽다.

6월 │ 안전점검 흉운예방(安全點檢 凶運豫防)의 운이다.

안전할 때 점검을 하고 흉운을 예방하고 준비한다면 걱정할 것이 없다. 고전운이니 피해를 줄이는데 힘써야 한다. 사업운이 불리하니 관망함이 유리하다. 운이 불리하니 수고를 해도 허송세월이다. 정신적인 부분은 이루어지나 물질적인 부분은 이루어지지 않는다. 마음을 수양하면 좋은 길이 보인다. 교섭하면 유리하다.

156운 | 가는 말이 고와야 오는 말이 곱다

1월 | 용서포용 관대군자(容恕包容 寬大君子)의 운이다.

용서하고 포용하는 덕망을 가진 사람은 관대한 군자뿐이다. 당신도 군자의 관대함을 가져라. 운은 반길반흉한 운인데 안전을 위해 사전에 미리 예방하고 준비하는 것이 좋다. 비상금을 많이 저축해 둔다면 흉운을 만나도 문제가 없다. 적극적이기보다는 차라리 소극적으로 남의 뒤에서 일하는 것이 안전하고 길하다.

2월 | 우공이산 연속적공(愚公移山 連續積功)의 운이다.

산을 옮기려는 것은 어리석은 일 같지만 연속적으로 꾸준히 하면 성공한다. 즉 어리석은 일처럼 보이지만 끊임없이 노력하면 목적하는 바를 달성할 수 있다. 현상 유지하는 것으로 만족하고 내부에 문제점이 없는지 점검하고 부실한 곳은 정비해야 한다. 강한 세력 앞에서는 순종하고 부착하여 따르면 문제가 없다.

3월 | 천지대은 무량감사(天地大恩 無量感謝)의 운이다.

천지의 큰 은혜에 는 무량하니 감사해야 한다. 천지의 큰 은혜를 깨달은 사람이면 도를 통한 군자다. 이 달은 60%만 길하다. 운은 기력을 양성해야 한다. 기력이 쇠약하여 마음이 원하는 대로 몸과 주변 환경이 잘 따르지 않는다. 가까운 여행은 길하나 멀리 여행은 흉하다. 매사에 신중하고 서행하라. 길운이 왔다.

4월 │ 속성속패 속도조절(速成速敗 速度調節)의 운이다.

속히 이루어지고 또 속히 실패하는 운이니 성공만 하려면 무엇보다 속도의 조절이 필요하다. 신규사업을 할 것이다. 새로운 사업을 시작한다. 애인이 나타나 연애를 하지만 열정적이지는 못하다. 흐지부지하면 이것으로 끝나기 쉽다. 가는 말이 고와야 오는 말이 곱다. 당신이 먼저 성실함을 보여 주라. 사업을 시작하라.

5월 │ 욕속부달 순리성공(欲速不達 順理成功)의 운이다.

즉 속히 이루고자 하면 목적지에 도달할 수 없는 것이니 순리로 행하면 성공한다. 작은 일이라도 작전을 세우고 계획을 잘 짜야 실패하지 않는다. 사업은 지금이 출발시기이지만 주위에 방해꾼이 많아 사업은 일시 중지되고 허송세월을 보낸다. 모든 일은 수동적 자세로 나가면 길하다. 운이 열리니 자심감을 가져라.

6월 │ 일심통일 지성감천(一心統一 至誠感天)의 운이다.

마음을 하나로 통일시키고 지극한 정성을 드리면 하늘이 감동하여 무슨 일을 하더라도 성공한다. 지극한 정성이면 하늘도 감동한다. 대세의 흐름에 온유하고 순종하면 길하고 고난이 없다. 지혜로운 사람은 물을 좋아한다고 하였는데 이 말은 대세에 순종하므로 명을 보존할 수 있기 때문이다. 기후도 도와주니 길하다.

157운 | 불리하니 작전상 일보후퇴해야 한다

1월 | 와신상담 고진감래(臥薪嘗膽 苦盡甘來)의 운이다.

섶나무 위에서 자고 쓰디쓴 곰쓸개를 핥는 고생을 다하면 좋은 경사가 온다. 즉 원수를 갚기 위해 괴로움을 참고 견디는 운이다. 크게 성공한 사람 치고 와신상담을 하지 않은 자가 거의 없다. 사방에 적들이 노리고 있으니 매사신중에 신중해야 한다. 시험의 운을 보니 하향지원하면 가능하다. 입사나 입학은 즐거움이 있다.

2월 | 신명기원 정도맹서(神明祈願 正道盟誓)의 운이다.

천지신명님께 기원할 것은 전날의 과오를 반성하고 바른 길을 갈 것을 맹세하는 것이다. 은둔하고 자중하면 화를 면한다. 일보후퇴함은 다음에 일보전진하기 위함인 것이다. 머리 위로 큰 태풍이 지나가는 흉운이다. 복지부동만이 살길이다. 계절이 바뀌기만을 기다려야 한다. 기다리면서 기력을 양성하라.

3월 | 강즉제인 기력양성(强卽制人 氣力養成)의 운이다.

즉 강건한 사람이 되면 다른 사람들을 제압할 수 있는 것이니 스스로의 기력을 양성하라. 다. 이기려면 스스로 강해야 한다. 절반은 길하고 절반은 흉한 운이다. 독불장군은 불리하고 타인과 화합하면 성공한다. 사업운을 보니 자영업은 남의 협조를 얻어야 안전하다. 자신을 연마하고 단련해야 이긴다. 소원을 성취한다.

4월 │ 와각지쟁 무익전쟁(蝸角之爭 無益戰爭)의 운이다.

즉 달팽이 뿔 위에서의 싸움이니 아무 이익이 없는 싸움이다. 즉 사소한 일로 싸우는 꼴이니 무익하다. 운을 알아야 길이 보인다. 지금은 겸손하고 양보하면 사람이 도와준다. 좋은 운이 아니므로 집안에서 조용히 근신하면 이롭고 밖에 나가면 불리하다. 돈과 재물의 운을 보니 지출로 고민한다. 여행을 가면 좋다.

5월 │ 회개반성 정도맹서(悔改反省 正道盟誓)의 운이다.

전날의 잘못을 회개하고 반성하며 정도 즉 바르게 살아갈 것을 맹세하면 전화위복이 된다. 자기보다 강한 세력에 화합하면 이익을 얻는다. 사업의 발전이 서행하니 마음이 안타깝다. 소화기 기억상실증 정신관계 등의 질병을 주의할 것이다. 잃어버린 물건은 어디에 두었는지 기억이 잘 나지 않는다. 물건을 잊어버린다.

6월 │ 부생아신 모국오신(父生我身 母鞠吾身)의 운이다.

아버지는 나를 낳아 주시고 어머니는 나를 길러 주셨다. 이것을 아는 사람은 함부로 행동하지 못하며 효도할 것이다. 이 달은 고전운이니 피해를 줄이는데 힘써야 한다. 사업운이 불리하니 관망함이 유리하다. 운이 불리하니 수고를 해도 허송세월이다. 잘 찾아보면 탈출구는 가까운데 있다. 찾아보라. 진리를 깨닫는다.

158운 | 사방이 캄캄하니 움직이면 불리하다

1월 | 이문회우 이우보인(以文會友 以友輔仁)의 운이다.

학문으로써 친구를 모으고 친구들과 어짐을 보탠다. 몸과 마음을 안정시키면 이롭다. 마음은 몸을 운전하며 운을 인도한다. 때문에 마음이 안정하면 몸이 안정되고 운이 안정되고 사업이 안정되며 발전한다. 길을 가다가 그만 밤이 되니 길이 보이지 않는다. 서행할 수밖에 없다. 사방이 캄캄하니 움직이면 불리하다.

2월 | 온고지신 사리연구(溫故知新 事理研究)의 운이다.

옛것을 익히고 그것으로 미루어 새 지식이나 견해를 안다면 남의 스승이 될 수 있다. 일과 이치를 연구하면 사리에 총명한 사람이 된다. 이 달은 고집을 부려 무리하게 이동하면 손해본다. 사방이 함정이다. 사기꾼이 낚시밥을 미끼로 당신을 유혹하고 있다. 감언이설에 속지말고 현실을 직시하면 길하다.

3월 | 학수고대 준비연단(鶴首苦待 準備練段)의 운이다.

학수고대하며 준비하고 실력을 연단하라. 학처럼 목을 길게 내밀고 기다려야 한다. 지금은 작전과 계획만 세울 뿐 실전에 돌입하기는 약간 무리다. 지금까지 잘 참고 지내온 사람이 조금 더 못 참겠는가. 절반은 길하고 절반은 흉한 운이다. 자신에게 문제가 있어 결정을 내리기에 좀 힘드는 시기다.

4월 │ 선병자의 경험선생(先病者醫 經驗先生)의 운이다.

　같은 병을 먼저 앓아 본 사람이 의사다. 즉 무슨 일이나 먼저 경험이 있는 사람이 선생이니 경험자의 말을 듣는 것이 유리하다. 앞이 불분명하니 진행을 서행함이 좋고 경험자의 충고를 받아 드려야 한다. 자신에게 허점이 많아 의외로 많은 지출로 고민한다. 건강에는 호흡기 피부 심장 등에 주의하라.

5월 │ 오월동주 화해신청(吳越同舟 和解申請)의 운이다.

　원수는 외나무다리에서 만난다고 했다. 당신은 원수를 외나무에서 만난다. 때문에 빨리 원수의 손을 잡고 화해를 신청하라. 당신에게 잘못이 있다면 진심으로 사과하고 용서를 빌어라. 지금의 고비를 잘 넘기지 않으면 불리하다. 먼저 원수를 잘 설득하고 화해하라. 원수를 친구로 만들어야 운이 열린다.

6월 │ 중구난방 구설속망(衆口難防 口舌速忘)의 운이다.

　여러 사람들의 입은 무섭다. 사방에서 구설이 따르니 막기가 어렵다. 여러 사람들의 구설을 귀담아 듣지 말고 빨리 잊어버려라. 시간이 지나면 모든 문제가 저절로 다 해결된다. 도와줄 귀인은 가까운 데 있으나 인연이 없어 만나지 못한다. 정신을 차려야 한다. 원래 어리석은 자들은 말이 많은 법이다. 병마가 노린다.

161운 | 어려운 일을 당해도 당황하지 말라

1월 | 신념확고 기선제압(信念確固 機先制壓)의 운이다.

신념이 확고하면 기선을 제압하여 틀림없이 성공한다. 신념이 확고하지 않으면 성공할 수 없다. 때문에 먼저 확고한 신념을 무장하는 것이 중요하다. 사업운은 계획은 잘 되고 있어서 추진만 잘 하면 모든 일에 발전이 있겠다. 안으로 충실하며 어려운 일을 당하여도 당황하지 말라. 당신이 유리하다. 건강이 제일이다.

2월 | 피아동수 선제공격(彼我同數 先制攻擊)의 운이다.

피아가 같은 수이니 선제 공격하면 이긴다. 적의 실력이나 당신의 실력이 비슷비슷하여 오십보백보다. 때문에 노력을 더 많이 하고 능력을 더 많이 갖추면 이긴다. 사업운을 보니 미리 예방하고 주의하면 전화위복이 된다. 한 걸음 전진하기에 앞서 잠시 멈추고 기반을 더욱 탄탄하게 다져야 한다. 부부가 화합한다.

3월 | 가식실패 진실성공(假飾失敗 眞實成功)의 운이다.

가식은 실패하고 진실은 성공한다. 거짓없이 진실한 길로 간다면 성공한다. 진실함이 없기 때문에 서로 의심하고 문제가 일어난 것이다. 과욕을 부리면 힘의 분산으로 하나도 성공하지 못한다. 돈과 재물의 운을 보니 시세를 미리 알고 추진하면 수입이 따른다. 일보후퇴를 하는 것이 유리하다. 미혼자는 좋은 결혼을 한다

4월 │ 오리무중 동서불분(五里霧中 東西不分)의 운이다.

안개가 너무 많아 동서남북이 어딘지 분간이 어렵다. 안개가 오리나 넘게 끼여 앞이 잘 보이지 않는다. 동서남북을 잘 분간 못할 처지이니 흉함이 따르는 운이다. 작은 과실이 일어날 운이니 경계하고 관찰해야 한다. 정도를 고수하면 마장이 침범하지 못한다. 조심하면 무난하다. 계약은 위험하니 다시 한 번 더 검토하라.

5월 │ 고독여객 고립무원(孤獨旅客 孤立無援)의 운이다.

고독한 나그네가 홀로 여행을 가는 중이니 외롭다. 외로운데 구원의 손길은 없다. 강한 세력 앞에 따르고 순종하면 유리하다. 기력이 많이 쇠진하다. 우선 기력부터 양성하라. 취직의 운을 보니 자기의 조건을 내세우지 말고 우선 입사부터 먼저 하면 유리하다. 신앙심을 가지고 염력을 강화하면 회복된다.

6월 │ 죽마고우 별무이익(竹馬之友 別無利益)의 운이다.

죽마고우를 만나지만 별로 이익은 없다. 어린 시절의 죽마고우를 10년 만에 만나 반갑기는 하지만 별로 도움이 되지 않는다. 그 친구도 자신의 발등에 불이 떨어진 상태이기 때문이다. 마음으로만 서로 반갑고 즐거워할 뿐 물질적인 이익은 기대할 수 없다. 공상을 멀리하고 현실을 직시하면 길하다.

162운 | 불가항력이니 대세를 따라야 한다

1월 | 모사허황 우수일지(謀事虛荒 憂愁日至)의 운이다.

모사가 허황하니 근심이 가까이 온다. 수입과 지출의 계산을 잘해야 한다. 당신의 기력이 허약하다. 단체나 강자에게 의존하여 부착하여 가야 한다. 고집을 부리거나 선두에 나서거나 독립하면 불리하다. 강한 세력을 의존하면 탈이 없다. 시험의 운은 하향지원하면 가능하나 상향지원하면 불합격이다. 연애가 달콤하다.

2월 | 객우경계 반신반의(客友警戒 半信半疑)의 운이다.

객지에서 만난 친구는 위험하니 경계하며 반신반의하라. 사기성이 아주 농후한 사람이니 절반만 믿어라. 객지에서 만난 친구에게 도움을 청하는 것은 어리석다. 즉 산에 들어가 물고기를 구하는 꼴이니 헛수고일 뿐이다. 계란으로 바위를 치면 계란만 깨질 뿐 이익이 없다. 불가항력이니 일보후퇴하라. 돈이 들어온다.

3월 | 토영삼굴 유비무환(兎營三窟 有備無患)의 운이다.

토끼는 항상 도망갈 것을 생각하여 굴을 파서 세 곳에 탈출구를 만든다. 유비무환이다. 지금 당신도 토끼처럼 항상 피할 수 있는 제3의 탈출구를 준비해 두어야 한다. 비상사태에 대비하는 예방책이 필요하다. 작전을 세우고 계획을 잘 세우면 성공한다. 타인과 화합하면 성공한다. 신중하게 거래에 임하라.

4월 │ **겸손양보 득인득재(謙遜讓步 得人得財)의 운이다.**

겸손하고 양보하면 사람을 얻고 재물을 얻는다. 또 사람들이 도와준다. 집안에서 조용히 근신하면 이롭고 밖에 나가도 별 탈은 없다. 앞이 불분명하지만 겸손하고 양보하면 문제가 없다. 진행을 서행함이 좋다. 돈과 재물의 운을 보니 자신에게 허점이 많아 의외로 많은 지출로 고민한다. 사람을 통하여 이익을 본다.

5월 │ **어부지리 의외횡재(漁父之利 意外橫財)의 운이다.**

어부지리 운이니 의외로 횡재하는 일이 생긴다. 도랑 치고 가제 잡는다. 님도 보고 뽕도 딴다. 두 사람이 다투고 있는 사이에 엉뚱하게 당신만 이익을 본다. 당신은 지금 어부지리의 입장이니 이익이 많다. 자기보다 강한 세력에 화합하면 이익을 얻는다. 사업은 발전한다. 여러 사람과 교제하면 어부지리를 얻는다.

6월 │ **토사구팽 신부할족(兎死狗烹 信斧割足)의 운이다.**

토끼사냥이 끝나면 지금까지 부려먹던 사냥개를 잡아먹는다. 믿는 도끼에 발등찍힌다. 당신은 지금 사냥개의 입장이다. 당신은 주인으로부터 배신을 당할 위험이 있다. 사냥개의 입장에서 함정에 빠지기 쉬우니 사방을 살펴보아야 한다. 운이 불리하니 수고를 해도 이익이 없고 허송세월이다. 교섭을 잘하면 출세한다.

163운 | 닥치는 일에 적당히 대응해야 한다

1월 | 선영자익 능자다실(善泳者溺 能者多失)의 운이다.

즉 수영을 잘 하는 사람이 물에 빠져 죽는것처럼 무엇이나 능숙한 사람이 방심하여 실수를 많이 한다. 재주 많은 사람이 그 재주를 믿고 까불다가 재앙을 입는다. 작은 흉함이 따르는 운이니 인내하고 고대하면 만 가지의 장벽을 다 뛰어 넘는다. 자기보다 실력이 못한 사람 밑에서 일하면서 따르면 유리하다.

2월 | 인화단결 목적달성(人和團結 目的達成)의 운이다.

사람들과 잘 조화를 이루고 동지들과 단결하면 유리한데 목적을 달성한다. 무지몽매하여 동쪽과 서쪽도 구분하지 못하면 실패한다. 심신이 불안하니 우왕좌왕하며 방랑생활을 한다. 사업운을 보니 적극성을 따지 말고 형편에 순응하면서 때를 기다려야 한다. 투자나 투기는 중단하라. 단체에 의존함이 유리하다.

3월 | 양약고구 충고역이(良藥苦口 忠告逆耳)의 운이다.

즉 입에 쓴 약이 몸에는 이롭다. 충고는 귀에 거슬린다. 당신은 지금 부모나 선배나 상사의 충고를 받아 드려야 이롭다. 충고를 무시하면 손해본다. 미리 철저한 준비를 마친 뒤 교섭하면 성사한다. 재물의 운을 보니 수입보다 지출이 많다. 사람들에게 실망을 당하고 친구나 동업자에게 배신을 당하여 좌절한다.

4월 │ 석고대죄 고통감수(席苦待罪 苦痛甘受)의 운이다.

석고대죄의 흉운이니 고통을 감수하라. 거적을 깔고 고통을 감수하며 처벌을 기다린다. 이 달은 석고대죄를 해야 화근을 면하고 순순히 풀린다. 당신이 용서를 빌어야 할 입장이면 자존심을 버리고 석고대죄를 청하면 전화위복이 된다. 결혼이나 사업은 상대방이 하자는 대로 따라가면 길하다. 길흉이 상반이니 조심하라.

5월 │ 양두구육 이중인격(羊頭狗肉 二重人格)의 운이다.

즉 양의 머리를 내걸고서 개고기를 파는 비양심적이며 이중인격자이다. 상대방이나 당신이나 둘 중에 한사람은 양두구육의 이중인격자이다. 만일 당신 자신이 이중인격자면 빨리 반성하여 고쳐야 한다. 당신이 정직하면 상대방이 이중인격자이니 의심하고 경계하라. 이 달은 서로가 속이고 속는 시기다.

6월 │ 태연자약 악당격파(泰然自若 惡黨擊破)의 운이다.

태연자약하면 악당을 격파할 수 있다. 악인은 만나 봉변을 당하는 운이다. 이처럼 불리한 운이지만 두려워하지 말고 태연자약하면 악인은 오히려 겁을 먹고 도망갈 것이다. 당신은 악당을 충분히 이길 수 있다. 기술을 연마하고 준비하면 좋은 운이 돌아온다. 세력이 강한 자를 따라가야 길하다. 사업운이 열린다.

164운 | 다리불구가 걸어가는 것과 같은 고통이다

1월 | 족병난행 전진무리(足病難行 前進無理)의 운이다.

즉 다리에 병이 들어 걸어가는 것이 고통스럽다. 전진하기에 무리다. 앞에 장해물이 너무나 많고 어렵다. 고난과 고통만 따르고 이익은 없다. 마음은 신속하고 정확하게 나아가고 싶지만 몸이 따르지 않는다. 그래서 남들보다 2배 이상 노력하지 않으면 퇴보하고 만다. 마음을 단단히 먹고 각오해야 한다.

2월 | 심사숙고 청정일심(深思熟考 淸淨一心)의 운이다.

심사숙고해야 할 일인데 청정한 마음이면 답이 나온다. 일어난 사건이 간단하지 않다. 잘 해결하기 위하여 깊이 생각하고 거듭 생각해야 좋은 지혜가 나타난다. 마음만 앞서고 몸은 따르지 못하니 참으로 답답하고 속이 탈뿐이다. 강한 마음을 가져야 난관을 극복할 수 있다. 공상에 머물지 말고 현실을 직시하라.

3월 | 다사다난 포기금지(多事多難 抛棄禁止)의 운이다.

일도 많고 탈도 많다. 지쳐버린 상태다. 스스로 포기할까 두렵다. 자포자기는 만가지 악의 근원이다. 이 달은 마음만 한 번 잘 돌리면 개운이 된다. 또 열심히 노력하면 의외로 성공한다. 당신의 마음자세가 문제다. 도전도 하기 전에 미리 겁을 먹고 포기하지 말라. 기력을 양성하고 환경을 살피며 전진하라.

4월 │ 사전준비 신중예방(事前準備 愼重豫防)의 운이다.

사전에 준비하고 신중하게 예방하면 환난이 없다. 이 달은 부귀영화가 충만하니 즐겁다. 돈과 재물의 운을 보니 사업이 순조로우며 돈도 따른다. 단 수입이 많은 대신 지출도 많다. 상업인에게는 일시적으로 융통이 막힌다. 비상금을 조성하는데 주력하라. 심장. 피부. 호흡기를 주의하라. 운이 길하니 큰 염려는 없다.

5월 │ 십시일반 합심일단(十匙一飯 合心一團)의 운이다.

열 사람이 밥을 한 술씩만 보태어도 한 사람이 먹을 밥이 된다. 여러 사람이 힘을 합쳐야 지금의 모든 문제를 해결할 수 있다. 안전할 때 예방하고 준비한다면 환난도 무사히 넘어간다. 작심삼일이나 용두사미가 될까 염려된다. 사람들과 화합을 해야 성공한다. 화합을 잘 하면 거래나 인생을 성공한다.

6월 │ 운산일출 천지광명(雲散日出 天地光明)의 운이다.

구름이 흩어지고 태양이 다시 떠오르니 천지가 광명하다. 고생 끝에 즐거움이 온다. 70% 정도 길하다. 이때는 자중하고 서서히 내실을 다져야 할 시기다. 지위가 높이 오르면 오를수록 자기의 아래를 살펴야 한다. 사업관계로 인하여 이성적 교제가 있다. 달콤한 연애는 아니다. 사기 결혼을 주의하라. 천지가 명랑하다.

165운 | 민심이 사방팔방으로 흩어진다

1월 | 민심분산 상하화합(民心分散 上下和合)의 운이다.

민심이 분산하니 상하가 화합하라. 이 달은 민심이 사방팔방으로
분산되는 운이다. 무엇보다 민심을 수습하는 것이 급하다. 위 사람
과 아래 사람이 화합해야 한다. 또 노사간에도 화합해야 함께 산다.
사람마다 생각이 모두 제각각이니 도무지 공통점이 없다. 호흡기
대장 간담에 병을 조심하라. 입사하거나 입학을 한다.

2월 | 식자우환 대책강구(識字憂患 對策講究)의 운이다.

식자가 우환이니 대책을 강구하라. 모르고 있었다면 차라리 편안
할 것인데 아는 것이 병이다. 알고 나니 도리어 분쟁이 일어나고
미움이 생겼다. 대책을 빨리 강구해야 한다. 가정에는 작은 풍파가
따른다. 아는 것 때문에 화근이 일어났으니 다시 모른 체 하라. 아
니면 용서하고 포용하라. 밝히면 싸움이 일어난다.

3월 | 측은지심 용서포용(惻隱之心 容恕包容)의 운이다.

당신에게 손해를 입히고 떠나간 사람에게 불쌍한 마음을 가져야
한다. 그를 용서하고 포용하면 당신에게 좋은 운이 온다. 운이 고독
하고 사람들에게 실망을 당한다. 친구나 동업자에게 배신을 당하여
좌절한다. 흉함이 따르는 운이니 언행에 주의하라. 길운은 상대방
에 있으니 화합하며 따라가면 길하다.

4월 | 암중모색 지하작업(暗中摸索 地下作業)의 운이다.

　물밑거래를 시작한다. 즉 어두움 속에서 손을 더듬으며 물건을 찾는다. 보이지 않는 곳에서 일을 한다. 확실한 방법을 모르는 채 이리저리 물밑에서 시도를 해본다. 작은 과실이 일어날 운이니 경계하고 관찰해야 한다. 정도를 고수하면 마장이 침범하지 못한다. 잃어버린 물건은 높은 곳에 있다. 작은 소망을 이룬다.

5월 | 순망치한 상부상조(脣亡齒寒 相扶相助)의 운이다.

　즉 입술이 없으면 이가 시리다. 당신을 도와줄 친구나 거래처가 망하면 당신에게도 큰 손해가 따른다. 때문에 어려움에 처한 거래처를 지원하라. 상부상조함이 유리하다. 지원하여 회복시키면 당신의 사업도 발전한다. 거래처 관리를 잘하고 또 당신 자신의 기력도 양성해야 한다. 혼자서는 발전이 없다. 여행을 떠난다.

6월 | 취사선택 승패좌우(取捨選擇 勝敗左右)의 운이다.

　취사선택을 통하여 승패가 좌우한다. 한 번 선택을 잘하면 큰 이익을 보지만 반대로 잘못 선택하면 큰 손해를 본다. 잘 선택하기 위해서는 충분한 연구가 필요하다. 기술을 연마하고 준비하면 좋은 운이 돌아온다. 대인관계에서 의견이 차이나면 시비이해를 논하지 말고 일시 양보해야 유리하다. 물건을 잊어버린다.

166운 | 인내하고 고대하면 장벽을 뛰어넘는다

1월 | 기술개발 능력보유(技術開發 能力保有)의 운이다.

기술을 개발하여 능력을 보유하라. 새로운 기술을 개발하면 경쟁
에서 이긴다. 다른 사람의 기술을 그대로 답습만 하지말고 당신이
새로운 기술을 개발하여 능력을 보유해야 한다. 부정거래의 유혹을
예방해야 한다. 취직의 운을 보니 마음에 들지 않아도 우선 입사하
고 보면 앞날은 밝아진다. 하향지원하면 합격한다.

2월 | 길흉변화 주야불식(吉凶變化 晝夜不息)의 운이다.

길흉의 변화는 밤낮이 없이 이루어진다. 길흉은 항상 변화를 한다.
지금이 길운이면 곧 흉운으로 변하고 또 지금이 흉운이면 곧 길운
으로 변한다. 길이 변하여 흉이 되고 또 흉이 변하여 길이 되는 것
이 세상사이다. 때가 이르니 아직 학수고대해야 한다. 방심하면 사
업이 손해나고 만사가 파괴된다. 진리를 자각한다.

3월 | 일석이조 재관양득(一石二鳥 財官兩得)의 운이다.

일석이조의 길운이니 재물과 관직의 두 가지의 이익을 다 얻는다.
이사나 가게 이전을 해도 아무 탈이 없다. 여행은 자기비용이 들지
않는 즐거운 여행이 된다. 소원의 운을 보니 실력자에 부탁하여 서
서히 진행시키면 성취한다. 방랑생활을 청산하고 서서히 안정을 찾
아간다. 호사다마는 잊지 말라. 병마가 노린다.

4월 | 악전고투 인내승리(惡戰苦鬪 忍耐勝利)의 운이다.

 힘든 싸움이지만 인내하면 승리한다. 구설도 듣고 모함도 받는다. 고통이 심하다. 그러나 참고 인내하면 결국 당신이 이긴다. 연애운을 보니 겸허하면 좋은 애인이 따른다. 또 긴 교제 끝에 결혼까지 간다. 멀리서 복성(福星)이 당신에게 비춘다. 건강운을 보니 소화기 계통. 부인병. 성병. 등도 주의할 것이다.

5월 | 상가지구 문전걸식(喪家之狗 門前乞食)의 운이다.

 상가집의 개처럼 문전걸식한다. 아주 처량한 신세로 전락한다. 또 아무 이유 없이 욕을 먹고 망신을 당한다. 그러나 전화위복의 운도 있다. 문제점은 서둘지 말고 서서히 대화로 풀어 나가라. 조급하면 실패한다. 문제해결은 선배를 앞장세워서 추진함이 길하다. 분수를 지키면 최상으로 안전하다. 건강이 제일이다.

6월 | 오비이락 언행신지(烏飛梨落 言行愼之)의 운이다.

 까마귀 날자 배 떨어지니 언행을 조심하라. 오해를 받거나 모함을 당한다. 말과 행동에 주의해야 한다. 돈과 재물의 운을 보니 소득의 균등분배 원칙을 지켜서 노력하면 금전적인 융통은 원만하게 잘 돌아간다. 정도를 고수하면 마장이 침범하지 못한다. 기력이 많이 쇠진하다. 자력을 양성하라. 부부가 대립한다.

167운 | 정도를 따라야 위기를 벗어날 수 있다

1월 | 과욕금물 소리만족(過慾禁物 小利滿足)의 운이다.

과욕을 금지하고 작은 이익에 만족하라. 과욕을 부리면 크게 망한다. 작은 이익에 만족하고 순리를 따라야 이롭다. 대세가 거부하는 운이다. 천리를 역행하여 붕괴하는 운이다. 즉 당신은 지금 대세를 거역하는 자리에 서 있다. 이러한 시기일수록 정도에 순종해야 하면 입 조심을 해야 위기를 벗어난다.

2월 | 일일삼회 자기반성(一日三回 自己反省)의 운이다.

날마다 세 번씩 자신을 반성하며 자신에게 허물이 없는지 살펴야 한다. 자신에게 문제가 있다. 운은 사계절이 때가 되면 저절로 변하여 풀리듯이 하늘의 기운에는 순환의 이치가 있다. 눈앞의 어려움을 당장 해결하려 들지 말고 서서히 때를 기다려 해결하라. 아직 능력이 부족하니 능력을 더 양성하라. 결혼을 한다.

3월 | 감언경계 충고감수(甘言警戒 忠告甘受)의 운이다.

간언은 경계하고 충고는 감수하라. 즉 유혹의 말은 경계하고 이로운 충고는 귀에 거슬리는 법이지만 충고를 감수하는 사람이 군자다. 내부에 화합이 잘 되지 않고 있다. 내실을 단단히 하도록 하라. "밖에서 노리는 도적을 무서워하지 말고 집안에 있는 배신자를 더 경계하라"고 했다. 누구의 충고라도 감수하면 이롭다.

4월 │ 생자필멸 조만차이(生者必滅 早晚差異)의 운이다.

 생명이 있는 것은 반드시 죽는다. 다만 빠르고 늦음의 차이가 있을 뿐이다. 때문에 생존에 대하여 너무 애착을 가지지 말고 이웃과 더불어 화합하며 여유를 가지도록 하라. 무리하면 손해본다. 사업상 금전의 융통이 어려우니 계절이 바뀔 때까지 기다려라. 무의미하게 기다리는 것이 아니라 준비하며 기다려라.

5월 │ 삼고초려 연속적공(三顧草廬 連續積功)의 운이다.

 삼고초려하고 연속적공하라. 한 번 시도해 보고 뜻대로 되지 않는다고 포기하면 아무것도 성취할 수 없다. 유비가 공명선생을 찾아가듯 꾸준한 정성이 필요하다. 연속적으로 꾸준히 정성을 드리면 성공한다. 지금은 호미로 막을 수 있는 작은 구멍인데 방치하면 다음에는 가래로도 못 막는 큰 구멍으로 뚫리고 만다.

6월 │ 살신성인 군자지도(殺身成仁 君子之道)의 운이다.

 자신을 희생시켜 인(仁)을 이루는 것이 군자의 갈 길이다. 정도를 지키기 위해서는 고통이나 유혹을 이기며 극복해야 한다. 입을 굳게 지키는 것이 모든 화근을 예방하는 길이다. 거래관계의 사람과 언쟁이 생기고 이해관계가 얽혀서 마음이 멀어진다. 이해하고 포용하라. 반은 길하고 반은 흉하니 좌우를 살피며 전진하라.

168운 | 이 달은 집안에 도적이 들어온다

1월 | 욕속부달 순리안전(欲速不達 順理安全)의 운이다.

 속히 얻으려면 도달하지 못하니 순리에 따라 안전하게 하라. 순리에 따라 안전하게 사업을 펼쳐나가면 무난하게 성공한다. 이 달은 집안에 도적이 들어오는 운이다. 재물을 잃지 않으면 가내에 우환이 따른다. 운이 흘러나가니 손재수는 피할 수가 없다. 지갑에 구멍이 나서 사방에서 지출이 생긴다. 연애가 달콤하다.

2월 | 사해동포 형제자매(四海同胞 兄弟姉妹)의 운이다.

 사해동포는 바로 형제자매다. 이웃을 사랑하고 모든 사람들을 생각하는 마음이 필요하다. 사람을 사랑하고 구제하는 것이 최상의 산행이고 덕이다. 이 달은 먼저는 재물이 조금 들어오지만 뒤에는 도로 모두 나간다. 때문에 문제는 지갑을 단속해야 한다. 지출을 해야 할 것이 생기면 일단 유보하고 다음으로 미루라.

3월 | 삼재팔난 예방상책(三災八難 豫防上策)의 운이다.

 삼재팔난을 막는 방법은 예방하는 것이 상책이다. 험난한 세상속에서 평안 무사하게 살아가는 처세술은 상책이 곧 예방이다. 예방을 잘하고 준비가 잘 되어 있으면 근심할 것이 없다. 작전을 세우고 계획을 잘 세우면 성공하지만 그러나 운은 길흉이 상반인데 즉 절반은 길하고 절반은 흉한 운이다. 작은 돈이 들어온다.

4월 | 서산일낙 포기유리(西山日落 拋棄有利)의 운이다.

이미 기울지는 형상이니 잡지말고 포기하는 것이 유리하다. 이 달은 서산에 지는 해다. 형세가 기울어져 어쩔 수 없이 넘어지려고 한다. 잡으려고 애를 태우지 말고 포기하고 다른 것을 찾아보라. 집 안에서 조용히 근신하면 이롭고 밖에 나가면 불리하다. 이 달은 앞이 불분명하니 진행을 서행함이 좋다.

5월 | 외화내가 진가불분(外華內假 眞假不分)의 운이다.

외적으로 화려하니 진짜 가짜의 구분이 어렵다. 외적으로는 화려하게 치장하고 내적으로는 가짜다. 즉 가짜가 진짜처럼 행세하는 세상이다. 가짜에게 속지 말아야 한다. 가짜가 진짜보다 더 화려하고 좋게 보인다. 가짜는 오래 가지 못한다. 선두에 나서지 말고 조용히 뒤에서 따라가면 무사히 화를 면한다.

6월 | 도덕존경 천지내조(道德尊敬 天地來助)의 운이다.

도덕을 존경하고 따르면 천지가 도와준다. 도덕을 따르면 일시적으로는 적막하나 만고에 빛난다. 현실이 당신을 속일지라도 노하거나 슬퍼하지 말고 도리에 성실하고 사리에 총명한 사람이 되라. 소원의 운을 보니 환경이 갖추어져 있지 않아서 성사되는 일이 없다. 좀더 노력하고 때를 기다려라. 사람이 도와준다.

171운 | 구설이 따르고 언쟁이 일어난다

1월 | 태풍통과 복지부동(太風通過 伏地不動)의 운이다.

태풍이 통과하니 복지부동하라. 태풍이 머리위로 지나가니 조용히 땅에 머리를 묻고 움직이지 않으면 재앙을 면한다. 그리고 친질하고 봉사하는 마음으로 상대하면 전화위복이 된다. 작은 과실이 생기는 운이다. 구설이 따르고 소소한 일에 언쟁이 일어난다. 화근을 스스로 만들지 말아야 한다. 거래하면 길이 보인다.

2월 | 사면초가 낙심금물(四面楚歌 落心禁物)의 운이다.

사면초가이지만 낙심은 금물이다. 사방이 모두 초나라 군사들뿐이다. 적군에게 포위된 상태이다. 크게 흉한 운이지만 낙담은 절대금물이다. 항상 조심하는 사람에게는 불행은 침범하지 못하고 행운이 머물게 된다. 매사에 신중하고 정도를 고수한다면 삼재팔란의 흉운이라도 두려울 것이 없다. 길흉이 상반이다.

3월 | 정신집중 목적달성(精神集中 目的達成)의 운이다.

정신을 집중하면 목적을 달성한다. 정신을 집중하여 노력한다. 즉 식사하는 것도 잠자는 것도 잊어버릴 정도로 사업에 정신을 집중하여 정열을 쏟는다면 목적을 달성하여 성공한다. 지금은 운이 고독하고 사람들에게 실망을 당한다. 사업운을 보니 경영은 순조롭지 못하고 노사간에 잘 통하지 못한다. 사업은 서행하라.

4월 │ 산고수장 덕고시장(山高水長 德高施長)의 운이다.

즉 산은 높고 강물의 흐름은 길다. 군자는 덕이 높고 중생들을 제도하는 자비심은 강물처럼 끝이 없다. 산고수장의 마음으로 처세에 임하면 크게 이롭다. 거래를 할 때 조급하면 실패하니 오히려 사람을 앞장세워서 추진함이 길하다. 금전적인 융통은 원만하다. 분수 밖의 일을 도모하지 말라. 운의 흐름에 순종하라.

5월 │ 인자불우 지자불혹(仁者不憂 知者不惑)의 운이다.

인자는 근심하지 않고 지자는 사리에 미혹당하지 않는다. 즉 마음이 어진 사람은 천리를 통달하였으므로 근심이 없고 지혜가 총명한 지자는 사기꾼에게 유혹을 당하지 않는다. 정도를 고수하면 마장이 침범하지 못한다. 강한 세력 앞에 따르고 순종하면 유리하다. 겸손한 태도를 가지면 남들에게 존경과 신뢰를 얻는다.

6월 │ 위편삼절 발분망식(韋編三絕 發憤忘食)의 운이다.

한 번 분발하면 식사하는 것도 잊어버리고 가죽끈이 세 번이나 끊어졌다. 즉 공자는 가죽끈이 세 번이나 끊어지도록 주역을 독서했다. 또 한 번 분발하면 식사하는 것도 잊어버렸다고 한다. 이처럼 위편삼절 발분망식하면 이루지 못할 것이 없다. 불리한 운이지만 겸손하고 양보하는 자세를 가지면 전화위복의 운이다.

172운 | 대인관계에서 의견 차이가 많다

1월 | 선전광고 미화장식(宣傳廣告 美化裝飾)의 운이다.

자기를 선전하고 광고해야 한다. 아름답게 꾸미고 장식해야 이롭다. 지금은 자신이나 자기 사업의 상품을 선전광고를 하여 많이 알려야 한다. 선전하지 않으면 거래처와 의견차이로 말미암아 계약이 깨진다. 그러나 교섭을 잘 하면 이익이 많다. 상대는 강하고 나는 약하다. 무리하면 손해본다. 기후가 맑으니 즐겁다.

2월 | 백발백중 계획적중(百發百中 計劃的中)의 운이다.

백 번 사격하여 백 번 명중시킨다. 계획이 뜻과 같이 적중한다. 즉 원하는 것이 반드시 이루어진다. 대인관계에서 불화가 생기지만 결과는 이롭다. 동업자와 함께 사업을 진행하나 동상이몽이니 큰 싸움이 일어날 징조다. 잘못은 상대방에게 있다. 이때는 매사에 신중하고 이해하면 원하는 것을 다 얻는다.

3월 | 사통오달 호사다마(四通五達 好事多魔)의 운이다.

사통오달의 좋은 운이지만 호사다마를 경계하라. 여러 곳에 길이 열려있다. 좋은 일에는 마가 끼는 법이니 신중하라. 무리하게 전진은 하지말고 차근차근 계획을 세워 치밀하게 전진하면 의외로 이익을 많이 본다. 내부에 화합이 잘 되지 않고 있다. 내실을 단단히 하도록 하면 유리하다. 좌우를 살피며 전진하라.

4월 │ 일도양단 시비구분(一刀兩斷 是非區分)의 운이다.

한 칼로 옳고 그른 것을 구분하여 양단시킨다. 흑과 백을 양쪽으로 가른다. 소인배는 추풍낙엽으로 패망하고 군자는 전화위복이 된다. 비록 작은 흉함이 따르는 운이나 조심하고 경계하고 관찰하면 마장은 침범하지 못한다. 정도를 고수하면 마장이 침범하지 못한다. 연애운을 보니 사랑이 식어지는데 이별의 운이 왔다.

5월 │ 사중구생 기력양성(死中救生 氣力養成)의 운이다.

죽을 지경에 빠졌다가 다시 살길을 찾는다. 이 달은 기력이 많이 쇠진한다. 우선 기력부터 양성하라. 밖에서 잃어버린 물건이라면 찾기를 포기해야 한다. 내부의 소행이라도 이미 밖으로 반출되었기 때문에 찾지 못한다. 이사나 가게 이전이나 여행은 삼가 하라. 사업의 확장을 중단하고 내실을 단단히 하라.

6월 │ 귀인내조 의외성사(貴人來助 意外成事)의 운이다.

귀인이 와서 도와주니 의외로 일을 이룬다. 즉 친구를 따라 강남을 가면 이롭다. 선배나 상사를 따라가면 탈이 없다. 이 달은 자중하고 서서히 내려갈 준비를 해야 한다. 높이 오르면 오를수록 자기의 아래를 살펴야 한다. 덕망을 갖추고 자기의 과실을 살피고 돌아보면 설사 높은 지위에 올라도 허물이 없다.

173운 | 소소한 구설이 큰 화근을 만든다

1월 | 손재지수 근검절약(損財之數 勤儉節約)의 운이다.

손해볼 운이 들었으니 근검절약하라. 낭비할 일이 자꾸 생긴다. 지갑에 구멍이 뚫린 것처럼 돈이 술술 새어나간다. 그러나 부지런하고 검소하고 절약하면 이롭다. 운이 떠나니 영웅호걸도 재주를 부리지 못하고 천하의 모사꾼도 지혜가 통하지 않는다. 아무리 뛰어난 사람도 운에는 당할 장사가 없다.

2월 | 백년하청 노이무공(百年河淸 勞而無功)의 운이다.

즉 중국의 항하강은 항상 흐리어 맑을 때가 없다. 즉 지금은 열심히 노력해도 이익을 얻지 못한다. 정신을 안정하고 전날의 과오를 회개하면 흉함이 작아진다. 스스로 강해지지 않으면 생존경쟁에서 이길 수 없다. 언행에 신중하면 흉운이라도 무난하게 지나간다. 우선 염력을 강화시켜 자력을 얻어야 한다.

3월 | 대시소종 용두사미(大始小終 龍頭蛇尾)의 운이다.

즉 시작은 크지만 끝은 작다. 시작은 크지만 끝이 흐지부지하다. 마치 용두사미와 같은 입장이다. 운이 고독하고 사람들에게 실망을 당한다. 친구나 동업자에게 배신을 당하여 좌절한다. 이 달은 일보후퇴를 하는 것이 유리하다. 연애는 적극적인 열애가 필요하다. 허세를 부리지 말고 실속 있게 전진하라.

4월 │ 사상누각 붕괴직전(砂上樓閣 崩壞直前)의 운이다.

 모래 위에 세운 누각이니 붕괴하기 직전이다. 사업의 기초가 튼튼하지 못하여 오래 견디지 못한다. 빛 좋은 개살구다. 기초를 튼튼하게 하는 것이 급선무다. 외적인 면보다 내적으로 정비하고 수리하여 실속 있는 사업이 되도록 노력해야 한다. 객지에서 만난 새로운 친구는 불리하고 고향친구는 이롭다.

5월 │ 배수지진 일전불퇴(背水之陣 一戰不退)의 운이다.

 즉 강물을 등지고 진을 쳐야 한다. 더 이상은 물러설 곳이 없다. 고독한 나그네가 홀로 여행을 가는 중이니 외롭다. 취직의 운을 보니 자기의 조건을 내세우지 말고 우선 입사부터 먼저 하라. 시험의 운을 보니 자기의 실력에 맞게 응시하면 가능하다. 죽기로 작정하고 대항하면 두려울 것이 없다. 승리한다.

6월 │ 욕교반졸 교각살우(欲巧反拙 矯角殺牛)의 운이다.

 즉 너무 좋게 만들려다 도리어 졸작이 되었다. 뿔을 교정하려다가 소를 죽인다. 기대가 크면 실망도 크다. 기술을 연마하고 준비하면 좋은 운이 돌아온다. 이 달은 불리하니 환난을 예방하고 다음을 준비하는 운이다. 예방하고 준비하는 사람에게는 흉한 운이 피해 가는 법이다. 피부 심장 혈액 등에 주의하라.

174운 | 한 번 웃고 한 번 눈물 흘린다

1월 | 포구도달 무선불도(浦口到達 無船不渡)의 운이다.

강을 건너려고 포구에 도달하니 배가 없어 건너지 못한다. 배는 강 건너편 쪽에 있다. 배가 돌아올 때까지 인내하고 자중하며 기다려야 한다. 배가 빨리 오지 않는다고 혈기를 부리며 강물에 뛰어들면 빠져 죽는다. 학수고대 할 수밖에 없는 입장이다. 기다리면서 예방책을 연구한다면 전화위복이다. 입사하는 운이다.

2월 | 방약무인 강자다적(傍若無人 强者多敵)의 운이다.

방약무인한 행동을 하면 적을 많이 만난다. 즉 곁에 아무도 없는 것처럼 거리낌없이 함부로 행동하면 적을 많이 만난다. 방약무인하면 위험하다. 심신을 안정하고 겸손한 자세로 기다리며 준비하고 있으면 뜻밖의 귀인을 만나 성공한다. 특히 술자리나 모임에 참석하여 기회를 잡게된다. 민심을 얻어야 성공할 수 있다.

3월 | 욕속부달 순리성사(欲速不達 順理成事)의 운이다.

즉 속히 이루고자 하면 목적지에 도달하지 못한다. 순리에 따르면 무난하게 뜻을 이룬다. 주위의 사정이 불리하여 당분간은 관망하며 기다려야 한다. 강 건너편에 길운이 있으니 배가 이 쪽으로 올 때까지 여유를 가지고 기다려야 한다. 지금까지 세운 계획을 다시 한 번 더 점검해 보고 살펴보라. 작은 소망을 이룬다.

4월 │ 정보총명 양수겸장(情報聰明 兩手兼將)의 운이다.

 정보에 총명하면 두 마리 토끼를 한 번에 다 잡을 수 있다. 이롭다. 신문 뉴스 등등 새로운 정보에 밝아야 이익을 얻고 정보에 어두우면 손해를 본다. 큰 돈을 투자하면 위험하고 실패할 가능성이 많다. 신규의 거래처는 상대의 생각이 명확하지 못하다. 다른 거래처를 찾아보는 것이 오히려 유리하다. 여행을 떠난다.

5월 │ 문전성시 경영활발(門前成市 經營活發)의 운이다.

 문 앞에 시장이 형성되며 찾아오는 사람이 많아지고 경영이 활발해진다. 건강운을 보니 자신의 건강을 한 번 살펴볼 필요가 있다. 좋은 거래처나 친구가 찾아오고 골치아픈 문제도 시간이 지나면 저절로 나타난다. 돈도 들어오고 명예도 얻으니 길하다. 내적으로는 마음을 수양하는 것도 길하다. 물건을 잊어버린다.

6월 │ 막근시비 형살배회(莫近是非 刑殺徘徊)의 운이다.

 시비를 가까이 하지 말라. 감옥에 들어가는 형살 귀신이 주위를 돌고 있다. 시비를 가까이하면 큰 난리가 일어난다. 말조심을 하라. 이 달은 한 번은 웃고 한 번은 눈물을 흘린다. 사면초가이지만 귀인을 만나 위기를 모면한다. 진퇴양난 속에서도 신명의 도움을 받아 다시 재기한다. 고진감래의 운이다. 진리를 자각한다.

175운 | 새로운 친구는 악연이 될 수 있다

1월 | 두문불출 출즉불리(杜門不出 出則不利)의 운이다.

대문을 걸어 잠그고 집안에서만 시간을 보내면 이롭고 밖에 외출하면 위험하다. 길운이 집안에 있으니 집안에 머물면 길하다. 두문불출이 제일이니 밖으로 나가지 말고 집안에서 자중하며 준비해야 길하다. 이 달은 사람을 만나면 불리하다. 특별한 사람이 아니면 만나지 말고 근신하며 지내라. 병마가 노리고 있다.

2월 | 문일지십 생이지지(聞一知十 生而知之)의 운이다.

하나를 들으면 열을 깨닫는 비상한 자이니 이 사람은 태어나면서부터 타고난 천재다. 지혜가 열리는 운이니 심사숙고하라. 좋은 지혜가 전화위복을 만든다. 현재 운을 보니 40%만 길하여 한 걸음 전진하기에 앞서 잠시 멈추고 기반을 더욱 탄탄하게 다져야 한다. 그래야 존경과 신뢰를 얻어 전진할 수 있다.

3월 | 자본준비 길운속래(資本準備 吉運速來)의 운이다.

자본을 준비하고 있으면 좋은 운이 속히 온다. 자본의 준비를 해야 한다. 자본이 준비되면 좋은 기회가 온다. 비상금 확보에 주력하라. 심신이 불안하니 우왕좌왕하며 방랑생활을 한다. 운이 고독하고 사람들에게 실망을 당한다. 친구나 동업자에게 배신을 당하여 좌절한다. 겸허하면 좋은 애인이 따른다.

4월 ｜ 심사극락 현실걸식(心思極樂 現實乞食)의 운이다.

　마음과 생각은 극락이나 현실은 거지같은 어려움이다. 마음의 이상과 몸의 현실사이에 차이가 많이 난다. 즉 마음은 무릉도원(武陵桃源)이나 현실은 사면초가이다. 때문에 현실을 직시해야 한다. 일보후퇴를 하는 것이 유리하다. 작은 흉함이 따르는 운이니 작은 과실이 일어난다. 그러나 경계하고 관찰하면 무난하다.

5월 ｜ 사불범정 정도고수(邪不犯正 正道固守)의 운이다.

　마장은 정도를 침범하지 못하니 정도를 굳게 지켜라. 즉 정도를 고수하면 마장이 침범하지 못한다. 마장이 침범한다는 것은 당신에게도 과실이 있다는 증거다. 강한 세력 앞에 따르고 순종하면 유리하다. 이 달은 기력이 많이 쇠진하다. 우선 기력부터 양성하라. 심신을 수양하며 강해야 살아남는 것이 세상이다.

6월 ｜ 노인선생 백전노장(老人先生 百戰老將)의 운이다.

　노인은 경험이 많으니 선생이다. 인생의 많은 우여곡절을 다 경험한 백전노장이다. 경험이 많은 사람의 말을 듣고 참고하며 새로운 길을 개척해야 한다. 운이 점차 회복하니 서서히 일어날 준비를 해야 한다. 겸손하고 양보하면 이심전심으로 거래처인 상대방도 마음이 관대하여져 좋은 결과가 나타날 수 있다.

176운 | 아침 태양이 나타나려면 아직 멀었다

1월 | 기력양성 자기연마(氣力養成 自己鍊磨)의 운이다.

기력을 양성하고 자기를 연마하라. 자기를 연마하고 정신을 안정하면 돌파구가 보인다. 아직 깊은 밤의 운이다. 아침 태양이 나타나려면 아직 멀었다. 깊은 밤의 운이니 캄캄하고 답답할 뿐이다. 인내하고 때 오기를 기다리는 수밖에 없다. 스스로 강해지지 않으면 생존경쟁에서 이길 수 없다. 건강이 제일 중요하다.

2월 | 무사득방 심신곤고(無事得謗 心身困苦)의 운이다.

아무 잘못도 없는데 비방을 듣는다. 때문에 심신이 곤고하다. 마음을 수양하여 맑고 고요한 마음을 가지면 좋은 지혜를 얻고 전화위복이 된다. 이 달은 무엇을 해도 실패와 파란만장이다. 칠흑 같은 캄캄한 밤길을 가는데 등불이 없는 형상이다. 심신이 곤고하여 노심초사할 뿐이다. 인내만이 살길이다. 부부가 무정하다.

3월 | 제사불성 일시휴식(諸事不成 一時休息)의 운이다.

모든 일이 하나도 이루어지지 않는다. 일시 휴식하라. 마음이 답답하다. 때를 기다려야 한다. 그냥 기다리는 것이 아니고 태양이 나타날 때까지 자기연마가 필요하다. 운이 40%만 길하여 고독하고 대인관계에서 사람들에게 실망을 당한다. 동업자에게 배신을 당하여 좌절한다. 호흡기나 신경계통을 주의하라.

4월 | 대사불구 자연즉사(大師不求 自然卽師)의 운이다.

큰 스승을 찾아 다니지 말라. 대자연이 바로 큰 스승이다. 맹자의 어머니는 맹자를 훌륭하게 가르치기 위해서 세 번이나 이사를 했다. 지금은 당신도 좋은 스승을 찾아 다녀야 한다. 그러나 그 좋은 스승은 바로 대자연이다. 또 좋은 장소를 찾아 다녀야 한다. 작은 과실이 일어날 운이니 경계하고 관찰해야 한다.

5월 | 경당문노 전문경험(耕當問奴 專門經驗)의 운이다.

농사일은 머슴들에 물어보아야 한다. 전문적인 지식이나 경험이 있는 사람의 말을 듣고 따라야 이롭다. 고독한 나그네가 홀로 여행을 가는 중이니 외롭다. 강한 세력 앞에 따르고 순종하면 유리하다. 취직의 운을 보니 자기 실력을 고집하지 말고 하향지원하면 된다. 구름은 많고 맑은 곳은 적다. 결혼하는 경사가 있다.

6월 | 오합지졸 훈련강화(烏合之卒 訓練強化)의 운이다.

오합지졸이 모였으니 군사훈련을 강화해야 한다. 적군과 싸우기 위해 군사를 모았지만 모여든 사람들이 모두 오합지졸에 불과하다. 군사를 훈련시켜 강하게 만들고 인재를 양성하고 전력을 갖추어야 성공한다. 대인관계에서 의견이 차이나면 시비이해를 논하지 말고 일시 양보해야 화근이 따르지 않는다.

177운 | 분수 밖을 탐하면 불리하다

1월 | 운세순종 수분각도(運勢順從 守分覺道)의 운이다.

운세에 순종하면 분수를 지키고 갈 길을 깨달아라. 천하에 장사도 운에는 당할 수 없다. 당신도 성공하려면 먼저 운세에 순종해야 한다. 운세를 거역하면 패망한다. 이 달은 조금 흉하다. 그러나 전화위복의 길운이 기다리고 있으니 실망할 것은 없다. 순리의 길을 가면 무사히 잘 넘어간다. 악연을 피하라.

2월 | 방비도입 무방비곡(防備盜入 無防備哭)의 운이다.

도둑을 방비하라. 방비하지 않으면 눈물을 흘린다. 소잃고 외양간 고치는 허망한 꼴을 당한다. 그러나 방비를 잘 하면 문제없다. 자기의 힘이 미치지 못하여 탄식하는 형상이다. 집에 도적이 들어올 운세이니 미리 방비를 잘 해야 한다. 혼자서는 못 막으니 경찰에 신고하거나 친구에게 도움을 청하면 무사하게 넘어간다.

3월 | 동행적군 의견차이(同行敵軍 意見差異)의 운이다.

적군과 동행하니 의견이 차이 난다. 서로 적의(敵意)를 품고 있는 사람끼리 한자리에 모여 회의를 하니 좋은 결과를 기대하기 어렵다. 거래처와 마찰이 생긴다. 쌍방이 서로 뜻이 맞지 않는다. 거래가 오래 가지 못한다. 거래처와 의견대립이 생긴다. 인내심을 가지고 극복해야 한다. 묘수를 찾아 상대하라.

4월 │ 분수자각 천직선택(分數自覺 天職選擇)의 운이다.

자기의 분수를 깨닫고 천직을 선택하라. 운에 타고난 천직을 선택하여 노력하면 성공한다. 남의 길을 기웃거리지 말고 당신의 길을 가야 한다. 사람마다 제각기 그릇의 크기가 다르고 갈 길이 다르다. 이 달은 분수를 지키면 길한데 즉 분수 밖의 일은 아예 착수를 말라. 분수 밖의 일은 실패하기 쉽다.

5월 │ 화근불작 예방상책(禍根不作 豫防上策)의 운이다.

화근을 만들지 말아야 하며 예방하는 것이 상책이다. 화근을 예방하고 만들지 말아야 한다. 남들과 언쟁을 한다는 것은 서로 의견이 상반되기 때문이다. 화해를 통해서만이 해결할 수 있는 일이다. 분쟁을 미리 막아야 하니 예방이 상책이다. 분쟁을 막기 위해서는 사건의 근원지부터 찾아서 해결해야 한다.

6월 │ 수유득재 구설신지(雖有得財 口舌愼之)의 운이다.

비록 재물은 얻으나 구설이 따르니 조심하라. 적군이나 아군의 실력이 비슷비슷하여 오십보백보다. 때문에 자신감을 가지고 노력을 더 많이 하는 쪽이 이긴다. 이 달은 언쟁을 주의해야 한다. 언쟁에 이겨도 이익은 없다. 처음부터 분쟁이 일어나지 않도록 하는 것이 더욱 중요하다. 입을 굳게 지켜라.

178운 | 신중하면 흉운이 침범하지 못한다

1월 | 인연귀중 대덕애인(因緣貴重 大德愛人)의 운이다.

인연이란 참으로 귀중하다. 큰 덕이란 사람을 사랑하는 것이다. 지금 만나는 모든 사람들을 소중한 인연이라 생각하고 상대하면 이롭다. 봄여름의 운을 보니 조금 흉하다. 천리를 역행하니 자연히 붕괴되는 현상이다. 원치 않는 악연을 만나 마음이 괴롭다. 언쟁과 소송운이 들어오니 언행을 주의하라.

2월 | 망국지음 색정불륜(亡國之音 色情不倫)의 운이다.

즉 나라를 망칠 음탕한 음악이 사방에서 들리고 색정의 불륜의 유혹이 발생한다. 때문에 이 달은 귀를 주의해야 한다. 가려서 듣고 가려서 말해야 한다. 심신을 안정하고 전날의 잘못을 회개하고 반성해야 한다. 민심이 분산되니 민심을 수습해야 한다. 혼란스런 세상을 만난 것이다. 색정의 불륜이나 연애는 달콤하다.

3월 | 전도불명 일시정지(前道不明 一時停止)의 운이다.

앞길이 밝지 못하니 일시 정지하라. 불확실한 길인데 무조건 전진하면 흉하다. 도무지 좋은 결과가 보이지 않는다. 미련을 버리지도 못하고 그렇다고 확실한 희망이 보이는 것도 아니다. 사업운을 보니 지금까지 경영하던 구태의연한 사업에 집착하지 말고 당분간 관망하면서 사태를 지켜볼 필요가 있다.

4월 | 사면춘풍 제사성취(四面春風 諸事成就)의 운이다.

동서남북 사방에서 따뜻한 봄바람이 불어오니 모든 일을 성취한다. 언제나 어떠한 경우에도 웃는 얼굴로 사람을 대하면 이롭다. 웃는 얼굴에 침 못 뱉는다. 이 달은 중병을 치료하고 회복되는 운이다. 심신의 고통도 서서히 사라진다. 오랜 투병생활에서 해방이 된다. 거래관계는 적극적인 대응이 필요하다.

5월 | 이재인의 가교횡재(利在仁義 可交橫財)의 운이다.

인자함과 정의로움을 지니면 이로움이 있다. 또 그러한 친구와 교제하면 횡재운이 있다. 즉 좋은 친구를 만나 도움을 받아 어려움에서 벗어나는 운이다. 매사에 신중하면 마장은 침범하지 못한다. 연애운을 보니 어울리지 않는 연애다. 결혼운을 보니 혼담은 깨진다. 신중하면 전화위복이 된다. 돈이 주머니에 들어온다.

6월 | 차월지수 욕진불진(此月之數 欲進不進)의 운이다.

이 달의 운수는 전진하고자 하나 마음뿐이고 나아가지 못한다. 계획은 좋으나 현실성이 멀다. 현실을 직시하는 눈이 필요하다. 대인관계에서는 의견차이로 언쟁이 일어난다. 설상가상이다. 그러나 하늘이 무너져도 솟아날 구멍이 있다. 한 번 여행을 다녀오면 사건이 해결된다. 선배나 상사의 조언을 귀담아 들어라.

181운 | 정도가 아니면 가지말라

1월 | 인연귀중 단념금지(因緣貴重 斷念禁止)의 운이다.

　사람과 사람사이에 만남은 귀중한 인연이 있는 것이니 인간관계에서 조금 마음에 들지 않는다 고하여 무 자르듯 냉정하게 자르면 불리하다. 항상 여운을 남겨두어야 다음에 그 사람으로부터 도움을 받을 수 있다. 불륜으로 연애하거나 색정으로 망신을 당할 운이다. 새로 교제한 애인은 성적인 면에 대단한 호색가이다.

2월 | 감언경계 충고감수(甘言警戒 忠告甘受)의 운이다.

　달콤한 유혹을 경계하고 충고를 감수하라. 즉 남의 비평이나 충고나 의견을 조금도 귀담아 듣지 아니하여 손해보는 달이다. 불륜관계는 빨리 청산해야 후환이 따르지 않는다. 정도가 아니면 가지 말 것이며 불의는 상대하지 말 것이다. 사업가는 큰 손해를 보며 투병중인 사람은 병세가 더욱 악화된다.

3월 | 사반공배 제사순성(事半功倍 諸事順成)의 운이다.

　수고는 절반만 하고 공로는 두 배로 얻으니 모든 일이 순순하게 이루어진다. 운은 비록 어렵지만 귀인의 도움이 따르고 천지가 도와주니 안심이다. 문제는 마음의 자세다. 자신의 마음을 돌이켜보아 과연 복을 받을 수 있는 마음인가 냉정하게 판단하여 보라. 적선의 마음이면 복을 받는다. 사람을 통하여 길이 열린다.

4월 │ 좌우불고 초지일관(左右不顧 初志一貫)의 운이다.

　좌우를 돌아보지 말고 처음 뜻을 일관하라. 다른 생각이나 다른 곳을 기웃하지 말고 처음 뜻대로 현재의 직업에 근면하고 성실하면 이롭다. 이 달은 흉하다. 인생이 허무하고 절망처럼 보인다. 일보후퇴를 하는 것이 유리하다. 매사신중에 신중하면 마장은 침범하지 못한다. 연애운을 보니 어울리지 않는 연애다.

5월 │ 등고자비 시작반승(登高自卑 始作半勝)의 운이다.

　즉 높은 곳에 올라가려면 먼저 낮은 곳부터 올라가야 한다. 시작이 반이다. 시작했으면 이미 절반은 승리한 것이다. 처음은 답답하나 나중은 즐겁다. 운이 시원시원하지 못하고 지지부진하다. 상대방과 의견차이로 언쟁이 일어난다. 설상가상의 운이니 이사나 가게 이전이나 여행을 가면 사고나 손실을 본다.

6월 │ 무단지사 구설입이(無端之事 口舌入耳)의 운이다.

　무단한 일로 구설이 귀에 들어온다. 잘못이 없어도 욕설을 듣는 시기다. 지금의 운은 사면초가이며 진퇴양난이다 자중함이 제일 길하다. 고전운이니 피해를 줄이는데 힘써야 한다. 운이 불리하니 만사가 다 불리하다. 취직이나 시험의 운을 보니 불가능하다. 하늘의 기후를 보니 구름이 가득하고 폭풍이 몰아친다.

182운 | 사방을 돌아봐도 진실한 친구가 없다

1월 | 차월지수 사고무친(此月之數 四顧無親)의 운이다.

이 달의 운수는 사방을 돌아보아도 진실한 친구가 없다. 이 달은 흥한데 마음이 허전하니 여행이나 한 번 다녀오면 좋다. 여행도 고독한 여행이다. 사방을 돌아보아도 진실한 친구가 없고 고립무원의 상태이다. 하늘을 보니 동쪽 하늘은 밝으나 서쪽 하늘은 비가 내린다. 실력을 쌓도록 하라. 강해야 살아남는다.

2월 | 동병상련 상부상조(同病相憐 相扶相助)의 운이다.

즉 같은 병을 앓는 사람끼리 서로 가엽게 여긴다. 서로 서로 같은 입장이니 상부상조해야 이롭다. 동업자도 당신과 마찬가지로 고전에 빠져있다. 때문에 너무 조르지 말고 순리로 풀어 나가야 한다. 작은 이익에 만족하고 근면 검소 절약해야 한다. 소원의 운을 보니 열심히 노력하면 절반 정도 이루어진다.

3월 | 초근목피 빈천곤고(草根木皮 貧賤困苦)의 운이다.

즉 풀뿌리와 나무 껍질로 연명하는 흉운이니 빈천하고 곤고하다. 운이 고독하고 사람들에게 실망을 당한다. 친구나 동업자에게 배신을 당하여 좌절한다. 연애와 결혼운을 보니 좀더 적극적인 열애가 필요하다. 작은 이익에 만족하고 자기를 연단하면 좋은 기회가 온다. 분수를 지키고 과욕이나 무리는 피하라.

4월 │ 과거불문 묵중언행(過去不問 默重言行)의 운이다.

 과거를 묻지 않는다. 말과 행동을 묵묵하게 한다. 만나는 사람의 과거를 묻지 말라. 상대자는 과거에 큰 상처를 입고 있는 사람이다. 그 상처를 포용하고 묻어두면 길하다. 정도를 고수하면 마장이 침범하지 못한다. 잃어버린 물건은 찾기가 어렵다. 이사나 가게 이전이나 여행은 즐겁다. 거래를 잘하면 이익을 본다.

5월 │ 욕진부진 대의멸친(欲進不進 大義滅親)의 운이다.

 전진하고자하나 전진하지 못한다. 이 때는 대의를 위해서는 사사로운 인정에 끌리면 안 된다. 대의명분을 앞세우고 전진한다면 희망이 보인다. 덕을 가진 사람은 외롭지 않다. 수양을 많이 하라. 인의예지의 덕목을 가지고 처세한다면 운의 길흉에 아무런 영향을 받지 않는다. 염력을 강화시켜라. 길흉이 상반이다.

6월 │ 수유득재 입수전소(雖有得財 入手前消)의 운이다.

 비록 재물을 얻기는 하나 손에 들어오기도 전에 사라진다. 초년에 고생은 사서라도 하라 고했다. 초년에 고생을 하면 다음은 성공한다. 좋은 약은 입에 쓰다. 선배나 상사의 충고를 받아 드리고 따르면 전화위복이 된다. 기술을 연마하고 준비하면 좋은 운이 돌아온다. 불리하니 환난을 예방하고 다음을 준비하는 운이다.

183운 | 최대의 위기를 맞이한 전쟁 운이다

1월 | 결점불견 인즉애인(缺點不見 仁則愛人)의 운이다.

상대방의 결점을 말하거나 보지 말라. 인(仁)이란 사람을 사랑하는 것이다. 결점을 포용하고 친하게 지내면 이롭다. 결점을 말하면 상대와 충돌하고 결국 전쟁이 일어나는 극히 위험한 운이다. 서로의 이익을 위해서는 좋은 점만 보고 말해야 한다. 위기일발의 관계이니 예절을 지키고 말을 조심해야 한다.

2월 | 선고후락 고진감래(先苦後樂 苦盡甘來)의 운이다.

따라서 먼저는 고난이고 뒤에는 즐거우니 고진감래다. 고생은 쓰지만 그 열매는 달다. 또 대기만성의 운이다. 때문에 지금은 인내심만이 모든 문제를 다 해결하고 행복의 문을 연다. 고통 뒤에는 좋은 길복이 기다리고 있으니 자신감을 가지고 도리에 성실하고 사리에 총명하라. 분수 밖에 일을 넘보지 말라.

3월 | 수화상애 오월동주(水火相愛 吳越同舟)의 운이다.

물과 불이 서로 사랑한다. 원수인 오나라 사람과 월나라 사람이 같은 배를 탔다. 적과의 동침이다. 이익을 얻기 위해서는 적과도 손을 잡고 나아가야 한다. 그러나 항상 경계는 해야 한다. 동업자나 거래처와의 의견이 대립하여 협조가 되지 못하고 사업에 난항이 따른다. 경쟁업체가 나타나 전쟁중이니 출혈이 심하다.

4월 │ 부귀영화 다다익선(富貴榮華 多多益善)의 운이다.

즉 재물 많고 권세 높고 부귀영화의 복록은 많으면 많을수록 더욱 좋은 것이다. 많은 복록을 받기 위해서 천지신명께 기도를 많이 올리고 적선생활을 많이 한다면 큰 이익이 있다. 대인관계에서 언쟁이 심하게 일어난다. 한 걸음 뒤로 물러서서 사태를 주시하면 좋은 해결책이나 돌파구가 보인다. 사업운이 열린다.

5월 │ 신원심리 불견무심(身遠心離 不見無心)의 운이다.

즉 몸이 멀어지면 마음도 떠난다. 사람이 눈에 보이지 않으면 그리워하는 마음도 사라진다. 사람은 가까이서 서로 자주 만나야 정이 들고 좋아진다. 아무리 가까운 형제자매라도 멀리 떨어져 살며 자주 만나지 않으면 정도 멀어진다. 부모형제 친척 친구는 가까이 살아야 좋다. 이웃사촌이 좋다. 친척을 찾아가면 이롭다.

6월 │ 개문읍도 양상군자(開門揖盜 梁上君子)의 운이다.

문을 열어 놓고 도둑을 맞이한다. 양상군자란 도둑을 점잖게 이르는 말이다. 도둑이 들어오면 많은 손해가 발생한다. 소 잃고 외양간 고치는 우를 범하는 사람이 되지 말고 사전에 미리 예방하는 것이 중요하다. 사업상의 모임이라면 조용히 따라가야 한다. 전면에 나서면 불리하다. 중앙이나 뒤에 따르면 무사하다.

184운 | 남들보다 두 배의 노력이 필요하다

1월 | 관재신지 누란지위(官災愼之 累卵之危)의 운이다.

관재구설을 조심하라. 쌓아 올린 새알처럼 몹시 아슬아슬하고 위험하다. 문서 서류 계약서 등등 신중하라. 이 달은 크게 실수하여 과실이 발생한다. 책임은 과중한데 능력이 부족하다. 사방이 어렵고 힘들고 고통스러운 일이다. 어려움에 빠져버린 운이다. 사업은 곤경에 처하였고 진퇴양난이다. 침착하게 생각하라.

2월 | 타향객지 귀인불득(他鄕客地 貴人不得)의 운이다.

타향 객지에서 도와줄 귀인을 만나지 못한다. 거래처를 경계해야 한다. 거래처의 사람은 양두구육이다. 양 대가리를 내걸고 개고기를 파는 비양심적이며 이중인격자이다. 지금은 운이 위험하니 신중해야 한다. 입을 굳게 지키고 유언비어에 현혹하지 말 것이다. 자리에 앉아 있으나 바늘방석과 다름없다. 좋은 운은 있다.

3월 | 선길후흉 제사신지(先吉後凶 諸事愼之)의 운이다.

먼저는 길하나 뒤에는 흉하니 모든 일에 조심하라. 화가 나도 큰소리 지르지 말아야 한다. 큰 소리 지르면 손해를 본다. 화가 나도 꾹 참고 하루 정도 지나면 참은 것이 잘했구나 하게된다. 사방을 돌아보아도 도와 줄 귀인이 보이지 않는다. 스스로 강해지지 않으면 안 된다. 인내하는 처세를 잘 하면 이익이 많다.

4월 | 출노입노 난형난제(出奴入奴 難兄難弟)의 운이다.

방출한 머슴이나 새로 들어온 머슴이나 능력이 비슷비슷하다. 어느 쪽이 유리하고 우세한지 구분하기가 어렵다. 또 실제는 차이가 많으나 포장이 하도 비슷하여 구분이 어렵다. 세밀하게 살펴보지 않으면 사기를 당한다. 매사에 신중하면 마장은 침범하지 못한다. 연애운을 보니 어울리지 않는 불장난의 연애다.

5월 | 손재우환 설상가상(損財憂患 雪上加霜)의 운이다.

　재물의 손실과 집안의 근심이 함께 들어오니 눈 위에 또 서리가 내렸다. 고통을 당하고 있는데 다시 시련이 겹친다. 일이 꼬이니 죽어라 죽어라한다. 상대방과 의견차이로 언쟁이 일어난다. 잃어버린 물건은 찾지 못한다. 이사나 가게 이전은 불리하다. 지금은 소원성취는 바라지말고 피해를 줄이는데 노력하라.

6월 | 운회여춘 음양경사(運回如春 陰陽慶事)의 운이다.

　운이 돌아와 봄날과 같으니 음과 양에 경사가 있다. 즉 청상과부가 돈 많은 홀애비를 만나 재혼하는 좋은 운이다. 과부가 낭군님을 만나니 즐겁다. 대기만성인 사람은 소원을 성취하는 시기다. 풍년이 들고 근심이 사라진다. 낮에는 재물이 풍족하게 들어오고 밤에는 부부가 금슬이 좋아지니 침대 위에서 극락을 이룬다.

185운 | 이미 적진 속 깊이 들어왔다

1월 | 불학무식 소인난면(不學無識 小人難免)의 운이다.

 학문이 없는 불학무식한 사람은 소인이 될 수밖에 없다. 즉 학문이 있는 사람은 가난하더라도 학문의 매력에 빠져 군자가 될 수 있지만 학문이 없는 사람은 의지할 곳이 없기 때문에 저절로 소인이 되고 만다. 환경이 어렵더라도 마음마저 소인이 되면 희망이 없다. 운은 이미 적진 속이 깊이 들어와 버렸다.

2월 | 초목봉우 화실영달(草木逢雨 花實榮達)의 운이다.

 초목이 비를 만나니 꽃과 열매가 영달이다. 비단옷을 입고 성공하여 고향을 돌아 왔는데 아무도 봐주는 사람이 없다. 운은 나쁘지 않는데 질투하는 사람을 만난다. 나쁜 사람을 만나 임기응변에 능해야 속지 않는다. 지극한 정성으로 임하면 하늘이 감동할 것이다. 이사나 가게 이전은 중단하라. 의식주는 풍족하다.

3월 | 작석견옥 노후가득(斫石見玉 努後可得)의 운이다.

 돌을 쪼개야 옥을 보는 운이니 노력을 한 후에야 가히 얻는다. 사업운을 보니 당신의 계획과 사업의 장래성은 대단히 길하다. 마음먹은 대로 만사가 순순하게 잘 이루어진다. 교섭을 잘 하면 이익이 많다. 강 건너 있던 길운이 내 앞에 왔다. 급하게 먹으면 체하니 여유를 가지고 천천히 순리대로 전진해야 한다.

4월 │ 인생무상 신명기도(人生無常 神明祈禱)의 운이다.

인생이 허무하고 절망처럼 보이니 명산대천을 찾아가서 천지신명께 기도를 올리면 이롭다. 이 달은 자중하고 일보후퇴를 하는 것이 유리하다. 매사신중에 또 신중하면 마장은 침범하지 못한다. 돈과 재물의 운을 보니 일상생활비는 궁색함이 없다. 허망한 가운데서 실속이 있으니 심신이 스스로 편안하다.

5월 │ 재관양득 금상첨화(財官兩得 錦上添花)의 운이다.

재물을 얻고 승진하니 즐거운데 비단 위에 꽃을 더한 즐거움이다. 금고에 돈이 가득 들어오고 부부간에 금슬도 좋아진다. 건강도 좋아지고 사업은 발전한다. 골치 아픈 일들도 시원하게 다 해결 난다. 태양은 중천에 높이 떠 있다. 이웃의 많은 사람들이 부러워한다. 집안에 즐거움이 가득하다. 기후가 맑으니 즐겁다.

6월 │ 입산구어 종시부득(入山求魚 終時不得)의 운이다.

산에 들어가 고기를 구하니 결국에는 얻지 못한다. 신중하고 철두철미하지 않으면 사기를 당한다. 장부를 점검하고 살펴야 한다. 이 달은 고전이니 피해를 줄이는데 힘써야 한다. 객지에서 새로 사귄 친구는 경계하라. 마음이 검고 도둑의 마음을 가지고 있다. 기후를 보니 구름이 많고 비는 오지 않는다.

186운 | 피해를 줄이려면 싸움을 피하라

1월 | 애국애민 경천애인(愛國愛民 敬天愛人)의 운이다.

수도인은 먼저 국가와 국민을 사랑하고 다시 하늘을 공경하고 사람을 사랑한다. 경천애인은 군자의 가장 기본적인 언행이다. 최대의 위기를 맞이한 전쟁하는 운이지만 정직함을 잃지 말아야 한다. 죽지 않고 살아남기 위해서는 복지부동해야 한다. 피해를 최소한으로 줄일 수 있는 방법은 복지부동이다.

2월 | 극기복례 수행자도(克己復禮 修行者道)운이다.

즉 자기의 사욕을 극복하고 인간이 지켜야 할 도리에 따르는 것이 수행자의 길이다. 극기복례를 하지 않으면 싸움이 일어난다. 자기를 극복하고 예의로 돌아가면 천지가 도와준다. 운은 사람의 마음을 따라 움직이니 마음을 바르게 하고 염력을 강화시켜야 한다. 염력이 운을 만들고 조종하며 움직인다. 입사하는 경사가 있다.

3월 | 신부할족 의심경계(信斧割足 疑心警戒)의 운이다.

즉 믿는 도끼에 발등찍히는 흉운이니 사람을 의심하고 경계하라. 상대는 신출귀몰하는 재주가 있는 사람이니 경계하지 않으면 사기를 당한다. 동업자나 거래처와의 의견이 대립하여 협조가 되지 못하고 사업에 난항이 따른다. 능력 있는 사람을 전면으로 내세우면 길하나 자신의 힘으로는 불리하다. 소원이 가까워진다.

4월 | 불편부당 중도공평(不偏不黨 中道公平)의 운이다.

어느 한쪽으로 치우치지 말고 중도에서 공평하게 처신하면 이롭다. 어느 한쪽으로 치우치면 위험이 닥친다. 중립의 태도를 지키면 무난하다. 이 달은 과실을 주의해야 한다. 즉 투자를 무리하게 하면 심히 불리하다. 작은 이익에 만족하고 지출을 최대한 줄여야 한다. 흉한 가운데서 귀인을 만나 길이 열린다.

5월 | 물근다인 삼재침래(勿近多人 三災侵來)의 운이다.

많은 사람들이 모인 곳을 가까이 가지 말라. 삼재가 침범하여 들어온다. 한 걸음 뒤로 물러서서 사태를 주시하면 유리하다. 정신을 수습하여 한 걸음 뒤로 물러나면 이롭다. 한 걸음 후퇴하는 것은 두 걸음 전진하는 효과를 본다. 소인은 이익에 따라 움직이는 사람이며 군자는 정의를 중심 삼고 움직인다.

6월 | 마장침래 우고불리(魔障侵來 憂苦不離)의 운이다.

마장이 침범하여 들어오니 근심과 고통이 떠나가지 않는다. 고독하게 홀로 있는데 도와줄 사람들이 아무도 없다. 이 달은 자중해야 길하다. 선두에 나서면 언쟁이 일어난다. 사업상의 단체 모임이라면 조용히 따라가야 한다. 전면에 나서면 아주 불리하다. 그러나 전화위복의 기회는 있으니 크게 실망할 것은 아니다.

187운 | 부모형제나 친구에게 도움을 청하라

1월 | 만사유용 무용지물(萬事有用 無用之物)의 운이다.

방법을 알면 유용하나 모르면 무용이다. 천지에 모든 물건이 이용하는 방법만 잘 알면 버릴 것이 하나도 없다. 이용하는 방법을 모르기 때문에 쓸모 없는 물건으로 생각한다. 어려운 운을 잘 활용하면 좋은 공부를 할 수 있는 큰 교육이 된다. 마음을 수양하여 밝은 지혜를 가지면 버릴 것은 하나도 없다.

2월 | 내정외원 군자지도(內正外圓 君子之道)의 운이다.

즉 안으로는 정직하여 바른 마음을 지니고 밖으로 행동은 모나지 않게 원만하게 한다. 내정외원이 군자의 길이다. 내정외원으로 처세한다면 일생에 근심이 없다. 군자는 그 언행이 내정외원이다. 추진하고 있는 일이라도 결점을 찾아내어 보완해야 한다. 지혜로운 자는 미혹 당하지 않는다. 여행을 다녀오면 개운이 된다.

3월 | 길흉형제 화복동주(吉凶兄弟 禍福同舟)의 운이다.

길복과 흉화는 형제와 같이 항상 같이 따라 다닌다. 길흉화복은 같은 배를 함께 타고 있다. 즉 길흉이 항상 교대로 나타난다. 때문에 좋은 운이 왔다고 해서 무조건 기뻐 할 것도 아니고 또 흉운 이라고 해서 슬퍼할 것도 아니다. 길운에서 흉운을 예방하고 흉운이면 인내하여 길운을 고대하라. 물건을 잊어버린다.

4월 | 지자승리 필유희사(智者勝利 必有喜事)의 운이다.

　지혜가 있는 사람이 승리한다. 반드시 기쁜 일이 있다. 즉 적을 알고 나를 알면 백 번 싸워 백 번 이긴다. 먼저 자신의 능력을 생각하라. 지금이 비록 홍운이지만 신중하게 검토하고 최악의 경우를 생각하여 피해를 줄이도록 작전을 세워야 한다. 악당에게 발목을 잡히는 일이 없으면 전화위복이 된다.

5월 | 추초봉상 다사다난(秋草逢霜 多事多難)의 운이다.

　가을 풀이 서리를 만나니 일도 많고 탈도 많다. 재앙거리를 미리 소멸시켜야 한다. 즉 화근이 될 재앙의 요소를 만들지 말아야 한다. 호랑이에게 물려가도 정신만 차리면 살아날 수 있다. 대인관계에서 마음에 든다고 해서 접근하면 호랑이 꼬리를 밟는 꼴이니 위험하다. 상대방은 큰 사기꾼이니 한 번 더 살펴보라.

6월 | 약비생재 슬하유경(若非生財 膝下有慶)의 운이다.

　만약 재물을 얻는 일이 아니면 슬하에 경사가 있다. 총명한 지혜가 필요하다. 지혜로운 사람은 사기를 당하지 않는다. 지금의 거래는 사기를 당하는 계약이 되기 쉽다. 상대방은 사기성이 아주 높은 고등 사기꾼이다. 위험한 인물이니 거래를 중단하라. 아무리 고등 사기꾼이라 해도 신중한 사람은 속일 수가 없다.

188운 | 상반기 운이 불리하니 자중하라

1월 | 오비삼척 불고좌우(吾鼻三尺 不顧左右)의 운이다.

내 코가 석자다. 자신의 일이 급하여 좌우를 돌아보지 않는다. 즉 남의 일이나 좌우를 돌아볼 여유가 없다. 자신의 발등에 불이 떨어졌다. 운이 좀 불리하니 자중함이 좋다. 다시 한 번 더 점검하고 살펴보아야 한다. 매사에 조심 또 조심해야 한다. 사업가는 문서를 주의하라. 급할수록 그 마음을 더욱 늦추라.

2월 | 과유불급 중도견수(過猶不及 中道堅守)의 운이다.

즉 지나침은 부족함과 같은 것이니 중도를 굳게 지켜라. 중도를 잃으면 결국 허물이다. 이 달은 전쟁의 운이 들어있으니 싸움을 주의하라. 진퇴양난이다. 조심조심하면 무난히 넘어간다. 앞을 봐도 적군이고 뒤를 봐도 적군이니 사면초가이며 사방이 적이다. 마음을 안정시켜야 한다. 중립을 지키면 무난하다.

3월 | 박살박탈 걸식천대(撲殺剝奪 乞食賤待)의 운이다.

운이 박살나고 박탈당하는 운이니 거래처로부터 거지처럼 천대를 받는다. 주인 없는 개같이 천대를 받는 운이다. 또 이유 없이 구설을 듣는다. 이 달은 박살나고 박탈당하는 운이니 무조건 자중하라. 운을 보니 박살나는 운이니 매사에 주의하라. 그냥 쥐 죽은 듯 조용히 근신하면 화를 면하고 무사하게 지나간다.

4월 │ 차월지수 화근변복(此月之數 禍根變福)의 운이다.

이 달의 운수는 화근이 변하여 복이 된다. 개운이 되는 달이니 마음을 안정시키고 신중하게 살펴야 한다. 이 달은 실수하는 흉운이니 신중하라. 도적이 문 앞까지 왔다. 상대가 적극적으로 나와도 받아드리면 화근이 된다. 신중하면 이롭다. 정도를 굳게 지키면 전화위복이 되어 즐거움이 많다. 진리를 자각한다.

5월 │ 악우신지 배신상심(惡友愼之 背信傷心)의 운이다.

나쁜 친구를 조심하라. 친구의 배신으로 마음이 상한다. 사업은 부도나고 친구는 배신하니 눈앞이 캄캄하다. 연애운을 보니 불장난으로 돈이 떨어지니 애인도 떨어진다. 결혼운을 보니 혼담은 있지만 결국 깨진다. 이 때는 명산대천을 찾아가서 천지신명께 기도하는 것이 상책이다. 인감 보증 등을 주의하라.

6월 │ 십벌지목 필시절단(十伐之木 必是切斷)의 운이다.

열 번 찍어 안 넘어 가는 나무는 없으니 거래하는 것도 이러한 마음으로 해야 한다. 마찬가지로 열심히 노력하면 이 달은 소원을 성취한다. 소원의 운을 보니 노력한 것 이상 이루어진다. 취직의 운을 보니 희망이 있고 시험의 운을 보니 합격이다. 하늘의 기후를 보니 하늘에는 청명하다. 병마가 노리고 있다.

211운 | 아직 때가 이르다

7월 | 대왕소래 반위무용(大往小來 反爲無用)의 운이다.

큰 것은 가고 작은 것이 오니 반대로 쓸모 없다. 처음의 착한 마음을 잊어서는 안 된다. 이 달은 운이 아직 부족한 상태다. 미완성한 상태이니 멈추지 말고 더욱더 노력을 해야 한다. 꾸준히 노력하면 전화위복이 될 수 있다. 운은 영고성쇠의 반복이다. 결혼운을 보니 아직 때가 이르고 무르익지 않았다.

8월 | 심애신원 경이원지(心愛身遠 敬而遠之)의 운이다.

마음으로는 사랑하나 몸은 멀리 떨어져 있다. 공경하나 가까이 하지는 않는다. 짝사랑이다. 사랑하는 애인을 멀리서 사모하고 공경하면 유리하나 가까이하면 실망하고 불리하다. 그 이유는 아직 때가 빠르고 짝사랑이기 때문이다. 지금의 운은 미완성한 운이니 꾸준한 노력이 필요하다. 시험은 하향지원하면 가능하다.

9월 | 삼십육계 주위상책(三十六計 走爲上策)의 운이다.

즉 36가지 계책 중에 도망치는 것이 상책이다. 즉 무슨 일이나 자신이 없으면 빨리 포기하는 것이 좋다. 운이 불리 하니 피하는 것이 좋다. 가망이 없는 것을 붙들고 애를 쓴들 시간만 낭비가 된다. 포기 할 것은 빨리 포기하고 자기에게 알 맞는 길을 찾아야 한다. 포기할 것은 빨리 포기 할 줄 알아야 성공한다.

10월 │ 근본배양 화실영달(根本培養 花實榮達)의 운이다.

　근본을 배양하면 꽃과 열매가 영달한다. 부모가 자애로우면 자식은 효도하며 성공한다. 자식은 부모를 보고 배우며 닮아가며 성장한다. 때문에 그 자식을 보면 그 부모를 알 수 있다. 가을 겨울 운은 앞이 불분명하니 진행을 서행함이 좋다. 자신에게 허점이 많아 의외로 많은 지출로 고민한다. 건강이 제일이다.

11월 │ 미인상봉 경국지색(美人相逢 傾國之色)의 운이다.

　미인을 상봉하여 즐겁다. 그 미인은 나라를 기울게 할 만큼의 아름다운 여인이다. 이 달은 미인을 만난다. 인연이 좋으면 좋은 동반자가 되지만 인연이 불리하면 불륜의 색정으로 망신만 당한다. 자기보다 강한 세력에 화합하면 이익을 얻는다. 미인과 교제를 잘 하면 손에 천금을 얻을 수 있다. 부부사이가 즐겁다.

12월 │ 지성동인 삼고초려(至誠動人 三顧草廬)의 운이다.

　지극한 정성이면 사람을 움직이니 삼고초려이다. 중국 촉한의 유비는 제갈공명 선생을 만나기 위해 세 번이나 찾아가 간청한 것이 삼고초려이다. 지금은 당신에게 삼고초려의 정성이 들어가야 소원을 이룬다. 도와줄 귀인은 가까운데 있으니 찾아보라. 청정한 마음을 가지면 만난다. 삼고초려하라. 미혼자는 결혼한다.

212운 | 다리에 병이 나서 걷지 못하는 입장이다

7월 | 예절불망 귀인내조(禮節不忘 貴人來助)의 운이다.

예절을 잘 지키면 귀인의 도움으로 성공한다. 예절을 잘 지키면 사람들의 눈에 들어 개운된다. 사람과 화합하지 못하면 성공하기 어렵다. 겸손한 자세로 교제를 해야 성사된다. 결혼운을 보니 배우자에게 삼각관계 문제가 있다. 사업가는 좌우를 살피며 서행하라.

8월 | 피은불망 결초보은(被恩不忘 結草報恩)의 운이다.

은혜입은 것은 잊어버리지 않는다. 죽은 혼령이 되어서라도 입은 은혜를 잊지 않고 갚는다는 뜻이다. 당신은 지금 결초보은의 운이다. 지금까지 은혜를 입은 사람에게 보은을 하였는지 반성해보고 만일 보은을 하지 않았다면 지금 보은을 하도록 하라. 보은을 하면 즉시 개운이 된다. 연애가 달콤하여 즐겁다.

9월 | 불도성불 중생구제(佛道成佛 衆生救濟)의 운이다.

불도를 닦아 성불하고 중생들을 구제한다. 성불제중은 최상의 도이다. 자신을 희생시켜 중생을 구제하니 거룩하다. 주변에 누군가 위험에 처해있는 것을 보면 자신을 희생시켜서라도 구제해야 한다. 그러면 금방 발복(發福)할 것이다. 만사가 인과응보이다. 지금은 적선구제를 하면 운이 크게 열린다. 돈이 들어오니 좋다.

10월 │ 삼매경지 부지육미(三昧境地 不知肉味)의 운이다.

 어느 한 분야에 정신을 몰두하면 고기 맛을 모른다. 어떤 한 가지 일에 깊이 전념하여 다른 일을 모른다. 부지육미의 정신으로 전진한다면 무엇을 하여도 성공한다. 정신을 분산하면 아무것도 이루기 어렵다. 겸손하고 양보하면 사람이 도와준다. 어려움이 많으나 인내와 노력으로 극복한다. 귀인이 도와주어 즐겁다.

11월 │ 심신불안 재운불리(心身不安 財運不利)의 운이다.

 마음이 불안하니 몸도 따라서 불안하고 또 따라서 재물의 운도 불리하게 된다. 전날의 과오가 있다면 참회하고 반성하여 고치고 선행을 행하라. 지금은 개과천선을 하면 천지신명이 가호하사 크게 개운이 된다. 복은 요행으로 얻어지는 것이 아니고 결국 자기가 짓고 자기가 받는 것이다. 인과응보도 같은 의미다.

12월 │ 물탐비리 선득후실(勿貪非理 先得後失)의 운이다.

 비리의 탐욕을 부리지 말라. 먼저 조금 얻지만 뒤에는 손해배상을 많이 하게 된다. 이 달은 운이 불리하니 수고를 해도 허송세월이다. 순조롭게 흐르지 못하고 정체된 상태이다. 전진하기에 어려움이 따른다. 여러 가지 고통과 의외로 어려움이 따른다. 천리마가 도중에 다리에 병이 나서 걷지 못하는 입장이다.

213운 | 유혹에 넘어가면 큰 망신을 당한다

7월 | 성심노력 필유형통(誠心努力 必有亨通)의 운이다.

성심성의 끝 노력하면 반드시 형통함이 있다. 즉 서로 믿고 서로 의지하면 이롭다. 독불장군은 발전이 없고 서로 도와야 발전한다. 감미로운 유혹이 사방에서 따르니 정신을 차려야 한다. 감미로운 낚시밥이 앞뒤에서 유혹하고 있다. 색정이 끓어오르는 불장난의 유혹이 따르고 또 뇌물의 유혹이 따른다.

8월 | 토적성산 재물자래(土積成山 財物自來)의 운이다.

즉 티끌이 모여서 태산이 되는 운이다. 재물이 스스로 오니 부자다. 작은 것이 많이 모이면 큰 것이 된다. 처음부터 큰 것은 없다. 토적성산을 교훈 삼아 부지런히 일을 하면 성공한다. 유언비어에 현혹되지 말고 사기꾼의 함정에 빠지지 말아야 한다. 바른 마음을 가지고 바른 길을 가면 성공한다. 교섭을 잘하면 이롭다.

9월 | 미인박명 은둔자중(美人薄命 隱遁自重)의 운이다.

미인은 운명이 박하니 은둔하고 자중하라. 아름다운 여인은 많은 남성들이 서로 차지하려고 쟁탈전을 벌이기 때문에 인기가 좋기도 하면서고 팔자가 사나울 수 있다. 즉 잘난 척하는 사람은 봉변을 당한다. 그러나 조용히 은둔하며 근신하면 길하다. 운이 길하여 복록이 충만하고 자수성가로 사업에 성공한다.

10월 │ 약비관록 자손유경(若非官祿 子孫有慶)의 운이다.

  만약 관록을 얻는 일이 아니면 자손에게 경사가 있다. 안으로 근
심이 있고 밖으로 경계할 적이 있어야 긴장이 되어 오히려 안전하
다. 절도를 지키는 군자에게는 이로운 달이나 소인배에게는 오히려
불리한 시기다. 긴장하면 개운이 되는 좋은 운이다. 착한 사람에게
는 어디에 가나 언제나 복록이 따른다.

11월 │ 가정원화 만사개성(家庭圓和 萬事皆成)의 운이다.

  가정이 원만하면 만사가 다 잘 이루어 진다. 가화만사성(家和萬事
成)이다. 가정이 화평하면 만사가 형통하는 법이다. 풍년이 들어 창
고가 가득하니 기쁘다. 적극적으로 임하면 거래가 성사된다. 돈과
재물의 운을 보니 현금의 융통이 좋으니 단기투자에 힘써라. 과욕
은 금물이다. 뜻밖의 이익이 많다. 길흉이 상반이다.

12월 │ 재물자래 심신안락(財物自來 心身安樂)의 운이다.

  재물이 스스로 들어오니 몸과 마음이 안락하다. 인간이 할 바의
도리를 다하고 나서 천명을 기다린다. 하늘은 지극히 공평무사하시
므로 누구에게 후하거나 박함이 없다. 때문에 걱정하지 말고 인간
의 도리를 성실하게 하고 사리에 총명하면 된다. 그 이후는 하늘에
맡기는 것이다. 최선을 다하면 재물을 얻는다.

214운 | 바쁘기는 하나 실속은 없다

7월 | 신왕재소 길흉상반(身旺財消 吉凶相半)의 운이다.

몸은 건강하나 재물은 사라지니 길흉이 상반이다. 즉 각자무치(角者無齒)의 운이다. 즉 뿔이 있는 자는 이빨이 없다. 즉 한사람이 모든 복과 재주를 겸하여 지니지는 못한다. 대세의 흐름에 복종해야 할 운이다. 운이 온유하고 춘풍이 불어오지만 자신의 운은 연약하다. 동분서주하여 바쁘기는 하지만 실속은 없다.

8월 | 막근송사 구시화문(莫近訟事 口是禍門)의 운이다.

송사나 시비를 가까이 하지 말라. 입은 화의 문이요 설시참도(舌是斬刀)이니 즉 혀는 몸을 베는 칼이다. 이 달은 입을 조심하지 않으면 큰 재앙을 입는다. 일거리가 많고 이동도 많고 분주하지만 결국은 빈손이다. 자신의 연약한 운을 믿지 말고 대세의 흐름에 복종하면 길하다. 말을 실수하여 많은 손실을 본다.

9월 | 유형무형 필유허황(有形無形 必有虛荒)의 운이다.

보이는 것이나 보이지 않는 것이 반드시 허황함이 있다. 거래처 사람을 공경하고 애정으로 상대하면 전화위복이 되어 이익이 많아진다. 이 달은 자신에게 문제가 있으니 일단 관망하였다가 다음 기회를 노려야 유리하다. 작전을 세우고 계획을 잘 세우면 절반은 성공한다. 사업은 신중하게 서서히 진행하라.

10월 | 감언이설 횡액가외(甘言利說 橫厄可畏)의 운이다.

달콤한 유혹의 말에 속아 넘어가면 횡액을 당할까 가히 두렵다. 사기꾼이 다가와 유혹하고 있다. 감언이설에 속아넘어가면 큰 손해를 본다. 그러나 절반은 길하고 절반은 흉한 운이다. 독불장군은 불리하고 타인과 화합하면 성공한다. 사업운을 보니 자영업은 선배나 친구의 충고를 감수해야 성공한다. 사업은 서행하라.

11월 | 물근시비 송사불리(勿近是非 訟事不利)의 운이다.

시비를 가까이 하지 말라. 송사가 일어나면 불리하다. 즉 거래처와 마음을 합하고 서로 믿어야 성공하는 운이다. 겸손하고 양보하면 사람들이 도와준다. 집안에서 조용히 근신하면 이롭고 밖에 나가면 불리하다. 이 달은 앞이 불분명하니 진행을 서행함이 좋다. 자신에게 허점이 많아 의외로 많은 지출로 고민한다.

12월 | 망월원만 갱유휴시(望月圓滿 更有虧時)의 운이다.

보름달이 원만하나 다시 기울어진다. 이 달은 기울어지는 운이니 피해를 줄이는데 힘써야 한다. 이 달은 경제적인 운이 서행하는 상태이니 자중해야 한다. 사업운이 불리하니 관망함이 유리하다. 운이 불리하니 수고를 해도 허송세월이다. 계획은 무성하지만 환경이 갖추어져 있지 않아서 성사되는 일이 없다.

215운 | 고난에서 기사회생하는 형상이니 길하다

7월 | 동원도리 봉시만발(東園桃李 逢時滿發)의 운이다.

동원의 복숭아와 오얏이 때를 만나 만발하였다. 일은 반드시 바르게 돌아간다. 자업자득과 같은 의미다. 과욕을 부리지 말고 현상유지에 만족하라. 밖이 문제가 아니라 내부에 문제가 생겼다. 내부를 정비하라. 막혔던 운이 개운되고 고전하던 사업이 생명력을 얻어 회복하는 시기다. 기사회생하는 형상이다.

8월 | 운수형통 만사순성(運數亨通 萬事順成)의 운이다.

운수가 형통하니 만사가 순순하게 잘 이루어진다. 스승이나 부모나 친구가 충고할 때 감수하면 이익이 많다. 충고를 감수하지 못하면 손해를 본다. 마음에 혁명을 일으키고 개혁을 해야 한다. 잃어버린 명예를 만회하고 즐거움이 몰려오는 시기다. 급하게 서둘면 불리하니 여유를 가지고 서서히 전진해야 한다.

9월 | 운수대길 부귀자래(運數大吉 富貴自來)의 운이다.

운수가 대길하니 부귀영화가 스스로 온다. 좋은 운이다. 의견이 각각 분열되어 통일을 이루지 못하여 좋은 해결점을 찾기가 어렵다. 분열된 의견만 잘 수습한다면 전화위복이 된다. 사업운을 보니 이미 경영하던 사업에다 좀더 투자를 하면 이롭다. 인재를 선발하여 적재적소에 심고 꾸준히 밀고 나가면 성공한다.

10월 | 경과산로 대로전개(經過山路 大路展開)의 운이다.

좁은 산길을 벗어나니 큰 대로가 전개되었다. 집안에만 머물면 무익하고 밖에 나가서 사람을 만나면 유리하다. 교섭을 잘 하면 이익이 많고 교섭을 꾸준히 반복하면 성사된다. 운을 보니 종래의 방법을 버리고 새로운 방법을 취하면 자금회전이 돌아간다. 사업을 하는 사람은 놀아도 자기의 직장에서 논다.

11월 | 재가유익 수분상책(在家有益 守分上策)의 운이다.

집안에서 근신하면 이익이 있고 분수를 지킴이 상책이다. 거래하는 사람은 당신을 교묘하게 속이려고 하고 있다. 교활한 자가 서서히 접근하고 있으니 신중하라. 잠시도 방심을 말라. 이 달은 앞이 불분명하니 진행을 서행함이 좋다. 자기보다 강한 세력에 화합하면 이익을 얻는다. 사업의 발전이 서행한다.

12월 | 막출원행 안분최길(莫出遠行 安分最吉)의 운이다.

멀리 여행을 가지 말라. 분수를 지키는 것이 제일 길하다. 지혜가 곧 능력이다. 즉 지혜로운 사람은 유혹을 당하지 않는다. 거래하는 사람은 당신을 교묘하게 속이려고 하고 있어도 지혜롭게 행동하면 속임수에 넘어가지 않는다. 고전이 많으니 피해를 줄이는데 힘써야 한다. 운이 불리하니 수고를 해도 허송세월이다.

216운 | 악한 사람을 만나 친근하면 해롭다

7월 | 막근신우 불리지사(莫近新友 不利之事)의 운이다.

새로 교제한 친구를 가까이 하지 말라. 가까이한즉 불리한 일을
당한다. 새로 교제한 친구는 마음이 좀 검은 사람이다. 먹물을 가까
이하면 검어진다. 마음이 바르지 못한 도둑과 거래하면 당신도 같
은 도둑이 된다. 새롭게 만나는 사람이 이롭지 못하며 악한 인연의
만남이다. 자기모순에 빠지는 시기이니 신중해야 한다.

8월 | 막근여색 구설가외(莫近女色 口舌可畏)의 운이다.

불륜의 색정을 가까이 하지 말라. 구설을 들을까 두렵다. 모든 일
을 임기응변으로 잘 처리한다. 비록 재능은 능소능대하지만 운이
불리하여 모든 일이 뜻과 같지 않다. 시험의 운을 보니 하향지원하
면 가능하다. 스스로 강해지지 않으면 생존경쟁에서 이길 수 없다.
염력을 강화시켜 자신을 연단 해야 시련을 극복한다.

9월 | 타향객지 객우신지(他鄕客地 客友愼之)의 운이다.

타향객지에서 만난 객지 친구를 조심하라. 작전을 세우고 계획을
잘 세우면 충분히 성공한다. 절반은 길하고 절반은 흉한 운이다. 독
불장군은 불리하고 타인과 화합하면 성공한다. 자영업은 남의 협조
를 얻어야 안전하고 공동사업의 경우라면 당신 자신에게 문제가
있어 결정을 내리기에 힘드는 시기다.

10월 | 막근시비 불리지사(莫近是非 不利之事)의 운이다.

시비를 가까이 하지 말라. 시비를 가까이 하면 불리한 일을 당한다. 시비만 멀리하면 갑자가 발복하는 좋은 운이 온다. 금시발복의 좋은 운이 오므로 겸손하고 양보하면 사람이 도와준다. 운은 비록 좋으나 겸손하지 못하고 시비를 가까이하면 복이 변하여 재앙이 될 수 있다. 분수를 지키고 조용히 근신하면 이롭다.

11월 | 차월지수 대세부착(此月之數 大勢附着)의 운이다.

이 달의 운수는 자기보다 강한 세력에 의지하며 따라가면 이익을 얻는다. 선두에 나서면 불리하다. 건강운을 보니 원인 모를 고약한 병에 걸리지 않도록 조심하라. 소화기 기억상실증 정신관계 질병을 조심할 것이다. 여행은 취소하고 이사나 가게 이전도 다음으로 미루어라. 교섭이 좋으면 토지를 얻기도 한다.

12월 | 약임신앙 전화위복(若臨信仰 轉禍爲福)의 운이다.

만약 신앙에 입문하면 화가 변하여 복이 된다. 새로운 좋은 소식을 듣는다. 그러나 정신적인 이익만 따를 뿐 물질적인 이익은 없다. 이 달은 자중해야 한다. 운이 불리하니 수고를 해도 허송세월이다. 소원의 운을 보니 환경이 갖추어져 있지 않아서 성사되는 일이 없다. 도와줄 귀인은 가까운데 있으니 찾아라.

217운 | 무지몽매하면 판단력이 떨어진다

7월 | 약봉귀인 신영가안(若逢貴人 身榮家安)의 운이다.

만약 귀인을 만나면 몸은 영화롭고 가정은 평안할 운이다. 어진 사람에게는 적이 없다. 적을 만나는 것은 아직 당신에게 어진 마음이 부족하다는 증거다. 귀인을 만나지 못하면 운이 불리하게 돌아가는데 즉 생각함이 무지하고 몽매하여 판단력이 떨어진다. 정신이 혼돈하고 공허하여 불안정하다. 사기꾼의 유혹도 따른다.

8월 | 재물자래 구설신지(財物自來 口舌愼之)의 운이다.

재물은 스스로 들어오나 구설이 따르니 조심하라. 출세하고 성공한 사람이 비단옷을 입고 고향에 돌아가는 좋은 운이니 기쁘다. 좋은 일에는 항상 마가 따르니 방심하지 말라. 부모님이나 형제의 조언을 듣고 신중해야 사기를 당하지 않는다. 당신의 생각이 옳지 않다는 것을 깨달아야 손해를 보지 않는다.

9월 | 차월지수 수구여병(此月之數 守口如瓶)의 운이다.

이 달의 운수는 입을 병 뚜껑 막듯이 해야 한다. 수가 적고 후원이 없는 외로운 군대가 힘겨운 적과 용감하게 싸우는 형상이다. 사방을 돌아보아도 내 편이 될 아군은 한 명도 없고 사방이 적군뿐이다. 말을 조심하지 않으면 큰 사고가 일어난다. 어려운 시기에 군자는 자신을 반성하고 반대로 소인이 남을 탓한다.

10월 │ 심신무정 동분서주(心身無定 東奔西走)의 운이다.

　마음도 몸도 안정이 안되니 동분서주한다. 자기를 주관해야 한다. 자기를 다스릴 줄 아는 사람은 천하를 다스린다. 자기를 성찰하고 겸손하고 양보하면 전화위복이 된다. 자신에게 허점이 많아 의외로 많은 지출로 고민한다. 낙관할 시기가 아니니 더욱 노력하라. 길신이 손길을 뻗어주니 행복이 멀지 않았다.

11월 │ 경영지사 고전나하(經營之事 苦戰奈何)의 운이다.

　경영하는 일이 고전하니 어떡하나. 하반기 운은 자기보다 강한 운을 가진 사람에게 의지하고 부탁해야 이루어진다. 건강에 주의를 요하는데 원인도 모를 병으로 고통을 당할 수 있다. 이사나 이전이나 여행은 취소하고 다음으로 미루는 것이 좋다. 자중하면 길하고 이사나 여행을 가면 흉하다. 개운하는 길이 보인다.

12월 │ 약무재수 반위상심(若無財數 反爲傷心)의 운이다.

　만약 재수가 없거나 아니면 반대로 마음을 상한다. 전날 누구로부터 은혜 입은 것을 알고 보답하도록 노력해야 개운이 된다. 새로운 신규사업은 중지하고 지금까지 하던 사업에 충실해야 이롭다. 환경이 불리하여 성사되는 일이 별로 없다. 지금까지 해오는 사업을 다시 손질하여 잘 해나가면 이익이 많다.

218운 | 현상유지하는 것으로 만족하라

7월 | 신앙견지 필유안정(信仰堅持 必有安定)의 운이다.

신앙을 굳게 가지면 반드시 안정함이 있다. 현재에 만족하고 감사하면 개운이 된다. 전날 기진맥진하는 때와는 많이 회복 된 것이니 만족해야 한다. 항상 변함이 없는 운이다. 이 달은 현상유지 하는 것으로 만족해야 한다. 아직 좋은 운이 아니니 발전은 어렵고 그렇다고 후퇴도 아니다. 의식주는 풍족하다.

8월 | 명월중천 천지명랑(明月中天 天地明朗)의 운이다.

밝은 달이 중천에 떠오르니 천지가 명랑하다. 길운이니 모험을 하라. 호랑이 굴에 들어가지 않으면 호랑이 새끼를 못 잡는다. 즉 모험을 하지 않고서는 큰 결과를 얻을 수 없다. 위험하지만 성공하면 크게 일어난다. 아슬아슬하지만 한 번 모험을 해볼만하다. 성공할 확률이 아주 높다. 용기와 자신감이 필요하다.

9월 | 재소복래 심신평안(災消福來 心身平安)의 운이다.

재앙이 사라지고 복이 오니 심신이 평안하다. 이 달은 자신의 분수를 깨달아야 한다. 상주좌와와 어묵동정을 모두 현상유지 하는 것으로 해야 한다. 당신 자신을 과대평가 하지 말라. 마음을 안정하면 흉함이 변하여 길하게 되는 시기다. 현재의 생활에 만족하고 과욕을 부리지 말라. 분수를 깨닫는 것이 우선이다.

10월 | 소왕대래 적소성대(小往大來 積小成大)의 운이다.

 적게 가고 많이 오니 적은 것 모아서 큰 것을 이룬다. 길하다. 격세지감(隔世之感)을 느낀다. 즉 많은 진보와 변화를 겪어서 딴 세상처럼 느껴지는 심정이다. 처음은 화합이 어려우나 일단 화합만 되면 의외로 크게 성공하는 좋은 운이다. 좋은 교섭을 위해서는 입장 바꾸어 생각하는 역지사지의 교훈을 참고해야 한다.

11월 | 의외다익 심신평화(意外多益 心身平和)의 운이다.

 뜻밖의 이익이 많으니 심신이 평화롭다. 마음이 안정하니 즐거움이 스스로 찾아온다. 운이 길하다. 무슨 일이든지 단독으로 처리하면 불리하고 공동으로 추진해야 성공한다. 밖에 나가서 많은 사람들과 교제하는 것이 유리하다. 사업운은 동업자와 협력을 하면 무난히 성공한다. 거래처를 확장하라. 천지가 맑으니 좋다.

12월 | 소인처세 부화뇌동(小人處世 附和雷同)의 운이다.

 소인들은 인생관이 없기 때문에 이익에 따라서 행동한다. 아무 주관도 없이 남의 선동에 따라 이익만 있다면 협조한다. 군자는 화이부동(和而不同)인데 즉 사람들과 조화를 이루나 악의에 협조하지는 않는다. 그러나 소인배들은 사람들과 조화는 못 이루면서 이익이 있는 곳이면 어디라도 달라붙어 협조한다.

221운 | 역지사지의 교훈을 참고하라

7월 | 대인화합 국충가효(對人和合 國忠家孝)의 운이다.

사람을 대하여 화합해야 하며 또 국가에 충성하며 가정에 효도하여야 한다. 충효의 정신은 사람에게 가장 기본적인 마음의 자세이다. 가정에서 부모님께 효도하고 국가에 대하여 충성하는 마음을 가진다면 천지의 좋은 운을 먼저 많이 받는다. 투자를 하면 이익이 많고 전진하면 승리하는 좋은 시기다. 입사하는 행운이다.

8월 | 견리사의 군자지도(見利思義 君子之道)의 운이다.

즉 눈앞에 이익이 보일 때 의리를 생각하는 것이 군자의 길이다. 도통군자에게는 어디에 가나 언제나 복록이 따른다. 풍년이 들어 창고가 가득하니 기쁘다. 태평성대처럼 안정되어 평화롭다. 이러한 안정기간이 계속 되도록 노력해야 한다. 대인관계에서 화합을 잘 하면 성공한다. 연애운은 적당한 조절이 필요하다.

9월 | 중과부적 묘수타협(衆寡不敵 妙數妥協)의 운이다.

즉 군사가 적고 약하여 적을 이기지 못하니 묘수를 찾아내어 타협을 해야 한다. 지금 당신의 운은 자금줄이 약하고 기술적인 면에서도 따라가지 못하여 경쟁업체와의 싸움에서 이기지 못한다. 때문에 싸움을 피하고 타협안을 찾아야 한다. 적당한 타협안을 찾아내지 못하면 사업체는 치명타를 입는다. 소원을 성취한다.

10월 │ 선희선수 진애진망(先犧先授 盡愛盡忘)의 운이다.

상대방을 위해 먼저 희생봉사하고 먼저 주며 사랑을 다하고 준것은 기억하지 않고 잊어버리기를 다한다. 즉 상대방의 입장에 서서 입장을 바꾸어서 생각하는 지혜가 필요하다. 교섭을 잘 하면 이익이 많다. 처음은 화합이 어려우나 일단 화합만 되면 의외로 크게 성공하는 좋은 운이다. 공동으로 출자하면 유리하다.

11월 │ 동풍해동 고목봉춘(東風解凍 枯木逢春)의 운이다.

따뜻한 동풍에 얼음이 녹고 고목이 봄을 만난다. 견원지간(犬猿之間)의 사이도 화해가 된다. 즉 개와 원숭이 사이처럼 사이가 매우 나쁜 관계이지만 화합을 한다. 경쟁업체와 타협은 어렵지만 귀인이 나타나 화해를 시켜주고 원수가 친구로 변한다. 귀인이 도와주니 뜻밖의 이익이 많다. 동업자와 협력을 하면 성공한다.

12월 │ 소통지운 사배공반(小通之運 事倍功半)의 운이다.

작게 통하는 운이니 일은 두 배로 하지만 공로는 절반이다. 그러나 열심히 노력하면 상당한 수확은 있다. 그러나 타인의 도움도 필요한 운이다. 타인과 잘 화합하여 협동하면 보다 크게 성공한다. 비록 노력은 많이 하지만 혼자서는 한계가 있고 역부족이다. 거래처와 화합하라. 교섭에 성공해야 운이 열린다.

222운 | 서로 의지하며 더불어 살아야 한다

7월 | 대인화합 문호개방(對人和合 門戶開放)의 운이다.

사람은 혼자서 살수가 없으니 문호를 개방해야 한다. 서로 서로 의지하며 더불어 살아가야 한다. 문호를 개방하고 교류를 해야 살수가 있다. 사교는 발전의 근원인데 선입관의 감정에 시달릴 수 있다. 선입관을 벗어버리는데 힘을 써야 한다. 거래가 중요하다. 거래에 실패하면 만사가 다 실패다. 여행을 가면 좋다.

8월 | 결자해지 자업자득(結者解之 自業自得)의 운이다.

즉 맺은 사람이 풀어야 하니 자업자득이다. 일을 저지른 사람이 해결을 해야 한다. 당신이 시작한 일은 당신 자신이 해결하도록 해야 한다. 정면으로 돌파하면 생각 외로 쉽게 해결을 본다. 길운이므로 당장 자기 자금이 없어도 도와줄 사람이 생긴다. 노력한 만큼 성과가 있다. 호흡기나 간장을 주의하라.

9월 | 목표적중 적소성대(目標的中 積小成大)의 운이다.

목표지점을 적중시키니 적은 것이 모여 크게 된다. 무슨 사업을 하거나 계획한 것이 적중한다. 목마른 사막에서 오아시스를 만난 좋은 운이다. 복록이 충만하니 부러울 것이 없다. 사업운을 보니 당신이 바라는 사업은 다른 사람들도 바란다. 때문에 계획하는 일을 빨리 추진하면 유리하다. 물건을 잊어버린다.

10월 | 유명무실 무명유실(有名無實 無名有實)의 운이다.

유명무실의 결과는 허무절망이고 반대로 무명유실의 결과는 복낙충만이다. 교섭을 잘 하면 이익이 많다. 교섭상대와 우선 친목을 도모하라. 그리고 기선을 잡아서 추진해도 좋다. 사업운을 보니 70% 이상 성공이 눈앞에 보인다. 좋은 운이므로 만사가 형통하다. 운이 강하여 최고의 정상을 달린다. 진리를 자각한다.

11월 | 경거망동 화근불리(輕擧妄動 禍根不離)의 운이다.

말과 행동이 가벼우면 화근이 떠나가지 않는다. 군자는 말과 행동은 천금같이 무겁게 한다. 도통군자에게는 어디에 가나 언제나 사람이 따른다. 풍년이 들어 창고가 가득하니 기쁘다. 뜻밖의 이익이 많다. 이사나 가게 이전이나 여행을 가면 이로운데 여행지에서 친구나 애인이나 동업자를 만난다. 병마가 노린다.

12월 | 불여일견 직접확인(不如一見 直接確認)의 운이다.

백 번 귀로 듣기만 하는 것보다는 자신의 눈으로 직접 한 번 보는 것이 더 낫다. 직접보고 확인하면 실패가 없다. 남의 말만 믿고 따라가면 크게 실패한다. 직접 확인하라. 심신이 평화롭고 안정하니 즐거움이 스스로 찾아온다. 운이 길하여 희희낙낙이다. 재물은 충만하고 만사는 형통하며 성장하고 발전한다.

223운 | 교섭상대와 우선 친목을 도모하라

7월 | 혈기분노 제화근본(血氣忿怒 諸禍根本)의 운이다.

즉 혈기분노는 모든 화근의 근본이다. 군자는 자신의 혈기를 다스릴줄 알고 소인은 자신의 혈기를 다스리지 못한다. 때문에 소인과 동행하면 마음이 상하고 손해만 따를 뿐이다. 군자다운 체면을 유지하면 길하다. 운을 보니 오랜 고난에서 얻어진 성공이므로 당장 자기 자금이 없어도 도와줄 사람이 생긴다.

8월 | 군서일묘 특출수장(群鼠一猫 特出首長)의 운이다.

쥐의 무리 가운데 한 마리의 고양이가 있는 형상이니 특출한 수장이다. 평범한 사람 가운데 뛰어난 한 사람이다. 언행이 공명정대하면 길하고 소인들과 타협하면 흉하다. 부정으로 축재한 재물은 재앙의 근본이며 근검절약이 축재의 순리임을 생각해야 한다. 귀인의 도움으로 성공한다. 덕을 지녀야 사람이 따른다.

9월 | 경당문노 전문지식(耕當問奴 專門知識)의 운이다.

농사짓는 일은 머슴들에게 물어야 한다. 즉 모르는 일은 경험이 풍부하고 전문지식을 가진 사람에게 물어보아야 한다. 당신은 지금 경험이 부족하다. 때문에 잘 아는 사람에게 물어보아야 한다. 원점으로 돌아가서 계획을 세워야 한다. 길이 아니면 가지를 말라고 했다. 전문가를 찾아 조언을 받고 공부하라.

10월 | 인화길연 귀인상봉(人和吉緣 貴人相逢)의 운이다.

 사람들과 화합하니 귀인을 만난다. 사람들과 조화를 이루고 좋은 인연을 맺으면 개운이 된다. 목마른 사막에서 오아시스를 만난 좋은 운이다. 교섭을 잘 하면 이익이 많다. 교섭상대와 우선 친목을 도모하라. 그리고 기선을 잡아서 재앙을 돌파하고 널리 뻗어 추진해도 좋다. 언쟁은 피해야 이롭다. 건강이 제일이다.

11월 | 고목생화 가내경사(枯木生花 家內慶事)의 운이다.

 마른 나무에서 꽃이 피니 집안에 좋은 일이 일어난다. 도통군자에게는 어디에 가나 언제나 사람이 따른다. 풍년이 들어 창고가 가득하니 기쁘다. 뜻밖의 이익이 많다. 이사나 가게 이전이나 여행은 이롭다. 특히 여행을 가면 이로운데 여행지에서 귀인이 될 동업자를 만난다. 하체 요도 심장 등에 건강을 주의하라.

12월 | 무례과실 다적다해(無禮過失 多敵多害)의 운이다.

 무례하여 과실을 많이 범하면 적이 많고 해로움이 많다. 즉 곁에 아무도 없는 것 같이 거리낌없이 행동을 하면 해롭다. 재주가 아무리 많아도 교만하면 그 이상은 볼 것이 없다. 인의예지로써 자신을 단속하라. 운이란 사람의 마음에 따라 일어나는 것이다. 하늘의 기후를 보니 약간의 가랑비는 오지만 곧 맑은 하늘이다.

224운 | 불륜색정으로 호색에 빠지는 시기다

7월 | 호색발동 불륜경계(好色發動 不倫警戒)의 운이다.

호색이 발동하니 불륜을 경계하라. 원래 영웅호걸들은 호색가이다. 운이 점점 개운이 되지만 자만하여 호색에 빠지지 말고 자기를 주관할 수 있어야 한다. 온고지신이란 말이 있다. 전날에 경험들을 점검하면서 새로운 사업에 도전을 하면 길하다. 교섭을 잘 하면 이익이 많다. 불륜에 빠지면 복이 변하여 재앙이 된다.

8월 | 개관사정 사후평가(蓋棺事定 死後評價)의 운이다.

군자는 죽은 후에 나쁜 이름을 남길까봐 걱정한다. 즉 사람이 죽어 관 뚜껑을 덮고 난 뒤에야 정당한 평가를 할 수 있다. 마찬가지로 길고 짧은 것은 비교해 보아야 알고 이기고 지는 것은 결과를 보아야 한다. 운은 점점 발전하는 좋은 시기이니 주저말고 과감하게 전진하면 목적한 바에 소원을 이룬다. 부부가 무정하다.

9월 | 발본색원 화근단절(拔本塞源 禍根斷絕)의 운이다.

폐단의 근본원인을 아주 없애야 한다. 폐단의 뿌리를 남겨두면 후일에 다시 화근이 일어난다. 사업운은 물질은 현재 수준에서 만족하고 현상유지에 힘을 써야 한다. 새로운 사업을 시작하거나 확장은 좋지 않다. 돈과 재물의 운을 보니 저축에 있어서는 만족한다. 대인관계에서 약간 구설을 듣는다. 결혼을 한다.

10월 | 현모양처 명문성가(賢母良妻 名門成家)의 운이다.

　자식들에게는 어진 어머니이고 남편에게는 착한 아내이니 명문성가를 만든다. 현모양처에게는 어디에 가나 언제나 복록이 따른다. 연애운을 보니 여성 한 사람에 남성은 다섯이다. 여성에게는 인기운이나 남성은 경쟁이 치열하다. 결혼운을 보니 혼담이 많고 또 쉽게 성사가 된다. 현모양처의 모습을 계속 유지하라.

11월 | 고장난명 상부상조(孤掌難鳴 相扶相助)의 운이다.

　외손뼉은 울릴 수 없다. 서로 서로 돕고 도와야 좋은 결과를 본다. 혼자서는 일을 이루지 못한다. 비록 운은 좋으나 혼자서는 역부족이다. 좋은 동업자를 만나야 성공한다. 운을 보니 인내심을 가지고 기다리면 모든 일이 성사된다. 풍년이 들어 창고가 가득하고 기쁘지만 마음 한 편에는 불편하다. 달콤한 연애를 한다.

12월 | 성심소도 금석가투(誠心所到 金石可透)의 운이다.

　정성을 다하면 철판이나 바위도 뚫는다. 열심히 일하는 사람에게 더 부추기거나 몰아친다. 좋은 운이 왔을 때 한 몫을 단단히 잡아야 하기 때문에 더 전진해야 한다. 지성이면 감천이다. 최선을 다하면 성공한다. 기회는 자주 오는 것이 아니다. 연애운이 강하여 잘못하면 불륜색정으로 호색에 빠지기 쉽다.

225운 | 좋은 운이 왔을 때 한몫 잡아야 한다

7월 | 천우신조 호기불망(天佑神助 好機不忘)의 운이다.

천지신명이 다 도와주는 아주 좋은 기회다. 이런 좋은 기회를 잊어버리지 말라. 천년에 한 번 만나는 좋은 기회다. 좀처럼 얻기 어려운 좋은 기회가 왔다. 어려움을 참고 참아온 보람이 이제 나타나는 결실의 시기를 만났다. 좋은 운이 왔을 때 전진하고 투자하여 한몫을 단단히 잡아두어야 한다. 주머니에 돈이 들어온다.

8월 | 중천태양 최고정상(中天太陽 最高頂上)의 운이다.

중천에 태양이니 최고의 정상에 오른다. 왕성한 기세와 세력으로 운은 70%이상 길하여 태양이 하늘 높이 솟아오르는 기세이다. 이러한 기회를 놓치지 말고 사업가는 투자하고 공격하고 전진하면 길하다. 군자에게는 어디에 가나 복록이 따른다. 풍년이 들어 창고가 가득하다. 계획한 대로 밀고 나가면 성공한다.

9월 | 주근야학 고학성공(晝勤夜學 苦學成功)의 운이다.

낮에는 부지런히 일하고 밤에는 학교를 다닌다. 바쁜 틈을 이용하여 어렵게 공부하여 성공한다. 남들의 도움을 받지 않고 혼자서 자수성가하여 사업을 성공한다. 젊어서 고생은 사서도 한다고 했다. 고생을 통하여 인격이 양성된다. 근면하고 성실하면 천지가 다 도와준다. 만사가 형통하니 주저하지 말고 전진하라.

10월 │ 공동출자 공동수확(共同出資 共同收穫)의 운이다.

공동으로 출자하여 공동으로 수확한다. 혼자서는 불리하니 교섭을 잘 하면 이익이 많다. 처음은 화합이 어려우나 일단 화합만 되면 의외로 크게 성공하는 좋은 운이다. 좋은 교섭을 위해서는 역지사지의 교훈을 참고해야 한다. 돈과 재물의 운을 보니 창업을 할 때는 좀 어렵지만 공동으로 출자하면 자금난이 사라진다.

11월 │ 골육상전 도리망각(骨肉相戰 道理忘却)의 운이다.

형제간에 전쟁이니 인간의 기본 도리를 망각한 것이다. 부자(父子)나 형제의 싸움이다. 혈연관계가 있는 사람끼리 싸움이 벌어진다. 골육상전을 막기 위해서는 기본적인 도리에 성실해야 하고 또 사리에 총명해야 한다. 운을 보니 무슨 일이든지 단독으로 처리하면 불리하고 공동으로 추진해야 성공한다.

12월 │ 주객전도 무주공산(主客顚倒 無主空山)의 운이다.

주인과 객이 바뀌어 주인 없는 산이다. 사물의 경중이나 완급이나 또는 중요성에 비추어 볼 때 앞뒤의 순서가 서로 뒤바뀌었다. 주인이 없는 빈 산이니 허망하다. 무엇이 더 급하고 중요한 것인가를 생각해 보면 답이 나올 것이다. 순서가 바르게 되어야 성공한다. 타인의 도움이 필요한 운이다. 좋은 사람을 얻는다.

226운 | 망상을 버리고 현실에 충실하라

7월 | 기력양성 개운득재(氣力養成 開運得財)의 운이다.

기력을 양성하면 개운이 되어 기회가 오고 재물을 얻는다. 이 달은 70%이상으로 개운되고 기력이 양성되니 서서히 전진을 해야 한다. 변화를 해야 할 시기다. 희망은 솟아오르고 계획도 뜻과 같다. 사방을 보니 아직 유혹의 손길은 도사리고 있으니 사기꾼을 주의하라. 조심조심 전진하면 이익을 본다. 교섭하면 길하다.

8월 | 양단결정 양자택일(兩斷決定 兩者擇一)의 운이다.

둘 중에 하나를 선택하여 결정해야 한다. 전날 쓴 술 한잔으로 마음을 달래던 시절은 추억 같다. 지금은 무언가 양단의 결정을 할 때다. 욕망이 크고 많은데 현실과 비교해 보아야 한다. 구름잡는 망상을 버리고 현실에 충실해야 한다. 무리한 과욕을 버리고 분수만 지키면 걱정할 것이 아무것도 없다.

9월 | 거두절미 단도직입(去頭截尾 單刀直入)의 운이다.

머리와 꼬리를 자르고 단도로 거침없이 적진으로 쳐들어간다. 즉 말을 할 때 서두를 빼고 요점만 말한다. 정신상태가 견실하고 확고하면 70%이상 성공한다. 서서히 발달하고 서서히 발전하니 순리를 따르면 이익이 많다. 순리에 따르면 큰 수고함이 없어도 저절로 성공한다. 이 달은 단도직입하면 유리하다.

10월 │ 진인사후 대기천명(盡人事後 待機天命)의 운이다.

　즉 인간의 책임분담인 노력을 다하고 난 이후에 천명을 기다린다. 하늘은 스스로 돕는 자를 돕는다. 도리에 성실하고 사리에 총명하라. 작은 이익에 만족하고 분수를 지키면 유리하다. 상대방의 운세가 강한 세력이니 화합함이 유리하다. 정도를 고수하면 반드시 귀인을 만나 도움을 받는다. 교섭을 잘 하면 유리하다.

11월 │ 개문읍도 화근자초(開門揖盜 禍根自招)의 운이다.

　즉 문을 열어놓고 도둑을 맞이하니 스스로 화근을 불러드린다. 당신 자신에게 문제가 있다. 때문에 당신 자신을 먼저 점검하여 보라. 소 잃고 외양간 고치는 꼴을 당한다. 매사에 신중해야 불행을 막을 수 있다. 거래를 일단 중지하라. 아직도 여러 분야에서 부족한 부분이 많다. 먼저 나서거나 서두르면 화근을 자초한다.

12월 │ 좌우충돌 상하대립(左右衝突 上下對立)의 운이다.

　좌우로 충돌하고 상하가 대립하니 심히 고달프다. 거래처 사람이나 상사나 부하나 친구들과 의견이 대립하여 사방에서 충돌이 일어난다. 무엇이 근본문제인지 살펴볼 필요가 있다. 이 달은 사기꾼을 만나 손해볼 운이니 사람을 경계하라. 운이 불리하니 계약이나 확장은 금물이다. 이사나 가게 이전이나 여행을 중단하라.

227운 | 당신이 살아남는 것이 우선이다

7월 | 화근근절 적선공덕(禍根根絶 積善功德)의 운이다.

화근을 근절하고 적선의 공덕을 쌓아야 안심이다. 잠시만 방심하면 자신도 모르게 화근을 만들 수 있다. 화근을 만들지 말아야 한다. 화근만 만들지 않으면 문제가 없고 운도 좋아진다. 화근의 예방은 적선을 쌓는 것이다. 70%길운이 개운 되고 기력이 회복되니 서서히 전진을 해야 한다. 자신감을 가지고 전진하라.

8월 | 아생우선 공격후차(我生優先 攻擊後次)의 운이다.

내가 살아남는 것이 우선이다. 무엇이 더 중요한가를 생각할 때다. 즉 수비가 급한가 아니면 공격이 우선인가. 지금은 능력이 부족하니 보충하고 보강해야 한다. 남을 공격할 여유가 없다. 먼저 자신부터 정비한 다음 적을 공격해야 한다. 적군은 당신보다 강하다. 능력을 기르고 준비가 더 필요하다.

9월 | 공과상반 일승일패(功過相半 一勝一敗)의 운이다.

즉 공로와 허물이 각각 반반이니 한 번은 이기고 한 번은 진다. 생각이나 계획이 견실하고 확고하면 70%까지 성공한다. 과욕이나 망상은 버려라. 서서히 발달하고 서서히 발전하니 순리를 따르면 이익이 많다. 사업운을 보니 언행을 조심하면 사업은 순조롭다. 언행에 신중하며 후덕하면 교섭이 잘 이루어진다.

10월 │ 의식안정 도리성실(衣食安定 道理誠實)의 운이다.

 즉 일정하게 먹고 살만한 의식주가 안정되어야 사람이 행할 기본적인 도리에 성실할 수 있다. 생활이 너무 어려우면 사람이 지니고 있어야 할 떳떳한 마음이 없어진다. 때문에 의식주 등 생활의 기본적인 문제를 먼저 해결을 먼저 하고 나서 다른 일을 해야 한다. 의식주가 안정되면 점차 도리에 성실하게 된다.

11월 │ 재가무익 출즉다익(在家無益 出則多益)의 운이다.

 즉 집안에 있으면 이익이 없고 밖에 나가면 귀인을 만나고 이익이 많다. 사업운을 보니 70%이상 길운이 강하기 때문에 동업자와 협력을 하면 무난히 성공한다. 출장을 가거나 여행을 가라. 여행지에서 좋은 애인을 만나 즐거움을 얻는다. 미혼자는 결혼 상대자도 된다. 이 달은 누구하고라도 사람을 만나면 길하다.

12월 │ 인생여정 종국공수(人生旅程 終局空手)의 운이다.

 인생의 여정을 보니 마지막은 빈손들고 간다. 즉 공수래공수거(空手來空手去)다. 즉 열심히 수고는 하지만 결국 빈손으로 왔다가 빈손으로 가는 허망한 꼴을 당한다. 영생을 구해야 한다. 타인과 잘 화합하여 협동해야 지금의 난관을 극복 할 수가 있다. 대인관계를 잘 유지하는 것이 중요하고 성공의 지름길이다.

228운 | 변신하고 변화를 추구하면 길하다

7월 | 체제변화 장소이동(體制變化 場所移動)의 운이다.

체제를 변화하고 장소를 이동하는 운이다. 그러나 변화를 하기 전에 미리 준비를 해야 한다. 지금은 변동하면 70%이상 길한 운이다. 운이 진동하니 새롭게 변신하고 변화를 추구하면 길하다. 이동하거나 새로운 사업을 신설하면 길한 시기다. 영업장소를 옮겨도 좋다. 이사나 여행도 길하다. 변신을 하면 이롭다.

8월 | 공평무사 만인자종(公平無私 萬人自從)의 운이다.

공정하고 사심이 없이 처세하면 만인들이 스스로 따른다. 새로운 변신을 하거나 새로운 장소로 이동하면 모두 길하다. 지금까지 유지하여 오던 방법에서 변화를 주어야 길하다. 기본적인 골격은 그대로 유지하되 부분적으로 변화가 필요하다. 여행을 가도 귀인을 만난다. 호흡기 간장 신경계통에 주의하라.

9월 | 종과득과 인과응보(種瓜得瓜 因果應報)의 운이다.

오이를 심으니 오이를 얻으니 인과응보이다. 원인 없는 결과는 없다. 좋은 원인을 심어라. 운이 70%이상 길하여 복록이 충만한 것은 전날 적선한 결과이다. 따라서 자수성가로 사업에 성공한다. 사업운을 보니 새로운 사업에 착수하면 번영한다. 운도 시원시원하게 열린다. 소원을 성취하는 길운이니 담대하게 전진하라.

10월 │ 풍년적재 창고풍만(豊年積財 倉庫豊滿)의 운이다.

풍년이 들어 창고에 곡식이 가득하니 기쁘다. 교섭을 잘 하면 이익이 많다. 적극적으로 임하면 거래가 성사된다. 돈과 재물의 운을 보니 현금의 융통이 좋다. 이 달은 개운이 되는 좋은 운이므로 만사가 형통하다. 운이 강하여 최고의 정상을 달린다. 적극적으로 전진하라. 능력을 다 동원하여 전진하라.

11월 │ 과유불급 적당중도(過猶不及 適當中道)의 운이다.

정도를 넘침은 부족함만 못하니 적당한 중도가 제일이다. 넘쳐도 흉하고 부족해도 흉하다. 중도를 잘 잡아야 한다. 뜻밖의 이익이 많다. 심신이 평화롭고 안정하니 즐거움이 스스로 찾아온다. 운이 길하여 희희낙낙이다. 연애운을 보니 적극적으로 밀고 나가면 좋은 애인을 만난다. 정당한 관계를 유지하면 길하다.

12월 │ 무위이화 순리자연(無爲而化 順理自然)의 운이다.

만사가 자동적으로 되어지는 순리자연이다. 운이 오면 반갑게 맞이하고 운이 가면 조용히 근신해야 한다. 지금은 운이 왔다. 재물은 충만하고 만사는 형통하며 성장하고 발전한다. 이사나 가게 이전이나 여행을 가면 귀인을 만난다. 80%정도 소원을 성취한다. 사람은 자연의 순리에 따르는 것이 가장 건강하다.

231운 | 파죽지세와 같은 운이니 사업을 확장하라

7월 | 속성발복 기립돌진(速成發福 起立突進)의 운이다.

속히 성공하여 발복하니 일어나서 돌진하라. 지금까지는 근신하던 사람도 이제 일어서야 한다. 앞을 향하여 용감하게 돌진해야 한다. 아침 태양이 힘차게 솟아오르는 형상이니 주저하지 말고 전진해야 한다. 운이 돌아오면 천지가 다 내편이 되어 도와주지만 운이 떠나면 영웅도 재주를 부리지 못한다. 밀고 나가라.

8월 | 투자확장 제사순성(投資擴張 諸事順成)의 운이다.

투자하고 사업을 확장하면 모든 일이 순순하게 이루어진다. 지금까지는 구곡간장(九曲肝腸)처럼 꼬이고 꼬였던 일들도 하나 하나 풀어진다. 파죽지세와 같은 운이니 사업가는 투자를 해야 하고 확장해야 길하다. 타고난 능력을 충분히 발휘하는 운이니 독불장군처럼 전진하라. 대인관계의 화합을 잘 하면 크게 성공한다.

9월 | 자수성가 길운도래(自手成家 吉運到來)의 운이다.

자수성가하니 길운이 돌아온 것이다. 지금까지는 무용지물처럼 천대를 받든 사람이 노력하여 빈손으로 제법 멋있는 집을 이루었다. 운이 돌아온 것이다. 길운이니 자수성가하여 사업을 성공한다. 좋은 운이므로 만사가 형통하다. 입가에 즐거움이 가득하다. 독신은 결혼하고 직장인은 승진하고 병자는 회복된다.

10월 │ 부모심정 도통군자(父母心情 道通君子)의 운이다.

부모가 자식을 사랑하는 심정으로 상대를 대하고 생각한다면 이는 도를 통달한 군자의 마음이다. 이러한 사람은 자기가 원하는 것을 다 얻는다. 상대방의 입장에서 생각할 줄 아는 사람이 되어야 성공한다. 교섭을 잘 하면 이익이 많다. 처음은 화합이 어려우나 일단 화합만 되면 의외로 크게 성공하는 좋은 운이다.

11월 │ 구세제민 천지지의(救世濟民 天地之意)의 운이다.

비천하고 가난한 사람을 구제하는 적선공덕을 쌓는 것이 천지의 뜻이다. 적선을 쌓는 사람에게 천지신명이 복을 준다. 때문에 뜻밖의 이익이 많다. 심신이 평화롭고 안정하니 즐거움이 스스로 찾아온다. 가을 겨울의 운을 보니 무슨 일이든지 단독으로 처리하면 불리하고 공동으로 추진해야 성공한다. 운은 길하다.

12월 │ 초로인생 영생득도(草露人生 永生得道)의 운이다.

마치 풀잎에 이슬 같은 것이 인생이니 영생을 깨닫고 진리를 무장하여 도를 얻어라. 초로인생에 대하여 깨닫지 못한 사람은 인생을 논하지 말라. 타인과 잘 화합하여 협동해야 지금의 난관을 극복할 수가 있다. 혼자서는 역부족이다. 친구가 필요하다. 좋은 친구를 구하려면 먼저 내 자신이 좋은 사람이 되어야 한다.

232운 | 길운이 오래 지속되도록 노력하라

7월 | 구중궁궐 사막감수(九重宮闕 沙漠甘水)의 운이다.

 문이 겹겹이 달린 깊은 대궐로 들어가는 운이니 사막에서 오아시스를 만난 길운이다. 축복이 넘치는 좋은 운이다. 목마른 사막에서 오아시스를 만나니 즐겁고 시원한 물을 마신다. 천지와 부모와 형제와 친구의 은혜에 감사하고 만족해야 한다. 큰 행복 속에 머물러 있는 상태다. 시련이 끝나고 행복이 돌아왔다.

8월 | 명철보신 군자지도(明哲保身 君子之道)의 운이다.

 즉 이치에 밝고 사리에 분별력이 있어 도리에 맞는 행동으로 자신을 잘 보전한다면 이것은 군자의 길이다. 사기꾼이나 악한 사람과 함께 일을 해도 당하지 않고 오히려 역이용을 한다. 이용하는 방법만 안다면 버릴 사람은 한 사람도 없다. 행복한 생활이 계속된다. 이러한 길운을 오래 동안 지속되도록 노력하라.

9월 | 사업착수 승승장구(事業着手 乘勝長驅)의 운이다.

 사업을 착수하면 운이 좋아 승승장구한다. 다만 분수를 지켜라. 아무리 운이 좋아도 분수 밖에 것을 탐하면 실패한다. 사업운을 보니 새로운 사업에 착수하면 번영한다. 건강운도 좋아지니 투병중인 사람은 호전되고 기력을 회복한다. 자기의 능력을 점검하여 능력의 한도 내에서 전진하면 충분히 성공한다.

10월 │ 구지부득 과욕무리(求之不得 過慾無理)의 운이다.

즉 구하여도 얻지 못하는 것은 과욕이거나 무리한 탓이다. 마음이 아프고 괴로우나 크게 걱정할 것은 아니다. 다른 곳에 좋은 길이 보인다. 비록 좋은 운세이나 방해자가 나타나 일을 망치게된다. 원인을 보니 방심한 것이 화근이다. 실패를 교훈 삼아 다시 재도전을 한다면 작은 실패가 큰 성공의 밑거름이 된다.

11월 │ 심신평안 가내경사(心身平安 家內慶事)의 운이다.

심신이 평화롭고 안정하니 집안에 경사가 일어나고 즐거움이 스스로 찾아온다. 운이 길하여 만사가 형통하니 희희낙낙이다. 연애운을 보니 적극적으로 밀고 나가면 좋은 애인을 만난다. 결혼운을 보니 좋은 결혼이니 서둘러 식을 올리면 좋다. 건강운을 보니 대체로 건강하다. 약간은 하체나 하복부. 요도 등에 주의하라.

12월 │ 단점보강 기력양성(短點補强 氣力養成)의 운이다.

자신의 단점을 보강하고 연단하고 기력을 양성하면 좋은 운을 만날 수 있다. 운이 좋아야 승리한다. 재물은 충만하고 만사는 형통하며 성장하고 발전한다. 이사나 가게 이전이나 여행을 가면 귀인을 만난다. 소원의 운을 보니 80%정도 소원을 성취한다. 좋은 일에는 항상 마가 끼는 법이니 방심은 금물이다.

233운 | 방심과 자만은 금물이다

7월 | 국태민안 인심순선(國泰民安 人心順善)의 운이다.

나라가 태평하고 국민의 생활이 평안하니 인심이 좋아지고 만사가 형통하다. 하반기 운은 길한데 이웃과 화친하며 즐겁게 지내는 운이다. 친구나 거래인과 인간관계의 화합이 잘 되어 즐거움이 가득하다. 따라서 부귀가 겸비하여 즐거움이 충만하다. 사람들과 조화를 잘 하며 거래를 하면 이익이 많다. 사업을 시작하라.

8월 | 일길일흉 취사선택(一吉一凶 取捨選擇)의 운이다.

즉 하나는 길하고 하나는 흉하니 취사선택을 잘 하라. 길한 중에 흉함이 숨어 있다는 것을 생각해야 한다. 잘 선택하면 돌파구가 열리고 개운이 된다. 경쟁으로 생긴 피해를 재빠르게 정리하고 협력자를 만나서 앞으로 나아갈 형국이다. 예상 밖의 흉한 일이 일어난다. 적을 가볍게 보고 방심과 자만은 절대금물이다.

9월 | 전전걸식 상심천대(轉轉乞食 傷心賤待)의 운이다.

거지가 되어 이집 저집 다니며 문전걸식하는 흉운이니 마음이 상하고 천대를 받는다. 이 달은 오직 겸손과 분수지킴을 우선하면 전화위복이 되어 문전걸식을 면하고 이익이 많아진다. 그래서 자기에게 도움을 줄 사람을 빨리 구하여 남들보다 먼저 기선을 잡도록 하라. 정신만 차리면 전화위복이 가능하다.

10월 | 길흉화복 춘하추동(吉凶禍福 春夏秋冬)의 운이다.

길함과 흉함과 화근과 복은 봄. 여름. 가을. 겨울처럼 항상 변화를 하며 찾아온다. 즉 떨어지는 꽃과 흐르는 물처럼 인생의 길흉화복도 마찬가지다. 좋은 운은 아니지만 개운은 충분히 할 수 있다. 운의 변화는 춘하추동 사계절처럼 변화는 것이다. 교섭상대와 우선 친목을 도모하라. 노력하면 도와줄 사람이 생긴다.

11월 | 명진사해 만인앙시(名振四海 萬人仰視)의 운이다.

출세하여 명예가 바다 건너까지 날리니 만인들이 부러워한다. 성공한 사람에게 꽃다발이 주워지지만 경쟁자에게는 자금난의 어려움이 따른다. 사자가 작은 토끼 한 마리를 잡는데도 최선을 다한다고 한다. 성공했다고 해서 방심과 자만은 금물이다. 명예운은 좋은데 질투하는 무리들이 방해를 하니 경계하라.

12월 | 유두무미 유명무실(有頭無尾 有名無實)의 운이다.

머리는 있지만 꼬리는 없다. 이름만 있고 실속은 없다. 계획은 무성하지만 선택은 단순하지 않아서 얼른 성립되지 않는다. 언행이 일치하도록 노력하고 현실을 직시해야 한다. 기존의 사업을 유지한다면 심신과 가정이 평화롭다. 건강면은 약간 주의를 요하는데 즉 하체. 요도. 등 만성적인 질병에 주의하라.

234운 | 경쟁에서 승리한 사람만이 살아남는다

7월 | 급시서행 안시예방(急時徐行 安時豫放)의 운이다.

급할수록 천천히 돌아가고 편안할 때 재앙을 예방하라. 급하다고 서둘면 실수하여 실패한다. 하반기 운은 작은 이익이 나타나는 운이다. 천천히 전진하면 이롭다. 작은 이익에 만족 할 것이며 과욕은 금물이다. 작은 이익에 만족하지 않고 과욕을 부리면 길운이 변하여 흉한 운이 된다. 여유를 가지고 서행하면 무난하다.

8월 | 분외탐물 불행자초(分外貪物 不幸自招)의 운이다.

분수 밖에 것을 탐하면 불행을 자초한다. 자신의 분수를 알고 지키는 것이 상책이다. 자기 자신의 분수를 모르고 과욕을 부리면 불행을 자초한다. 사업가는 소형으로 투자 할 것이다. 비록 앞은 난공불락의 장해물이 가로막혀 있다. 실로 공격하기가 어려워 쉽사리 함락되지 않는다. 그러나 인내하면 결국은 돌파한다.

9월 | 매사신중 처세상책(每事愼重 處世上策)의 운이다.

매사에 신중함이 처세에 상책이다. 이 달은 "돌다리도 두들려 보고 건너간다"는 교훈이 필요하다. 대인관계는 소극적으로 해야 길하다. 급할수록 돌아가라는 속담이 있다. 마음은 급한데 환경이 아직 따르지 않는 상태다. 급하다고 해서 서두르면 위험하고 실패한다. 사기꾼이 함정을 파놓고 기다리고 있다.

10월 | 일구월심 일심기원(日久月深 一心祈願)의 운이다.

　소원이 성취하기를 날이 가고 달이 바뀌도록 기다린다. 따라서 이 달은 새로운 사업을 시작하거나 확장은 좋지 않다. 교섭하는 상대자가 지지부진하다. 지금까지 해 오든 사업을 잘 손질하여 키워나가는 편이 안전하고 유리하다. 투자한 곳에 정성을 드려야 한다. 지성이면 감천이다. 좀더 기도를 해야 한다.

11월 | 난신적자 불충불효(亂臣賊子 不忠不孝)의 운이다.

　난신적자가 불효하고 불충하는 운이다. 즉 임금을 죽이고 부모를 해하는 천하에 불효막심한 운이다. 따라서 이 달은 새로운 사람을 사귀지 말고 자중해야 한다. 또 역모나 악당들의 모임에 가담하지 말라. 가담하면 결국 함께 망한다. 이 달은 불리하니 집안에서 근신하고 자중하면 재앙은 스스로 사라진다.

12월 | 적자생존 자력양성(適者生存 自力養成)의 운이다.

　환경에 적응하는 자만이 살아남는다. 때문에 자력을 양성하라. 인생은 생존경쟁이다. 경쟁에서 승리한 사람만이 살아남는 비정한 것이 인생이다. 적응을 못하면 살아남지 못한다. 거래처 한 곳을 두고서 여러 업체가 서로 차지하려고 경쟁이 치열하다. 인내심을 가지고 기다리면 모든 일이 성사된다. 강해야 살아남는다.

235운 | 물은 흘러야 썩지 않는 법이다

7월 | 길복접수 흉화제거(吉福接收 凶禍除去)의 운이다.

좋은 운과 복을 받아 드리고 흉한 재앙은 제거한다. 이 달은 80%
의 좋은 운이므로 만사가 형통하다. 좋은 지위가 오면 사양하지 말
고 군림하면 이롭다. 운을 보니 태양이 솟아오르듯 점점 발전한다.
지위를 얻고 군림하는 좋은 운이다. 좋은 운이 당신에게 있으니 두
려워 말고 전진하라. 용기가 필요하다.

8월 | 내청외탁 안심입명(內淸外濁 安心立命)의 운이다.

즉 마음은 맑게 가지면서 겉으로는 흐린 것처럼 하며 어지러운
세상 속에 어울려 살아가는 것이 군자가 난세를 당하여 안심입명
하는 처세술이다. 구시대는 가고 신시대가 돌아오는 신진대사의 운
이다. 물은 흘러야 썩지 않는 법이다. 고여있는 물은 썩는다. 마음
의 중심은 지키면서 서서히 변화를 시작하라.

9월 | 강건정상 담대심소(强健頂上 膽大心小)의 운이다.

강하고 건강하고 정상을 달리는 운이지만 담대심소해야 한다. 타
인의 도움이 필요 없는 좋은 운이다. 주저하지 말고 강하게 전진하
면 대박을 터뜨린다. 운이 길하여 복록이 충만하고 사업에 성공한
다. 가을 겨울의 운을 보니 고통이 지나고 행복이 돌아오니 승승장
구한다. 새로운 사업에 착수하거나 투자하면 발전한다.

10월 │ 기력보강 유비무환(氣力補强 有備無患)의 운이다.

 기력을 보강하고 환란을 준비하면 근심이 없다. 이 달은 약간 불리하다. 타인과 잘 화합하여 협동해야 지금의 난관을 극복 할 수가 있다. 혼자서는 역부족이다. 타인의 도움을 받으려면 청렴해야 한다. 가식이나 거짓을 통하지 않는다. 우선 기력부터 양성하라. 스스로 강해야 이긴다. 진실하게 주면 진실하게 온다.

11월 │ 매사신지 마장불침(每事愼之 魔障不侵)의 운이다.

 항상 조심하는 사람에게는 불행은 침범하지 못하고 항상 행운이 머물게 된다. 기왕에 지위가 높거나 부자였다면 만족하고 호사다마의 교훈을 잊지 말라. 사업운을 보니 한 걸음 전진하기에 앞서 잠시 멈추고 기반을 더욱 탄탄하게 다져야 한다. 염력을 강화하라. 배탈이 나거나 하체 요도기 등에 병을 주의하라.

12월 │ 입신양명 최고정상(立身揚名 最高頂上)의 운이다.

 입신양명하여 최고의 정상을 달린다. 도통군자에게는 어디에 가나 언제나 복록이 따른다. 풍년이 들어 창고가 가득하니 기쁘다. 교섭을 잘 하면 이익이 많다. 적극적으로 임하면 거래가 성사된다. 돈의 운을 보니 현금의 융통이 좋으니 단기투자에 힘써라. 미혼자는 결혼을 해도 좋고 연애를 해도 이롭다.

236운 | 운이 좋은 사람에게는 당할 자가 없다

7월 | 승자생존 자연법칙(勝者生存 自然法則)의 운이다.

싸움에서 승리한 자만이 살아남는 것이 대자연의 법칙이다. 경쟁에서 이기지 못하면 생존할 수 없다. 심각한 생존경쟁을 실감한다. 사업에는 많은 경쟁자들 때문에 고전하지만 그러나 더욱 분발하게 되어 소원을 이룬다. 비록 경쟁은 심해도 당신의 운이 길하여 승리한다. 자신의 능력과 지혜를 총동원하면 이긴다.

8월 | 수분각도 정도인생(守分覺道 正道人生)의 운이다.

즉 분수를 지키고 자기가 가야할 길을 깨닫는다는 것이 정도인생이며 군자가 갈 길이다. 자신의 운을 알아야 한다. 운을 모르면 노심초사한다. 과욕과 무리는 모든 실패의 원인이다. 당신의 운은 비록 좋은데 능력에 알 맞는 사업체를 찾아 투자하면 결실을 본다. 마음의 자세를 바르게 가지고 전진하라.

9월 | 길운감사 효도공양(吉運感謝 孝道供養)의 운이다.

길운에 감사하며 부모님께 효도하고 선조님께 공양하라. 좋은 운이 온 것은 부모와 선조들이 적선한 결과다. 인생을 지배하는 것은 지혜가 아니라 운이다. 때문에 누가 뭐라 해도 운이 좋은 사람에게는 당할 자가 없다. 운이 좋아야 성공한다. 아무리 임시변통이 능숙한 사람이라도 운 좋은 사람 앞에서는 무용지물이다.

10월 │ 고등강풍 다사다난(高登强風 多事多難)의 운이다.

높이 오르면 오를수록 강풍이 불어닥치는 법이라 다사다난과 시기질투를 감수할 것이다. 좋은 일도 많고 어려운 일도 많다. 분주하고 급하고 바쁘게 지나간다. 그러나 운이 길하여 결국 이익이 많다. 교섭을 잘 하면 이익이 많다. 처음은 화합이 어려우나 일단 화합만 되면 의외로 크게 성공하는 좋은 80%길운이다.

11월 │ 순천자존 역천자망(順天者存 逆天者亡)의 운이다.

천명을 순종하는 자는 살고 천명을 거역하는 자는 망한다. 운이 강하여 최고의 정상을 달린다. 천명에 순종하면 풍년이 들어 창고가 가득하다. 뜻밖의 이익이 많다. 심신이 평화롭고 안정하니 즐거움이 찾아온다. 운이 길하여 희희낙낙이다. 집안에 있으면 이익이 없고 밖에 나가면 귀인을 만난다. 운이 서서히 열린다.

12월 │ 무설타단 무설기장(無說他短 無說己長)의 운이다.

다른 사람의 단점을 말하지 말고 자기의 장점을 자랑하지 말라. 밖에 나가서 많은 사람들과 교제하는 것이 유리하다. 사업운을 보니 운이 강하기 때문에 동업자와 협력을 하면 무난히 성공한다. 독불장군에게는 미래가 없지만 대인관계의 화합을 잘 하면 크게 성공한다. 운이 왔으니 주저하지말고 천금을 얻도록 하라.

237운 | 빚을 얻어서라도 선전광고를 많이 하라

7월 | 상품선전 광고투자(商品宣傳 廣告投資)의 운이다.

상품을 알리고 널리 선전하고 광고에 투자를 많이 해야 성공한다. 지금은 침묵하면 안 된다. 80% 좋은 운이므로 선전광고를 많이 하면 이익이 많아지고 만사가 형통하다. 운을 보니 태양이 솟아오르듯 점점 발전한다. 아름답게 꾸미고 장식을 해야 한다. 자신을 선전하고 광고를 해야 한다. 연애는 속마음을 고백하라.

8월 | 다정다감 독실불심(多情多感 篤實佛心)의 운이다.

즉 다정다감하고 독실한 불심의 착한 마음을 많이 가지면 개운이 빨리 된다. 마음이 평화로우니 대인관계도 화합이 잘 된다. 목마른 사막에서 오아시스를 만난 좋은 운이다. 고장난 곳을 수리하고 보수하여 정리하고 정돈하여 새로운 모습을 보여야 개운이 된다. 호흡기나 뼈나 장 계통에 질병을 주의하라.

9월 | 일진월진 고속발전(日進月進 高速發展)의 운이다.

날마다 전진하고 달마다 전진하면 고속으로 발전한다. 즉 날이 갈수록 거듭하여 발전한다. 80% 운이 길하여 복록이 충만하고 자수성가로 사업에 성공한다. 가을 겨울의 운을 보니 내실은 없지만 밖을 꾸미면 길해진다. 간판을 새롭게 걸고 선전 광고를 요란하게 하면 길하다. 빠르게 발전하는 시기다. 천지가 청명하다.

10월 | 미화장식 선전광고(美化裝飾 宣傳廣告)의 운이다.

외적인 면을 아름답게 장식하고 선전과 광고를 많이 해야 성공한다. 돈과 재물의 운을 보니 내실을 다지기 보다 외모에 신경을 더 많이 써야 길하니 빚을 얻어서라도 밖으로 치장을 많이 하라. 사업운을 보니 많이 꾸며야 잘 이루어진다. 선전광고에 투자를 많이 하라. 교섭을 잘 하면 이익이 많다.

11월 | 담대심소 내정외원(膽大心小 內正外圓)의 운이다.

즉 담대함과 소심함을 함께 구비하며 안으로는 바른 마음을 가지고 밖으로는 원만한 행동을 해야 성공한다. 뜻밖의 이익이 많다. 심신이 평화롭고 안정하니 즐거움이 스스로 찾아온다. 연애운을 보니 실속은 없지만 외모를 꾸미고 애교를 부리면 흉한 것이 변하여 길이 된다. 결혼운을 보니 실속은 없고 빛깔만 좋다.

12월 | 과거회상 일장춘몽(過去回想 一場春夢)의 운이다.

지난 과거를 돌이켜 회상하여 보니 일장춘몽이다. 인생은 지나놓고 보면 허망한 꿈과 같다. 자중하며 조용히 자신을 돌아보아야 한다. 혹시 나로 말미암아 마음에 상처를 입은 사람은 없는지 반성해 본다. 소원의 운을 보니 실속은 없지만 명예를 얻는다. 취직의 운을 보니 수입은 작아도 화려한 회사에 입사한다.

238운 | 창고가 풍성하니 저절로 배가 부르다

7월 | 악심제거 정심양성(惡心除去 正心養成)의 운이다.

악심을 제거하고 정심을 양성하라. 악우(惡友)를 제거해야 한다. 운은 80%이상 길하여 의식주가 풍족한 운이다. 풍년이 들어 창고에는 곡식이 가득하고 지갑에는 돈이 넉넉하다. 창고가 풍성하니 저절로 배가 부르다. 주식은 상승하는 종목을 선택하여 매수를 해야 한다. 후반기는 전체적으로 길운이 많다. 입사를 한다.

8월 | 성공귀향 양친희락(成功歸鄕 兩親喜樂)의 운이다.

성공한 사람이 비단옷을 입고 고향을 돌아가니 양친부모와 형제 친구 친척들이 모두 기뻐하며 즐거워한다. 대인군자는 금의환향을 목적으로 사업을 한다. 금의환향하는 운이니 지갑에 돈이 두둑하게 불어난다. 더도 말고 덜도 말고 이 달만 같으면 좋겠다. 심신이 건강하고 부부간에 화합하고 사업은 발전한다.

9월 | 일어탁수 흑백구분(一魚濁水 黑白區分)의 운이다.

미꾸라지 한 마리가 연못 전체를 흐리게 한다. 흑백을 구분하라. 전체를 포함해서 매도하지 말고 착한 사람과 나쁜 사람을 구분하여 벌을 주라. 운은 좋게 흐른다. 아무리 운이 좋아도 방심하면 일어탁수와 같은 망신을 당한다. 그러나 노력에 따라서 크게 전망될 입장이다. 교섭도 좋은데 너무 방심하면 불리하다.

10월 | 다복영화 안시위사(多福榮華 安時危思)의 운이다.

복이 많고 부귀영화가 충만하니 즐겁다. 그러나 편안할 때 위태로움을 생각해야 한다. 항상 좋은 운만 계속 되는 것이 아니다. 돈과 재물의 운을 보니 토지와 현금운이 좋다. 투자운이 좋으니 투자를 하라. 연애운을 보니 연애가 순조롭고 불꽃이 튀는 열열한 사랑이다. 두 사람은 마음이 통하여 열정이 계속되고 있다.

11월 | 대지여우 대인여소(大智如愚 大人如小)의 운이다.

즉 큰 지혜를 가진 사람은 오히려 어리석은 사람처럼 보인다. 마찬가지로 덕이 많은 군자는 오히려 어리석은 작은 사람으로 보인다. 때문에 속으로는 큰 지혜를 가지되 겉으로는 어리석은 사람처럼 처세를 해야 복을 많이 받게 된다. 길운이라 부귀영화를 누리면 기쁨이 충만하고 주야로 천국이다. 호사다마는 잊지 말라.

12월 | 다재다능 일인이역(多才多能 一人二役)의 운이다.

당신의 운이 길하여 다재다능하니 한 사람이 두 가지 역할을 한다. 능력이 있다는 증거이다. 운이 길하여 전성의 대길운이니 강하게 전진하라. 이사나 가게 이전이나 여행은 즐거운 여행이 된다. 마음놓고 즐기다 돌아온다. 취직이 된다. 그러나 너무 과욕을 부리면 불리하다. 자기의 실력에 맞게 지원하면 입사한다.

241운 | 강하게 전진하면 소원을 성취한다

7월 | 구문견수 화근불입(口門堅守 禍根不入)의 운이다.

즉 입을 굳게 지키면 화근이 들어오지 못한다. 이롭다. 말을 함부로 하지말고 해야 할 말고 해서는 안될 말을 가려서 한다면 크게 이롭다. 하반기 운은 90%대길이다. 태평성대의 운이니 크게 이익을 보는 운이다. 사업이 대성하고 크게 발전한다. 무엇을 하나 일거양득이며 소원을 성취한다. 묵묵한 상태로 전진하라.

8월 | 덕불고독 수양적덕(德不孤獨 修養積德)의 운이다.

즉 덕이 있는 사람은 외롭지 않는 법이니 수양을 많이 하여 덕을 쌓아라. 인간관계에서 관대하고 용서한다면 덕이 있는 사람인데 이러한 사람에게는 사람들이 따르기 때문에 외롭지 않고 크게 이롭다. 만석꾼 부자도 걱정이 있듯이 인생살이는 사계절이 변하는 것처럼 변한다는 것을 깨달아야 한다. 소원을 성취한다.

9월 | 대동소이 별무특색(大同小異 別無特色)의 운이다.

크게 같고 작게 다를뿐 특별나게 다른 특색이 없다. 즉 근본적이고 골격적인 면은 크게 같고 지엽적인 작은 부분은 다르다. 특별한 색깔이 없다. 당신과 상대방의 생각이 대동소이하다. 재물이 산처럼 많이 모이는 운이니 크게 길하다. 이쪽에서 적극적으로 나가면 유리하게 얻는다. 특히 단체 교섭은 좋은 성과를 얻는다.

10월 │ 만사형통 종종과실(萬事亨通 種種過失)의 운이다.

 즉 모든 일이 생각처럼 잘 이루어지는데 너무 방심하여 종종 실수를 한다. 돈과 재물의 운을 보니 자본이 넉넉하고 융통이 원활하다. 소질을 살려서 주식이나 부동산에 투자해도 이익을 얻는다. 출세하고 승진하는 좋은 운이다. 연애운을 보니 연애는 좋게 발전한다. 만사가 순탄하며 방해자는 없다. 실수를 하지말라.

11월 │ 독서삼매 심락각도(讀書三昧 心樂覺道)의 운이다.

 즉 성현의 경전을 깊이 독경하면 좋은 지혜를 얻고 마음은 즐거우며 도를 깨닫는다. 크게 이롭다. 집안에 경사가 있고 모두가 환영하는 경사라 좋은데 축의금도 많이 들어온다. 건강운을 보니 비교적 건강한데 약간의 열병에 주의해야 한다. 과음이나 과식을 삼가야 한다. 부귀영화가 충만하다. 좋은 운이지만 신중하라.

12월 │ 욕속부달 대기만성(欲速不達 大器晚成)의 운이다.

 즉 속히 목적지에 도달하고자 하면 오히려 도달하지 못한다. 큰그릇은 늦게 이루지는 법이다. 그런데 지금이 그 결과를 얻는 시기이니 즐겁다. 부귀영화가 넘치고 전성의 대길운이니 강하게 전진하면 이롭다. 잃어버린 신용은 다시 회복되고 재물도 다시 들어온다. 이사나 가게 이전이나 여행을 가도 좋다. 자신감을 가져라.

242운 | 사막에서 오아시스를 만난 기쁨이다

7월 | 수심청정 개운득재(修心淸淨 開運得財)의 운이다.

즉 마음을 닦고 수양을 하면 운이 열리고 재물을 어는다. 크게 이롭다. 이 달은 90%이상 길하여 기쁨이 충만하다. 지상천국에 들어간 형상이니 사방이 기쁨과 은혜로 충만하다. 사막에서 오아시스를 만난 기쁨이니 즐겁다. 투자한 곳에서 좋은 소식이 들려온다. 주식도 많이 상승한다. 호사다마를 잊지 말고 신중하라.

8월 | 독청독성 안빈낙도(獨淸獨醒 安貧樂道)의 운이다.

즉 혼탁한 세상 속에서도 오직 홀로 깨끗한 정신을 가지며 가난하더라도 마음을 편안히 가지며 도를 즐긴다. 도둑들과 어울리지 말고 정도를 지키면 크게 이롭다. 업무상의 교섭도 좋은데 너무 방심하면 불리하다. 대인관계를 많이 가지고 거래처를 확장해야 길하다. 새로운 친구를 구하면 귀인이 될 친구를 얻는다.

9월 | 사생결단 일도양단(死生決斷 一刀兩斷)의 운이다.

즉 죽거나 살거나 양단간에 결정을 낸다. 때문에 우유부단하면 불리하다. 분명하게 일도양단을 하면 재물이 산처럼 많이 모이는 운이니 크게 길하다. 노력은 사소한데 이익은 대어를 낚는 모양이니 기쁘다. 교섭을 잘 하면 이익이 많고 크게 전망될 입장이다. 당신은 지금 좋은 운이니 기선을 잡고 선두에 나서라.

10월 │ 부창부수 가내경사(夫唱婦隨 家內慶事)의 운이다.

 부부가 화합하고 금슬이 좋으니 가내가 평안하고 부귀영화가 충만하니 즐겁다. 돈과 재물의 운을 보니 토지와 현금운이 좋다. 승진운도 좋다. 투자운이 좋으니 투자를 하라. 연애운을 보니 연애가 순조롭고 불꽃이 튀는 열열한 사랑이다. 두 사람은 마음이 통한다. 가정이 원만하면 만사가 형통하다. 여행을 가면 좋다.

11월 │ 동가홍상 금상첨화(同價紅裳 錦上添花)의 운이다.

 즉 같은 값이면 다홍치마다. 비단위에 꽃을 더한다. 이왕이면 보기 좋은 물건을 선택해야 이롭다. 좋은 일들이 겸하여 들어온다. 부귀영화가 충만하니 무엇을 해도 잘 풀린다. 결혼운을 보니 중매결혼이나 연애결혼이나 모두 성사된다. 결혼하여 두 사람은 기쁨이 충만하다. 주야로 천국이다. 호사다마를 생각하라.

12월 │ 안심입명 독거청정(安心立命 獨居淸淨)의 운이다.

 마음을 편안하게 가지면 명을 보존하며 홀로 거해도 청정하게 살라. 너무 세속적으로 치우치지 말고 명산대천을 여행하며 마음을 수양하면 좋은 운이 찾아온다. 이사나 가게 이전이나 여행은 즐거운 여행이 된다. 마음놓고 즐기다 돌아온다. 대부분의 원하는 것이 이루어진다. 길운이다. 수양과 적선을 많이 하라.

243운 | 유비무한의 교훈을 잊지 말아야 한다

7월 | 일심불변 소원성취(一心不變 所願成就)의 운이다.

일심이 불변이면 소원을 성취한다. 즉 목적을 향한 그 마음 하나가 변하지 말아야 좋은 운은 받는다. 일심불변이면 만사가 형통이니 부러울 것이 없다. 사업가는 크게 투자하면 이익이 많고 거래처를 확장하면 크게 성장한다. 만사가 형통하니 기뻐하면 강하게 전진하라. 미래가 밝다. 90% 성사한다. 전진하라.

8월 | 동고동락 공생공영(同苦同樂 共生共榮)의 운이다.

함께 고생하고 함께 영화를 누린다. 행복한 가정이다. 단체의 사람들 즉 상사나 부하와 함께 고생하고 함께 즐기면 좋은 운을 받는다. 운은 항상 길흉으로 변화가 된다는 것을 명심해야 한다. 주야로 변화가 일어나고 사시사철로 변화를 하는 것이 운이다. 내실을 더욱 단단하게 하며 유비무한을 생각해야 한다.

9월 | 산천대축 재물충만(山天大蓄 財物充滿)의 운이다.

즉 재물이 산처럼 하늘에 닿을 만큼 많이 쌓여가니 재물이 충만이다. 크게 길하다. 운이 크게 열려 있으니 자신이 노력하면 분명히 성공한다. 그러나 서서히 부드럽게 추진함이 좋다. 맹목적으로 강행하면 실패한다. 사람이 모두 당신을 우러러보니 기쁘다. 90% 길운이다. 운이 좋을 때 적선을 많이 하면 흉운이 없다.

10월 │ 항시예방 마장불침(恒時豫防 魔障不侵)의 운이다.

항시 예방하면 마장이 침범하지 못한다. 마장이 침범하지 않으니 가장 행복하고 무난하다. 길한 중에 흉함을 잊지 않는다면 언제나 길함이 따른다. 부귀영화가 충만하니 즐겁다. 다음에 닥칠 흉운을 대비하여 비상금을 준비해 두는 것이 유리하다. 유비무한의 교훈을 잊지 말아야 진정한 도인이며 군자의 처사다.

11월 │ 의견차이 동문서답(意見差異 東問西答)의 운이다.

상대방과 의견이 차이가 나니 동쪽을 묻는데 서쪽을 대답한다. 지금은 서로가 묻는 말에 엉뚱한 대답을 듣는다. 거래처와 의견차이로 동문서답이 된다. 그러나 운세는 길하다. 천지의 이치가 정상에 오르면 반드시 내려가는 것이다. 이제는 서서히 내려갈 준비를 하라. 어떻게 하면 명예롭게 물러날 것인가를 생각해야 한다.

12월 │ 득부실부 피차일반(得斧失斧 彼此一般)의 운이다.

얻은 도끼나 잃어버린 도끼나 비슷비슷하여 피차일반이다. 즉 새로 구입한 물건이나 전에 쓰던 물건이 별로 차이가 없다. 또 새로 채용한 사람이나 물러간 사람이 비슷비슷하다. 사업관계로 인하여 이성적 교제가 있다. 달콤한 연애는 아니다. 불륜의 연애가 될 수 있으니 주의하라. 수입은 많으나 지출도 많다.

244운 | 과감하게 밀고나가면 목돈을 잡는다

7월 | 은혜충만 만사형통(恩惠充滿 萬事亨通)의 운이다.

은혜가 충만하니 만사가 형통하다. 이익이 나타나는 90%이상 길운이다. 재물의 횡재가 생기고 많은 이익이 나타난다. 사업가는 투자를 하고 주식은 상승하는 종목을 매수하여야 한다. 좋은 운이기 때문에 약간의 투기나 위험이 닥쳐도 과감하게 밀고 나가면 목돈을 잡을 수 있다. 완전히 장악할 때까지는 방심하지 말라.

8월 | 동주상구 근연상생(同舟相救 近緣相生)의 운이다.

위급할 때는 가까이 있는 사람이 서로 도와주는 법이니 가까이 있는 사람과 좋은 인연을 맺어라. 그러니 주변 사람들과 원수를 맺지 말고 좋은 인연을 만들어야 무슨 일을 하더라도 수월하다. 이 달은 고속도로를 달리는 것과 같이 운이 순조롭다. 너무 신중하면 오히려 이익을 놓칠 수가 있다. 용기가 필요하다.

9월 | 인자무적 불인다적(仁者無敵 不仁多敵)의 운이다.

어진 자에게 적이 없고 어질지 못한 자에게 적이 많다. 적이 있다는 것은 아직 당신은 수양이 부족하여 어질지 못하다는 증거다. 수양을 많이 하여 어진 마음을 가지면 크게 이롭다. 교섭을 잘 하면 이익이 많다. 이 달은 노력하면 두 배로 성공한다. 그러나 서서히 부드럽게 추진함이 좋다. 맹목적으로 강행하면 실패한다.

10월 │ 용의주도 안전제일(用意周到 安全第一)의 운이다.

 즉 마음의 준비가 두루 미쳐 빈틈이 없다. 매사에 안전함이 제일
이다. 지금은 용의주도하게 처신하면 부귀영화가 충만하다. 마치
꿈을 꾸는 듯이 즐거운 부귀영화다. 돈과 재물의 운을 보니 사업이
순조로우며 돈도 따른다. 무리하게 투자하면 일시적으로 융통이 막
히나 곧 회복된다. 분수 밖의 이익을 구하지 말라.

11월 │ 동상이몽 동행불리(同床異夢 同行不利)의 운이다.

 같은 잠자리에서 다른 꿈을 꾸는 사람과 동행하면 불리하다. 겉으
로는 같은 행동을 하면서도 속으로는 각각 딴 생각을 하고 있다.
지금은 당신과 거래처와의 관계가 동상이몽이니 신중해야 한다. 계
속 동행하면 불리하다. 안전할 때 미리 준비하고 예방하면 항상 즐
거운 인생을 보낼 수 있다. 유비무환이다.

12월 │ 인심난측 제인불신(人心難測 諸人不信)의 운이다.

 사람의 마음은 측량하기 어려우나 아무도 믿지 말라. 즉 사람들의
마음은 헤아리기 어려우니 누구를 믿어야 할까. 아무도 믿을 사람
이 없다. 밖의 적을 두려워하기보다 내부에 배신자를 더 경계해야
화근을 막는다. 남의 일로 고민도 많이 한다. 벌려놓은 사업체를 정
비하고 수습을 해야 한다. 90% 이상 길하다.

245운 | 누구나 자기의 그릇 크기가 정해져 있다

7월 | 삼재팔난 예방상책(三災八難 豫防上策)의 운이다.

삼재팔난과 같은 흉운은 예방하는 것이 상책이다. 즉 상책은 곧 예방이다. 운이 평안하고 길하나 항상 좋은 것만 아니다. 안전 할 때 다음에 닥칠 환난을 잘 예방하면 무서운 삼재팔난의 환난도 가볍게 지나간다. 운이 태평성대이니 마음이 기쁘고 원하는 일들이 순풍에 돛을 단 듯 잘 진행된다. 좋은 친구를 얻는다.

8월 | 재가안전 출즉불리(在家安全 出則不利)의 운이다.

집에 머물면 안전하고 외출하면 불리하다. 외출하지 않고 조용히 집안에 머물면 이롭고 걱정 근심할 것이 없지만 출장이나 밖에 나가면 불리한 일이 발생한다. 지금의 상태는 사업이나 금전이나 모두 잘 진행된다. 운이 이미 최상의 자리에 올랐다. 더 이상 과욕을 부리지 말고 이런 상태를 좀더 연장하려고 노력하라.

9월 | 인모난측 신중대처(人謀難測 愼重對處)의 운이다.

즉 간사한 사람의 못된 계책은 헤아리기 어려우니 매사에 경계하고 신중하게 대처하는 수밖에 없다. 업무상의 거래도 좋은데 방심하면 안 된다. 매사에 신중하고 방심만 하지 않는다면 평안함을 오래 동안 보존할 수 있다. 상대방은 위험한 사람이다. 타락한 세상 속에 함께 살아가자면 의심과 경계를 하지 않을 수 없다.

10월 │ 제사만족 항상풍족(諸事滿足 恒常豊足)의 운이다.

 즉 모든 일에 만족하면 항상 풍족하게 산다. 지금의 상태에 만족하고 내실을 기해야 한다. 토지와 인연이 좋고 현금도 원만하게 잘 돌아가니 좋다. 연애운이나 결혼운도 아주 좋다. 두 사람은 마음이 통하여 열정이 계속되고 있다. 눈치보지 말고 자신의 속마음을 고백하라. 용기가 있으면 사랑을 차지한다.

11월 │ 등화가친 독경수양(燈火可親 讀經修養)의 운이다.

 즉 등불과 가까이 즉 독서를 하면 이로운데 독경이 가장 좋은 수양이다. 성현의 경전을 독서하면서 마음을 수양하고 자신을 뒤돌아본다면 이로움이 많다. 집안에 경사가 생기고 만사가 형통하니 행복이 충만하다. 길운이 돌아왔을 때 공덕을 쌓고 흉운을 대비할 줄 알아야 처세를 아는 군자다. 경전 속에 진리가 있다.

12월 │ 인면수심 의심경계(人面獸心 疑心警戒)의 운이다.

 즉 상대자는 얼굴은 사람이지만 속마음은 짐승이다. 때문에 잘못 거래하면 크게 사기를 당한다. 의심하고 경계하며 다시 한 번 더 살펴볼 필요가 있다. 운이 비록 좋아도 분수를 지켜야 한다. 사람은 누구나 자기의 그릇 크기가 정해져있다. 그릇의 크기를 분수라 한다. 분수를 넘치면 복이 재앙으로 변한다.

7월 | 지은보은 감사만족(知恩報恩 感謝滿足)의 운이다.

은혜를 알고 보은하며 감사하고 만족하라. 주변에 여러 사람들로 부터 입은 은혜를 생각하며 보은하고 감사하면 좋은 운이 속히 온다. 모든 일이 순조로운 운이니 즐겁다. 열심히 일하면 할수록 응당의 대가가 얻어질 것이니 쉬지 말고 부지런히 일하라. 그러나 과욕은 금물이다. 호사다마란 말이 있다. 물건을 얻는다.

8월 | 막상막하 양처무난(莫上莫下 兩處無難)의 운이다.

막상막하이지만 양처가 무난하다. 두 곳에 거래처 중에 어느 쪽을 선택해야 좋을지 고민중이지만 실은 낫고 못하고를 가리기 어려울 만큼 서로 차이가 거의 없다. 당신의 운이 90%이상 길하여 어느 쪽을 선택해도 무방하고 무난하다. 현재 가진 것에 만족하고 분수를 지키면 만사가 형통한 시기다. 길운이니 전진하라.

9월 | 인과응보 적선공덕(因果應報 積善功德)의 운이다.

과거에 적선한 원인 있기 때문에 오늘날 부귀영화를 얻는 결과가 있다. 이 달은 산처럼 재물이 많이 모이니 크게 즐겁다. 그러나 서서히 부드럽게 추진함이 좋다. 운은 좋으나 방심은 절대금물이다. 대부분의 화근은 사람들이 방심해서 일어난다. 승리의 영광을 완전히 손안에 넣을 때까지는 신중해야 한다.

10월 │ 가내화락 제사순성(家內和樂 諸事順成)의 운이다.

부귀영화가 집안에 들어오니 가내가 화락하며 모든 일이 순조롭게 잘 이루어진다. 금전운이 좋으니 사업도 순조로우며 돈도 많이 따른다. 단 수입이 많은 대신 지출도 많다. 상업인에게는 일시적으로 융통이 막히나 곧 회복된다. 평소에 비상금을 많이 저축 해 두었다면 이러한 시기에 요긴하게 사용했을 것이다.

11월 │ 만경창파 욱일승천(萬頃蒼波 旭日昇天)의 운이다.

한없이 넓은 바다나 호수의 물결 같은 운인데 태양이 힘차게 솟아오른다. 운이 전성시대를 맞이하니 대길하다. 크게 강한 운이니 강건하고 정상에 오른 형세이다. 천지의 이치가 정상에 오르면 반드시 내려가는 것이니 자만과 방심은 금물이다. 태양이 중천에 솟으면 서서히 서쪽으로 기운다. 흉운을 예방하라.

12월 │ 이구동성 다인충고(異口同聲 多人忠告)의 운이다.

여러 사람의 말이 한결같다면 충고라고 생각해야 한다. 이구동성을 많은 사람들의 충고라고 생각하고 따르면 후회할 일이 없다. 서서히 내려갈 준비를 해야 한다. 높이 오르면 오를수록 자기의 아래를 살펴야 한다. 자기를 살피고 돌아보면 설사 높은 지위에 올라도 허물이 없다. 충고를 무시하면 후회할 일이 발생한다.

247운 | 노력하지 않아도 남의 돈이 내 돈 된다

7월 | 수희공덕 악심소멸(隨喜功德 惡心消滅)의 운이다.

즉 남이 좋은 경사를 만났을 때 시기질투를 하지말고 따라서 함께 기뻐해 주는 것이 수희공덕이다. 소인배들은 사촌이 논을 사면 배가 아프다. 사람은 누구나 시기질투의 악심을 소멸해야 군자다. 군자는 사촌이 논을 사면 마치 자신이 산 것처럼 기뻐한다. 수희공덕을 쌓는다면 90% 운이 대길하고 성공한다.

8월 | 만고불멸 소원성취(萬古不滅 所願成就)의 운이다.

오랜 세월을 두고 길이 없어지지 않는다. 때문에 소원성취를 이룬다. 즐겁고 희망이 넘친다. 사업가는 억만장자가 되는 길운이다. 지금까지 수고한 이상의 행운이 따르는 대길운이다. 차를 운전하는 사람이 좁은 산길을 벗어나 고속도로를 만나 신나게 달린다. 사업가는 강하게 투자하고 연애는 뜨거운 열정이다.

9월 | 은인자중 지하적복(隱忍自重 地下積福)의 운이다.

즉 괴로움을 참고 몸가짐을 신중히 하면 이롭다. 은인자중하며 보이지 않는 지하에 복을 많이 쌓아두면 이롭다. 재물이 산처럼 많이 모이고 흉운이 변하여 길운이 된다. 만사가 형통하니 자신감을 가지고 다음에 돌아올 흉운을 대비한다면 군자다운 처사이다. 은인자중하고 지하적복하면 복을 오래 동안 지닐 수 있다.

10월 | 복성임조 출세승진(福星臨照 出世昇進)의 운이다.

즉 복을 주는 별이 당신을 비추고 있다. 때문에 이 달은 출세하고 승진하는 좋은 운이다. 운을 보니 재물운이 90%이상 퍽 좋다. 손에 천금을 잡는 대길운이니 복권이라도 사라. 복성(福星)이 당신을 비추고있으니 노력하지 않아도 남의 돈이 내 돈 된다. 좋은 기회가 왔을 때 우왕좌왕하지 말고 한 몫을 단단히 잡아라.

11월 | 만단수심 타사방심(萬端愁心 他事放心)의 운이다.

즉 남의 일로 말미암아 여러 가지의 근심과 걱정 온갖 시름이 따르니 다른 사람의 일은 참견하지 말고 방심하라. 이 달은 남의 일에 간섭을 하지 말라. 남의 일에 간섭하지 말고 자신의 일에 전진한다면 하반기 운은 90%이상 대길하여 부귀영화가 충만하니 즐겁다. 운이 상승을 타고 있으니 투자하면 이익이 많다.

12월 | 청풍명월 유유자적(淸風明月 悠悠自適)의 운이다.

시원한 바람과 밝은 달이 높이 떠올랐으니 속세를 떠나 아무것에도 속박되지 않고 자기하고 싶은 대로 한가하게 세월을 보내면 이롭다. 가만히 있어도 당신이 원하는 소원은 이루어진다. 취직의 운을 보니 좋은 직장에 입사한다. 시험의 운을 보니 합격만세다. 하늘의 기후를 보니 맑은 날씨다. 만사가 형통하다.

248운 | 투자를 늘리고 전진하면 이익이 많아진다

7월 | 진리활용 사리총명(眞理活用 事理聰明)의 운이다.

즉 진리를 머리로만 알지 말고 실생활에 활용을 해야 이롭다. 일과 이치에 총명한 지혜를 가지면 재물을 많이 얻는다. 진리를 활용하면 이익이 많아진다. 메뚜기도 6월 한 철이라 했다. 좋은 운은 오래 계속되는 것이 아니니 기회가 왔을 때 많이 벌어 놓아야 한다. 진리를 활용하면 가장 빠르게 출세한다. 지혜를 개발하라.

8월 | 정면승부 속전속결(正面勝負 速戰速決)의 운이다.

정면으로 승부를 걸어야 이익이 많다. 또 좋은 결과를 빨리 본다. 속전속결이다. 누구에게 청탁할 일이 있다면 제3자를 내세우지말고 자신이 직접 만나서 단판을 짓는 것이 유리하다. 이 달은 90%이상 좋은 운이다. 전진하면 할수록 발전할 수가 있다. 길운에 너무 자중하거나 우왕좌왕하면 기회를 상실한다.

9월 | 유야무야 용두사미(有耶無耶 龍頭蛇尾)의 운이다.

이것도 아니고 저것도 아니고 흐지부지하게 지나간다. 용두사미다. 소리만 요란하고 실속은 없다. 재물이 산처럼 많이 모이는 것처럼 보이지만 실속은 허망하다. 교섭을 잘 하면 이익이 많다. 노력에 따라서 크게 전망될 입장이다. 교섭운도 좋은데 너무 방심하면 불리하다. 정확한 계산과 서류로 남기는 계약이 필요하다.

10월 │ 열정연애 수위조절(熱情戀愛 水位調節)의 운이다.

 연애운을 보니 연애가 순조롭고 불꽃이 튀는 열열한 사랑이다. 그러나 너무 사랑에 빠지면 불리하므로 적당한 수위 조절이 필요하다. 부귀영화가 충만하니 즐겁다. 돈과 재물의 운을 보니 토지와 인연이 좋고 현금운도 좋다. 투자운이 좋으니 좋은 종목에다 과감하게 투자를 하라. 사업가는 투자하고 확장을 해도 좋다.

11월 │ 만시지탄 후회막급(晚時之歎 後悔莫及)의 운이다.

 즉 시기에 뒤늦었음을 원통해 하는 탄식소리가 들리는데 후회를 해도 돌이킬 수 없다. 조금만 빨리 깨달았다면 좋은 기회를 얻었을 것이다. 그러나 아직 늦지 않았다. 운이 아직도 길하여 부귀영화를 누린다. 지금부터 시작해도 늦지 않다. 결혼운을 보니 중매결혼이나 연애결혼이나 모두 성사된다. 건강이 좋아진다.

12월 │ 노이무공 업장소멸(勞而無功 業障消滅)의 운이다.

 즉 노력은 해도 공로가 없는데 그 이유는 업장소멸 때문이다. 열심히 수고를 해도 공로가 없으니 마음이 아프다. 재주는 곰이 부리고 돈은 엉뚱한 놈이 가져간다. 그러나 천지의 이치가 인과응보이니 걱정하지 말고 계속하여 노력하면 좋은 결과를 얻게 된다. 크게 보면 손해를 보는 것이 아니고 빚을 갚는 것이다.

251운 | 대화로 잘 진행하면 순조롭게 풀린다

7월 | 절대확신 염력강화(絕對確信 念力强化)의 운이다.

즉 성공한다고 하는 절대적인 확신을 가지고 노력한다면 만 가지의 난관을 돌파하고 승리한다. 그러기 위해서는 염력을 강화시켜야 한다. 정신적인 면은 강화시키고 물질적인 면은 현상유지에 만족하라. 밖이 문제가 아니라 내부에 문제가 생겼다. 염력강화로 내부를 정비하라. 한바탕의 태풍이 지나간 상태이다.

8월 | 만신창이 각자도생(滿身瘡痍 各自圖生)의 운이다.

온몸이 성한 데가 없이 상처투성이가 되는 어려움이나 사람은 각자 살아가는 묘책이 있다. 불리하다. 마음과 생활에 혁명을 일으키고 개혁을 해야 한다. 내부에 있는 문제점을 찾아내어 불의를 제거하고 정리정돈을 해야 한다. 공사를 잘 구분하여 기력을 회복하고 순리적으로 나가면 천지신명이 도와준다.

9월 | 생자필사 최악염두(生者必死 最惡念頭)의 운이다.

즉 살아 있는 자는 반드시 죽는 법이니 항상 최악의 상태를 머리에 염두해 두어야 한다. 때문에 사업가는 항상 최악의 상태를 생각하며 준비를 하고 예방을 한다면 항상 행복할 수 있다. 목적을 향해 나가는 도중에 장벽에 봉착한다. 이 때는 만나서 대화로써 풀어 나가야 한다. 무리하게 전진하면 역효과를 낸다.

10월 | 근신유리 자력양성(勤愼有利 自力養成)의 운이다.

집안에서 조용히 근신하며 자력을 양성하면 이롭다. 겸손하고 양보하면 사람이 도와준다. 사업운을 보니 과감하게 전진하지 말고 인망을 얻어야 한다. 겸손한 자세로 대화로써 잘 진행하면 의외로 순조롭게 풀린다. 거래처를 만나 대화를 나누면 길이 열린다. 스스로 강하지 못하면 생존경쟁에서 살아남지 못한다.

11월 | 화복불분 대화명심(禍福不分 大禍銘心)의 운이다.

즉 들어오는 것이 재앙인지 복인지 구분이 어려우면 바로 큰 재앙임을 명심하라. 이 달은 앞이 불분명하니 사업의 진행을 서행함이 좋다. 자기보다 강한 세력에 화합하면 이익을 얻는다. 사업의 발전이 서행하니 마음이 안타깝다. 연애운을 보니 다정하게 대화를 나누면 의외로 열정이다. 인정이 넘치는 선물을 주면 좋다.

12월 | 능자다로 다로즉복(能者多勞 多勞則福)의 운이다.

능력 있는 사람은 고생이 많다. 그러나 고생을 많이 하면 그것이 바로 복이다. 일을 잘하므로 필요이상의 일을 한다. 적선이라 생각하고 열심히 일하면 이롭다. 사업운이 불리하니 관망함이 유리하다. 운이 불리하니 수고를 해도 허송세월이다. 이사나 가게 이전이나 여행은 삼가는 것이 좋다. 동업자와 친근하라.

252운 | 새로운 좋은 법으로 개혁해야 한다

7월 | 멸사봉공 대의명분(滅私奉公 大義名分)의 운이다.

즉 사심을 버리고 공적으로 나서는 대의명분을 세우면 사람들이 따르고 이롭다. 과거의 잘못된 내용을 혁신하고 새로운 좋은 법으로 개혁해야 한다. 이때는 혁명하는 충분한 명분이 필요한데 즉 멸사봉공이다. 정당한 명분을 세우고 강하게 전진하면 목적하는 바를 성취한다. 임금이 정의로우면 신하들이 충성한다.

8월 | 체제개편 조직강화(體制改編 組織强化)의 운이다.

경영자는 체제를 대폭적으로 개편하고 조직을 강화해야 어려움에서 벗어나고 살아남는다. 돈과 재물의 운을 보니 현상유지에 만족하라. 그리고 추진하는 일은 비용을 너무 아끼지 말아야 성사된다. 몸에서 썩은 부분을 그냥 두면 목숨이 위태롭게 된다. 대수술을 해야 길이 열린다. 소화기 계통의 질병이 따른다.

9월 | 유리걸식 문전박대(遊離乞食 門前薄待)의 운이다.

정처 없이 떠돌아다니며 빌어먹을 흉한 운이니 찾아가면 문전박대를 당한다. 새로운 거래처를 찾아가면 거지취급을 당한다. 기력이 많이 쇠진한다. 우선 기력부터 양성하라. 마음과 생활에 희망적인 혁명을 일으키고 개혁을 해야 한다. 이사나 가게 이전이나 여행은 흉하다. 귀인을 찾고자한다면 한적한 곳에 있다.

10월 │ 무아봉사 무념포시(無我奉仕 無念布施)의 운이다.

자기를 내세우지 말고 봉사해야 이롭다. 다시 돌려 받겠다고 하는 상업적인 적선보다는 아무 이유 없이 적선하라. 말없이 묵묵히 수고하고 봉사하면 다시 개운이 된다. 신규사업을 하지 마라. 사업을 시작하면 고전한다. 연애운을 보니 연애가 열열하지 못하다. 흐지부지하면 이것으로 끝나기 쉬우니 서로 힘써야 한다.

11월 │ 광명천지 속세탈출(光明天地 俗世脫出)의 운이다.

천지가 밝고 명랑하니 속세를 탈출하여 자연을 찾아라. 시원한 바람과 밝은 달이 보인다. 골치 아픈 세속을 벗어나 조용히 시원한 바람과 밝은 달을 벗하며 잠시 휴식을 취하면 이롭다. 운이 불리하니 수고를 해도 허송세월이다. 모든 일은 수동적 자세에서 소극적이면 길하다. 작은 돈은 들어오나 큰 돈은 어렵다.

12월 │ 유유상종 동기상통(類類相從 同氣相通)의 운이다.

즉 같은 동아리끼리 서로 오가며 사귄다. 같은 기운끼리 서로 통한다. 지금 당신과 거래하고 있는 거래처나 상대자도 당신과 마찬가지로 모든 면에서 당신과 비슷한 처지에 놓여있다. 때문에 당신 자신을 보면 상대자의 형편을 알 수 있다. 이 달은 반길반흉의 유순한 운이다. 대세의 흐름에 순종하면 길하다.

253운 | 자동차 바퀴가 펑크나 굴러가지 못한다

7월 | 이타공덕 무아봉사(利他功德 無我奉仕)의 운이다.

남에게 이익이 돌아가도록 공덕을 쌓아야 이롭다. 자신을 감추고 봉사를 해야 진실한 봉사다. 운은 반길반흉한 운이나 만사가 시원하지 못하다. 마치 자동차에 바퀴가 하나가 펑크가 난 것과 같이 제대로 굴러가지 못한다. 화근이 일어나기 전에 예방하고 준비하면 사고는 없다. 현상유지에 만족하라. 서행으로 발전한다.

8월 | 기사회생 정신수습(起死回生 精神收拾)의 운이다.

죽음에서 일어나 다시 살아나는 운이니 정신을 수습하라. 즉 먼저는 고통이 따르지만 시간이 지나면 즐거움이 온다. 지금은 바퀴가 고장난 입장이다. 때문에 고장난 바퀴를 수리하여 가야 한다. 다소 시간이 걸린다하더라도 고쳐서 가야 한다. 개혁을 하려고 하나 이론과 현실의 차이 많다. 매사에 순리적으로 전진하라.

9월 | 유구무언 묵중언행(有口無言 默重言行)의 운이다.

즉 입은 있으나 말이 없다. 지금은 침묵함이 제일 길하다. 이 달은 60% 길하다. 신규로 사업을 시작하나 순조롭지 못하다. 전근이나 이사는 질병으로 인하여 영업의 진행에 장해물이 생긴다. 사기꾼이 접근하여 오니 경계하고 유혹에 말려들지 말아야 한다. 사기만 당하지 않으면 크게 성공하는 좋은 기회다.

10월 │ 충고감사 감언경계(忠告感謝 甘言警戒)의 운이다.

충고를 감사한 마음으로 받아 드린다면 크게 이롭고 반대로 달콤한 유혹의 말은 경계해야 한다. 출발의 시기이지만 아직 운은 반길 반흉한 운에 머물러 있다. 혼자서 밀고 나가지 말고 선배나 경험자의 조언을 받아라. 타인과 협동을 하며 겸손하고 양보하면 희망이 보인다. 아직 사업에 어려움이 많다. 서서히 전진하라.

11월 │ 자화자찬 자기찬미(自畵自讚 自己讚美)의 운이다.

즉 자기의 그림을 보고 자기가 칭찬한다. 자기가 자기를 칭찬하면 운이 가장 빨리 개운된다. 자기를 무시하지 말고 자기가 자신을 격려하며 자신감을 가져야 한다. 하반기 운은 집에 조용히 머물러 있으면 제일 안전하고 움직이면 불리하니 서행하거나 일보후퇴하라. 느긋하게 참고 인내하고 노력하면 해결이 된다.

12월 │ 내우외환 자경자생(內憂外患 自警自生)의 운이다.

국내의 걱정스러운 사태와 또 외국과의 사이에 일어난 어려운 사태이다. 스스로 경계하면 스스로 살아남는다. 경계함이 없으면 스스로 멸망한다. 즉 안팎으로 근심거리가 생겼다. 운을 보니 천리마가 도중에 다리에 병이 나서 걷지 못하는 입장이다. 억지로 돌파하려고 무리하게 전진하지 말고 잠시 휴식을 취하라.

254운 | 매사에 신중하면 미끼에 걸리지 않는다

7월 | 호구입지 위기일발(虎口入地 危機一髮)의 운이다.

눈앞에 닥친 위기의 순간이다. 사기꾼이 쳐놓은 올무에 걸렸다. 호랑이 입 속에 들어간 입장이다. 그러나 호랑이에게 물려가도 정신만 차리면 산다. 지금은 사방팔방에서 사기꾼의 유혹이 따르는 운이다. 감시하고 관찰을 해야 한다. 거래하는 상대자를 한 번 더 의심해 보고 두 번 세 번 경계해야 한다. 거래를 대부분 중지하라.

8월 | 종심운동 주인즉심(從心運動 主人則心)의 운이다.

마음을 따라 운은 움직이니 운의 주인은 바로 사람의 마음이다. 즉 마음에 변화가 일어나지 않으면 운도 일어나지 못한다. 이 달은 크게 사기를 당하거나 함정에 빠질 수가 있다. 돌다리도 두들겨 보고 건너는 심정으로 살피고 점검해야 한다. 매사에 신중하면 미끼에 걸리지 않는다. 상식 밖의 일은 대개 위험하다.

9월 | 목불식정 불학무식(目不識丁 不學無識)의 운이다.

즉 낫 놓고 ㄱ 자도 모르는 불학무식한 사람의 입장이다. 실수하기 쉬우니 선배나 상사에게 조언을 받아야 이롭다. 거래처를 잘 살피지 않으면 사기를 당한다. 사기꾼은 호시탐탐 노리고 있다. 사업계획이 있다면 일단 다시 한 번 살펴보아야 한다. 분명히 큰 속임수에 걸려있을 것이다. 속임수만 잘 모면한다면 성공한다.

10월 │ 원교근공 생존전략(遠交近攻 生存戰略)의 운이다.

즉 멀리 사람과 우호를 맺고 가까운 이웃을 치는 작전이 생존의 전략이다. 같은 업종의 이웃과는 경쟁이 심하다. 때문에 멀리 있는 이웃과 우호를 맺어야 한다. 언행이 일치하지 않는 사람과는 상대하지 말라. 그는 위험한 도적이다. 비록 흉운이지만 의식주의 해결은 걱정 없다. 정면 승부는 피하고 우회적이 유리하다.

11월 │ 강세화합 생존묘수(强勢和合 生存妙數)의 운이다.

즉 자기보다 강한 세력에 화합하는 것이 이익을 얻고 살아남는 묘수다. 세상은 약육강식의 법칙이 엄격하다. 사업의 발전이 서행하니 마음이 안타깝다. 거래운을 보니 상대방은 이중인격자이다. 교섭운을 보니 교섭은 뒤로 미루고 좀더 깊이 관찰할 필요가 있다. 건강의 운은 원기가 허하여 좀처럼 회복이 되지 않는다.

12월 │ 묘두현령 탁상공론(猫頭縣鈴 卓上空論)의 운이다.

즉 고양이 목에 방울 달기다. 실현하기 어려운 탁상공론만 분분하다. 운이 불리하니 수고를 해도 허송세월이다. 가벼운 여행은 좋으나 이사나 이전은 금물이다. 정신적인 부분은 이루어지나 물질적인 부분은 이루어지지 않는다. 하늘의 절반은 흐리고 절반은 맑다. 말이나 계획만 무성하고 이루어지는 것은 적다.

255운 | 남의 뒤에서 일하는 것이 안전하고 좋다

7월 | 자력생활 독립정신(自力生活 獨立精神)의 운이다.

자기 스스로의 힘으로 생활을 하려고 노력하며 독립정신을 기르면 개운이 된다. 반길반흉한 운인데 안전을 위해 사전에 미리 예방하고 준비하는 것이 좋다. 비상금을 많이 저축해 둔다면 흉운을 만나도 문제가 없다. 조용히 집에서 근신하면 안전하고 밖으로 나가면 불리하다. 남의 뒤에서 일하는 것이 안전하고 길하다.

8월 | 애매모호 동서불분(曖昧模糊 東西不分)의 운이다.

만사가 분명하지 않고 희미하니 동인지 서인지 분간이 어렵다. 운의 흐름이 애매모호하니 어디에 중점을 두어야 할지 모른다. 하반기 운은 썩 좋지는 않다. 현상 유지하는 것으로 만족하고 내부에 문제점이 없는지 점검하고 부실한 곳은 정비해야 한다. 강한 세력 앞에서는 순종하고 화합하면 이롭다.

9월 | 운집무산 동분서주(雲集霧散 東奔西走)의 운이다.

즉 구름처럼 모였다가 안개처럼 사라지니 바쁘기만 할 뿐 결과적으로는 아무것도 아닌 허망한 운이다. 가을 겨울의 60%만 길하다. 기력이 쇠약하여 마음이 원하는 대로 몸과 주변 환경이 잘 따르지 않는다. 새로운 혁명을 하고 개혁을 원하지만 마음뿐이고 현실적으로는 발전이 어렵다. 바쁘기만 하고 실속은 없다.

10월 │ 신진대사 송구영신(新陳代謝 送舊迎新)의 운이다.

묵은 것이 없어지고 새것이 대신 생긴다. 따라서 구식은 보내고 신품을 맞이해야 한다. 또 새로운 신규사업을 하거나 아니면 새로운 일을 시작한다. 또 새로운 애인이 나타나 새로운 열정적인 연애를 한다. 새로운 친구가 나타난다. 가는 말이 고와야 오는 말이 곱다. 당신이 먼저 성실함을 보여주어야 한다.

11월 │ 무릉도원 수분각도(武陵桃源 守分覺道)의 운이다.

무릉도원에 들어가니 즐거운데 분수를 지키고 도를 깨달아야 한다. 현실은 어렵지만 이상은 행복하다. 때문에 말이나 정신적인 부분은 잘 이루어지지만 현실적이며 물질적은 부분은 막힘이 많다. 신중해야 한다. 작은 일이라도 작전을 세우고 계획을 잘 짜야 실패하지 않는다. 모든 일은 수동적 자세로 나가면 길하다.

12월 │ 우후죽순 우왕좌왕(雨後竹筍 右往左往)의 운이다.

비 온 뒤에 죽순이 솟아나니 우왕좌왕한다. 즉 좋은 일들이 갑자기 많이 일어난다. 갑자기 좋은 일이 발생하니 우왕좌왕하기도 한다. 이 달은 유순한 운이다. 대세의 흐름에 온유하고 순종하면 길하고 고난이 없다. 건강도 좋아지고 돈도 많이 들어오고 학생은 합격한다. 우왕좌왕하지 말고 시대의 흐름에 적응하라.

256운 | 독불장군은 불리하고 화합하면 성공한다

7월 | 객우경계 향우화합(客友警戒 鄕友和合)의 운이다.

객지에서 만난 친구를 경계하고 고향의 친구들과 화합을 하면 이롭다. 이 달은 조금 후퇴하는 운이다. 운이 불리하니 작전상 일보후퇴를 해야 한다. 사방에 적들이 노리고 있으니 매사신중에 신중해야 한다. 시험의 운을 보니 하향지원하면 가능하다. 향우들과 화합하면 막힌 운이 풀린다. 사업운은 50%만 성공한다.

8월 | 무상무념 영생자각(無想無念 永生自覺)의 운이다.

모든 사심(邪心)이나 잡념을 다 버리고 무아(無我)의 경지에 들어가 영생을 자각하면 이롭다. 은둔하고 자중하면 화를 면한다. 일보후퇴함은 다음에 일보전진하기 위함인 것이다. 머리 위로 큰 태풍이 지나가는 흉운이다. 현재에 만족하고 계절이 바뀌기만을 기다려야 한다. 진리를 깨달으면 운이 급속히 개운된다.

9월 | 우이독경 독불장군(牛耳讀經 獨不將軍)의 운이다.

쇠귀에 경 읽기다. 즉 당신이 지금은 열심히 설명하고 노력해도 상대방은 고집불통이며 독불장군이라 말이 통하지 않는다. 독불장군은 불리하고 타인과 화합하면 성공한다. 사업운을 보니 자영업은 남의 협조를 얻어야 안전하다. 자신에게도 문제가 있다. 강압적인 것보다는 따뜻한 사랑으로 상대방의 마음을 녹여야 한다.

10월 │ 근신유리 출즉다손(謹愼有利 出則多損)의 운이다.

집안에서 조용히 근신하면 이롭고 밖에 나가면 불리하며 손실이 많다. 겸손하고 양보하면 사람이 도와준다. 이 달은 앞이 불분명하니 진행을 서행함이 좋다. 돈과 재물의 운을 보니 자신에게 허점이 많아 의외로 많은 지출로 고민한다. 지금 외롭고 허전해도 참아야 한다. 열정이 점점 식어지니 재충전이 필요하다.

11월 │ 무위도식 백해무익(無爲徒食 百害無益)의 운이다.

하는 일이 없이 먹고 놀기만 하면 백해무익이다. 때문에 자신의 계획을 잠시 접고 자기보다 강한 세력에 화합하면 이익을 얻는다. 사업의 발전이 서행하니 마음이 안타깝다. 소화기 기억상실증 정신관계 등의 질병을 주의할 것이다. 잃어버린 물건은 어디에 두었는지 기억이 없다. 자기가 할 일을 찾아서 노력하라.

12월 │ 우도할계 과민반응(牛刀割鷄 過敏反應)의 운이다.

닭을 잡는데 소 잡는 큰칼을 쓴다. 신경이 지나치게 애민하여 반응이 심하다. 실상은 아무것도 아닌 작은 일인데 큰 일처럼 소란이 일어난다. 운이 불리하니 수고를 해도 허송세월이다. 소원의 운을 보니 환경이 애매하여 성사되는 일이 없다. 탈출구는 가까운데 있으나 인연이 없어 만나지 못한다. 심신을 안정하라.

7월 | 경천애인 도리성실(敬天愛人 道理誠實)의 운이다.

하늘을 공경하고 사람을 사랑하는 것이 도리에 성실한 것이다. 길을 가다가 그만 밤이 되니 길이 보이지 않는다. 서행할 수밖에 없다. 사방이 캄캄하니 움직이면 불리하다. 움직이지 말고 고정된 상태에서 다시 아침이 될 때까지 기다려야 한다. 경천애인의 마음을 가지면 귀인이 도와준다. 도리에 성실하면 길이 열린다.

8월 | 무의무탁 지위확보(無依無托 地位確保)의 운이다.

어디에도 믿고 의지할 곳이 없다. 지위를 확보하라. 자리가 없으면 천대를 받는다. 인간 세상에는 믿을 곳이 없다. 믿을 곳이란 오직 저 하늘뿐이다. 사람을 믿고 의지하면 크게 당한다. 사람을 믿지 말고 의심하고 경계하라. 사기꾼이 낚시밥을 미끼로 당신을 유혹하고 있다. 유혹에 속지말고 현실을 직시하라.

9월 | 감미유혹 감언경계(甘味誘惑 甘言警戒)의 운이다.

달콤한 유혹의 말들이 사방에서 들어온다. 충고는 감수하되 감언은 경계해야 한다. 작전을 세우고 계획을 잘 세우면 성공한다. 절반은 길하고 절반은 흉한 운이다. 사업운을 보니 자영업은 남의 협조를 얻어야 안전하고 공동사업의 경우라면 자신에게 문제가 있다. 두 명 친구를 얻으면 한 명은 길하나 한 명은 흉하다.

10월 | 무주공산 유길친우(無主空山 有吉親友)의 운이다.

인가도 인기척도 전연 없는 쓸쓸한 산이다. 물질적인 관계의 친구는 불리하고 정신적인 교감을 나눌 새로운 친구를 얻으면 길하다. 돈과 재물의 운을 보니 자신에게 허점이 많아 의외로 많은 지출로 고민한다. 장부정리에 조심하라. 외롭고 허전해도 참아야 한다. 여름에 태어난 친구를 얻으면 큰 도움을 받는다.

11월 | 묵묵부답 구문견수(默默不答 口門堅守)의 운이다.

입을 다문 체 아무 대답도 하지 않으면 이롭다. 입을 굳게 지키면 무난하다. 운이 불리하기 때문에 입을 열면 손해를 보고 묵묵부답을 하면 본전은 찾는다. 자기보다 강한 세력에 화합하면 이익을 얻는다. 발전이 느리니 마음이 안타깝다. 대인관계에서는 언행을 주의하면 별 문제는 없다. 자신감을 가지고 전진하라.

12월 | 용호상박 아군지원(龍虎相搏 我軍支援)의 운이다.

즉 용과 호랑이의 싸움이니 치열하고 심각하다. 이기지 못하면 진다. 혼자서는 불리하니 아군의 지원을 받아야 한다. 부모 형제 친구 선후배 모두에게 지원을 청하면 도움을 받는다. 도와줄 귀인은 가까운데 있으니 찾으면 나타나 도와준다. 하늘에는 구름이 많다. 그러나 아군의 지원을 받으면 전쟁은 승리한다.

258운 | 얼음이 태양의 열기에 녹는 운이다

7월 | 지은보은 적선공덕(知恩報恩 積善功德)의 운이다.

  누구로부터 은혜 입은 것을 생각하고 갚으려고 노력하며 적선의 공덕을 쌓으면 이롭다. 동토(凍土)가 태양의 열기에 의해 녹아 해빙(解氷)하는 해방의 운이다. 감옥에 들어간 자는 석방이 되어 자유를 얻게된다. 아직 좋은 운이 아니라는 증거다. 하늘의 기후를 보니 아직 구름이 많다. 그러나 서서히 구름이 사라진다.

8월 | 문전옥답 동풍해동(門前沃畓 東風解凍)의 운이다.

  집 앞 가까이에 있는 기름진 논이다. 문전옥답의 운이니 좋다. 동풍에 얼음이 녹는 형상이니 길하다. 사업이 막혀 고전하던 사람은 서서히 사업이 풀리는 시기다. 잃었던 명예를 만회하고 어렵고 답답한 일들이 모두 해결된다. 감옥에 들어간 사람이 출감한다. 운이 이제 서서히 풀리는 시기이지만 방심은 절대금물이다.

9월 | 내강외유 내정외원(內剛外柔 內正外圓)의 운이다.

  내적인 마음은 강하게 가지고 외적인 행동은 부드럽게 하며 또 내적인 마음은 정도를 지키고 외적인 행동은 원만하면 어디에 가더라도 적이 없다. 이 달은 작전을 세우고 계획을 잘 세우면 성공한다. 사업운을 보니 자영업은 남의 협조를 얻어야 안전하다. 거래처와 적을 만들지 말고 친한 관계를 유지하라. 진리를 자각한다.

10월 │ 백면서생 초지일관(白面書生 初志一貫)의 운이다.

글만 읽고 세상에 경험이 없는 사람이니 세상에 나오지 말고 학문만 하는 초지일관이 필요하다. 때문에 정신적인 면은 바르고 도리에 성실한 사람이지만 처세술에 어두워 사리에 총명하지 못한 사람이다. 교육이나 학문계통에 종사하는 사람은 인기를 얻지만 사업가는 사기를 당하기 쉬운 운이다. 사기꾼을 주의하라.

11월 │ 우고불리 유비무환(憂苦不離 有備無患)의 운이다.

근심과 고통이 떠나가지 않는다. 그러나 방비가 튼튼하면 근심이 없다. 도둑이 문 앞까지 와서 기다리고 있다. 돌파구는 모든 계약이나 이전이나 이사나 여행을 중지하는 것이다. 이 달은 자기보다 강한 세력에 화합하면 이익을 얻는다. 일단 중단하고 서서히 다시 한 번 더 살펴보라. 분명히 함정이 있다.

12월 │ 오해모함 오비이락(誤解謀陷 烏飛梨落)의 운이다.

오해를 받고 모함을 당하니 까마귀 날자 배 떨어진다. 때문에 누명을 쓰거나 오해를 받는다. 그러나 말과 행동을 신중히 하면 지금의 위기는 극복되고 전화위복이 된다. 취직의 운을 보니 자신의 힘으로는 불가능하고 상사의 도움을 청해야 가능하다. 언행을 신중하게 하여 오해를 받거나 모함을 당하지 않도록 하라.

261운 | 세력과 화합하면 이익을 얻는다

7월 | 천지대은 자수자각(天地大恩 自修自覺)의 운이다.

천지의 큰 은혜를 자각한 사람이 성인이요 군자다. 천지의 은혜를 자각하면 오직 감사할 뿐이다. 모든 일에 감사한 마음을 가지면 모든 일에 복을 받는다. 개운하는 방법 중에 가장 효과가 빠른 것은 감사하는 마음과 생활이다. 당신의 힘이 허약하다. 세력에 의지하며 화합하면 이익을 얻는다. 독불장군은 불리하다.

8월 | 격암파란 불가항력(擊岩破卵 不可抗力)의 운이다.

계란으로 바위를 치면 계란만 깨진다. 아무리 많은 바위를 치더라도 계란만 깨질 뿐 이익이 없다. 불가항력이니 고개를 숙이고 대세에 따라야 한다. 결혼운을 보니 성사되지 않는다. 설사 결혼을 한다 하여도 좋은 인연이 아니다. 관망함이 길하다. 대세의 흐름을 거역하면 자신만 손해다. 세상의 흐름에 따르라.

9월 | 반목질시 역지사지(反目嫉視 易地思之)의 운이다.

즉 서로 미워하고 시기질투를 하는데 입장을 바꾸어서 생각하는 역지사지가 필요하다. 당신은 상대방으로부터 미움을 당하고 시기질투를 당한다. 무엇 때문에 반목질시를 당하는지 생각해 보아야 한다. 잘못이 당신 쪽에 있다면 속히 고치고 잘못이 없다면 업장소멸이라고 생각하라. 계획을 잘 세우면 이롭고 성공한다.

10월 │ 염념불망 화근불침(念念不忘 禍根不侵)의 운이다.

생각하고 생각하여 잊어버리지 않는다면 화근이 들어오지 못한다. 즉 근신하고 자중하면 화근이 들어오지 못하다는 것을 명심불망해야 한다. 겸손하고 양보하면 사람이 도와준다. 집안에서 조용히 근신하면 이롭고 밖에 나가면 불리하다. 이 달은 앞이 불분명하니 진행을 서행함이 좋다. 천천히 나아가면 무난하다.

11월 │ 외무주장 진행중지(外無主掌 進行中止)의 운이다.

집안에 살림살이를 주장할 만한 장성한 주인이 없다. 주인이 어리고 허약하니 외척들이나 하인들이나 머슴들이 큰소리를 치고 주인 행세를 한다. 이런 상황에서 최선의 방법은 모든 계약이나 거래를 일시 중지하고 다음으로 미루는 것이다. 즉 이사나 여행이나 투자나 신축은 다음으로 미루어라. 마루면 기회가 찾아온다.

12월 │ 반신반의 애매모호(半信半疑 曖昧模糊)의 운이다.

절반은 믿고 절반은 의심한다. 거래처와는 반신반의를 해야 한다. 왜냐하면 거래하는 상대자는 애매모호한 사람이기 때문이다. 완전히 믿으면 속임을 당하고 완전히 의심을 하면 거래가 끊어진다. 때문에 반신반의하면서 관계를 유지한다면 사기를 당하는 일도 없고 거래처도 놓치지 않는다. 애매모호한 거래상대자다.

262운 | 부정한 유혹을 잘 이겨야 한다

7월 | 정각정행 과욕금지(正覺正行 過慾禁止)의 운이다.

즉 바르게 생각하여 깨닫고 바르게 행동한다. 바르게 깨닫고 바르게 행동하면 이롭다. 과욕이나 무리수를 쓰지 말고 정도를 걷는다면 아무 걱정할 것이 없다. 비록 작은 흉함이 따르는 운이지만 인내하고 참고 넘기면 모든 장벽을 다 뛰어 넘고 길복이 따른다. 부정한 거래의 유혹이 찾아와도 잘 이겨야 한다.

8월 | 만행근본 효도공덕(萬行根本 孝道功德)의 운이다.

만가지의 행함에서 근본은 부모에게 효도하는 것이다. 즉 자식이 어려서는 부모의 은혜를 받고 자라지만 자라서는 부모의 은혜에 보답하는 것이 효성이다. 운은 비록 조금 불리하나 부모에게 효도하는 정성을 드리면 전화위복이 된다. 사업운을 보니 적극성을 따지 말고 형편에 순응하면서 때를 기다려야 한다.

9월 | 사해동포 동기동근(四海同胞 同氣同根)의 운이다.

사해동포는 모두 같은 기운을 받고 태어난 것이다. 때문에 형제자매와 같다. 처지를 바꾸어서 생각한다. 즉 상대편의 입장에서 생각해보면 모든 문제가 다 풀린다. 미리 철저한 준비를 마친 뒤 상대편의 입장에서 생각하며 교섭하면 성사한다. 신중하면 안심이다. 사람을 사랑하는 것이 도의 완성이고 성공의 비결이다.

10월 │ 정도고수 마장불침(正道固守 魔障不侵)의 운이다.

정도를 고수하면 마장이 침범하지 못한다. 결혼운을 보니 상대방이 하자는 대로 따라가면 길하다. 작은 과실이 일어날 운이니 경계하고 관찰해야 한다. 잃어버린 신용은 서서히 회복이 된다. 이사나 가게 이전이나 여행은 불리하니 집안에 가만히 머물면 길하다. 조용히 집안에서 머물며 자신의 부족한 부분을 보강하라.

11월 │ 백계무책 수수방관(百計無策 袖手傍觀)의 운이다.

즉 있는 재주를 다 부려보아도 뾰족한 좋은 방도가 없으니 차라리 수수방관함이 이롭다. 이 달은 고독한 나그네가 홀로 여행을 가는 중이니 외롭다. 강한 세력 앞에 따르고 순종하면 유리하다. 이 달은 기력이 많이 쇠진하다. 기력을 양성하라. 취직의 운을 보니 자기 실력을 고집하지 말고 하향지원하면 입사한다.

12월 │ 고집불리 충고감수(固執不利 忠告甘受)의 운이다.

고집을 부리면 불리하고 남의 충고를 감수하면 이롭다. 즉 남의 의견이나 충고를 받아드리지 않고 자기의 고집만 부리면 불리하다. 하늘의 기후를 보니 구름은 많고 맑은 곳은 적다. 조용히 기술을 연마하고 준비하면 좋은 운이 돌아온다. 운이 회복하니 서서히 준비를 해야 한다. 소소한 희망이 열리니 만족하라.

263운 | 마음만 앞서고 몸이 따르지 않는다

7월 | 사리총명 사업성공(事理聰明 事業成功)의 운이다.

세상은 일과 이치로 이루어져 있다. 즉 사리에 총명하면 성공하고 사리에 총명하지 못하면 실패한다. 이 달은 다리 병신이 걸어가는 것과 같은 고통스러운 운이니 총명한 지혜가 필요하다. 몸으로 이기려하면 실패하고 지혜로 이기려하면 성공한다. 총명한 지혜를 개발하여 흉운을 길운으로 개운하도록 하라.

8월 | 기진맥진 기력양성(氣盡脈盡 氣力養成)의 운이다.

지치고 지쳐 기력이 빠질 대로 다 빠져버렸으니 이제 무엇보다 기력을 양성하는 것이 우선이다. 이 달은 마음만 앞서고 몸은 따르지 못하니 참으로 답답하다. 악전고투하는 강한 마음을 가져야 난관을 극복할 수 있다. 공상에 머물지 말고 현실을 직시하며 현실에 충실해야 전화위복을 맞이할 수 있다. 용기를 가져라.

9월 | 엄처시하 좌불안석(嚴妻侍下 坐不安席)의 운이다.

즉 아내에게 쥐여사는 사람의 입장이니 집에 들어가도 자리가 편하지가 않다. 남편은 남편다워야 하고 아내는 아내다워야 한다. 이 달은 재물이 산처럼 많이 모이는 운이니 크게 길하다. 출세하고 승진하는 좋은 운이다. 맹목적으로 강행하면 실패한다. 항상 좋은 운이 아니니 장차 닥칠 흉운을 대비하라.

10월 | 준비예방 무사무난(準備豫防 無事無難)의 운이다.

예방하는 준비가 있으면 근심할 일이 없이 무사 무난하다. 저축을 하고 준비를 하면 안심이다. 부귀영화가 충만하니 즐겁다. 돈과 재물의 운을 보니 사업이 순조로우며 돈도 따른다. 단 수입이 많은 대신 지출도 많다. 이 달은 무엇보다도 비상금을 조성하는데 주력할 것이다. 색정의 유혹을 잘 이겨야 한다.

11월 | 대선소후 용두사미(大先小後 龍頭蛇尾)의 운이다.

먼저는 크지만 뒤에 가서는 작으니 용두사미의 운이다. 즉 시작은 크게 보이지만 끝은 흐지부지하다. 그러나 운은 길하여 강건하고 정상에 오른 형세이다. 천지의 이치가 정상에 오르면 반드시 내려가는 것이니 아직 안전할 때 예방하고 준비한다면 환난도 무사히 넘어간다. 처음과 끝이 같도록 노력을 해야 한다.

12월 | 창고적재 길신내조(倉庫積財 吉神來助)의 운이다.

즉 창고에 곡식이 가득 쌓여진 모습이니 길신이 도와주는 것이 분명하다. 때문에 운은 대단히 길하여 이 달은 70% 이상 성공한다. 사업관계로 인하여 이성적 교제가 있다. 달콤한 연애는 아니다. 연애는 하지만 별로 길하지 않고 무미건조하다. 옥에 티가 있는 형상인데 방심은 금물이다. 거래의 폭을 넓히고 확장하라.

264운 | 흩어지는 민심을 수습하는 것이 급하다

7월 | 민심분산 민심수습(民心分散 民心收拾)의 운이다.

민심이 사방팔방으로 분산되는 운이니 무엇보다 민심을 수습하는 것이 급하다. 사람마다 생각이 모두 제각각이니 도무지 공통점이 없다. 건강운을 보니 호흡기 대장 간담에 조심하라. 시험의 운을 보니 선생님이나 선배의 조언에 따르면 이롭다. 충고는 쓰지만 감수하면 이롭다. 민심은 덕으로 수습해야 한다.

8월 | 유언비어 우왕좌왕(流言蜚語 右往左往)의 운이다.

아무 근거도 없이 소문이 널리 퍼지니 마음이 우왕좌왕이다. 유언비어에 현혹당하지 말고 정신을 수습하라. 유언비어 때문에 가정에는 작은 풍파가 따른다. 또 민심이 분산하니 큰 일을 도모할 수가 없다. 결혼운을 보니 상대방이 하자는 대로 따라가면 길하다. 신용을 잃는 시기니 주의하고 명예가 떨어진다.

9월 | 화근자작 양호유환(禍根自作 養虎遺患)의 운이다.

화근을 스스로 만드는 운이라 호랑이 새끼를 길러 근심을 만들었다. 일보후퇴를 하는 것이 유리하다. 작은 흉함이 따르는 운이니 언행에 주의하라. 운이 상대방에 있으니 따라가면 길하다. 선두에 나서면 위험하다. 강한 세력에 의존하고 따라가야 흉함을 면한다. 호랑이도 잘만 길들이면 좋은 친구가 될 수 있다.

10월 │ 독수공방 인생무상(獨守空房 人生無常)의 운이다.

혼자서 빈방을 지키는 처량한 신세이니 인생이 허망하게 보인다. 작은 과실이 일어날 운이니 경계하고 관찰해야 한다. 정도를 고수하면 마장이 침범하지 못하고 전화위복이 되어 성공도 한다. 무익하게 독수공방만 할 것이 아니라 사리판단을 잘 생각하면 좋은 길이 보인다. 탈출구를 찾아라. 길은 있다. 병마가 노린다.

11월 │ 재고삼사 심사숙고(再考三思 深思熟考)의 운이다.

가볍게 생각하지 말고 두 번 세 번 깊이 생각하여 심사숙고하면 의외로 좋은 돌파구의 길이 보이고 이롭다. 백일청천의 좋은 날에 고독한 나그네가 홀로 여행을 가는 중이니 외롭다. 우선 기력부터 양성하라. 취직운을 보니 하향지원하면 소원을 이룬다. 희망봉이 보인다. 분수를 지키고 자기의 갈 길을 찾으면 성공한다.

12월 │ 한시준비 기술연마(閑時準備 技術硏磨)의 운이다.

즉 한가할 때 다음에 일어날 일을 대비하여 미리 준비하면 이롭다. 기술을 연마하고 준비하면 좋은 운이 돌아온다. 운이 회복하니 서서히 준비를 해야 한다. 대인관계에서 의견이 차이나면 시비이해를 논하지 말고 일시 양보해야 화근이 따르지 않는다. 한 걸음 물러서는 것은 두 걸음 전진하는 비결이다.

265운 | 분수를 지키면 제일 안전하다

7월 | 일심기원 신명내조(一心祈願 神明來助)의 운이다.

 일심으로 기원하니 천지신명이 와서 당신을 보호하고 도와준다. 신명이 도와주니 막힌 곳이 열리고 소원을 이룬다. 명산대천(名山大川)을 찾아가서 천지신명께 기원을 하면 소원을 이룬다. 작은 흉함이 따르는 운이나 인내하고 고대하면 만 가지의 장벽을 다 뛰어넘는다. 부정거래의 유혹을 예방해야 한다.

8월 | 백전노장 선견지명(百戰老將 先見之明)의 운이다.

 수없이 많은 전쟁을 치른 노련한 장수는 선견지명이 있다. 즉 세상일을 많이 겪어서 여러 가지로 능수 능란한 사람은 앞을 내다보는 선견지명의 밝은 눈이 있다. 당신은 백전노장의 입장이니 선견지명을 가져야 한다. 비록 어려움을 만나지만 백전노장은 선견지명의 지혜로써 장벽을 간단하게 일을 잘 처리한다.

9월 | 양두구육 이중인격(羊頭狗肉 二重人格)의 운이다.

 이 달에 만나는 사람은 양의 머리를 진열해 놓고서 개고기를 팔고 있는 비양심적인 이중인격자의 사람을 만난다. 선전이나 광고만 믿고 물건을 사면 속는다. 계약을 하기 전에 꼼꼼하게 살펴보아야 속지 않는다. 관찰하고 경계하면 사기를 당하자 않는다. 겉면만 보면 속는다. 속을 자세히 살펴보아야 한다.

10월 | 복성임조 의외득재(福星臨照 意外得財)의 운이다.

즉 복을 주는 별이 당신의 집을 비추니 필시 경사가 따르고 의외로 재물을 얻는다. 사업운을 보니 겸손하면 좋은 상품이 따른다. 또 긴 거래 끝에 동업까지 간다. 결혼운을 보니 혼담은 순조롭게 잘 통하고 또 좋은 결혼으로 이루어진다. 부부생활도 원만하다. 복성이 당신에게 비춘다. 자신감을 가지고 서서히 전진하라.

11월 | 백척간두 일보후퇴(百尺竿頭 一步後退)의 운이다.

극도로 위태로운 입장이니 일보후퇴를 하는 것이 유리하다. 그러나 경계하고 관찰하면 무난하다. 교섭을 잘 하면 이익이 많다. 조급하면 실패하니 오히려 사람을 앞장세워서 추진함이 길하다. 분수를 지키면 최상으로 안전하고 전화위복이 된다. 산이 많은 가까운 곳에 여행을 다녀오면 운세가 전환된다.

12월 | 공생공영 균등분배(共生共榮 均等分配)의 운이다.

즉 동업자와 같이 살고 같이 영화를 누리려면 소득의 균등분배 원칙을 지켜야 한다. 분수껏 노력하면 금전적인 융통은 원만하게 잘 돌아간다. 정도를 고수하면 마장이 침범하지 못한다. 과욕을 부리지 말고 이익을 균등하게 분배하면 아무 말썽이 없다. 원칙을 준수하고 도리에 성실하고 사리에 총명하면 길하다.

266운 | 계란으로 바위를 치는 격이다

7월 | 역리붕괴 예방마장(逆理崩壞 豫防魔障)의 운이다.

천리를 역행하여 붕괴하는 운이다. 마의 장해가 일어나니 미리 예방해야 한다. 마장을 잘 예방한다면 문제 될 것이 없다. 대세가 거부하는 운이다. 천리를 역행하여 붕괴하는 운이다. 즉 당신은 지금 대세를 거역하는 자리에 서 있다. 위험하고 불안하다. 이러한 시기일수록 정도(正道)에 순종해야 한다. 순리를 따르라.

8월 | 보국안민 국충가효(輔國安民 國忠家孝)의 운이다.

즉 나라 일을 돕고 백성들을 편안하게 해야 한다. 가정에서는 효도를 하고 국가를 위해서는 충성을 한다. 국가가 발전해야 당신도 따라서 발전한다. 또 백성들이 편안해야 당신도 따라서 함께 편안하다. 눈앞의 어려움을 당장 해결하려 들지 말고 서서히 때를 기다려 해결하도록 하라. 기초를 단단히 구축함이 중요하다.

9월 | 등하불명 내부정비(燈下不明 內部整備)의 운이다.

등잔 밑이 어둡다. 내부를 정비하라. 즉 밖에서 노리는 도적을 무서워하지 말고 집안에 있는 배신자를 더 경계해야 한다. 운은 불리한데 당장 실패하였다고 해서 좌절하지 말고 자중해야 한다. 내부에 화합이 잘 되지 않고 있다. 내실을 단단히 하도록 하라. 내부의 배신자를 경계하라. 문제는 밖이 아니라 내부에 있다.

10월 │ 거래불리 교섭중지(去來不利 交涉中止)의 운이다.

즉 거래운이 불리하니 교섭하는 일을 일단 중지함이 좋다. 상대는 강하고 당신은 약하다. 때문에 무리하면 손해본다. 심사숙고하라. 사업상 금전의 융통이 어려우니 계절이 바뀔 때까지 기다리는 것이 상책이다. 급전을 구하려고 고리대금업자를 찾아가면 위험하다. 계란으로 바위를 친다면 계란만 깨진다.

11월 │ 항시예방 경계관찰(恒時豫放 警戒觀察)의 운이다.

즉 항상 예방하고 경계하며 살피면 재앙이 침범하지 못한다. 안전하고 평안할 때 재앙을 예방한다면 근심이 없다. 소소한 흉함이 따르지만 경계하고 관찰하면 흉함을 면한다. 호미로 막을 수 있는 작은 구멍인데 방치하면 다음에는 가래로도 못 막는 큰 구멍으로 뚫리고 만다. 지갑에 구멍을 막아야 한다.

12월 │ 구문견수 제화예방(口門堅守 諸禍豫防)의 운이다.

즉 입을 굳게 지키는 것이 모든 화근을 예방하는 길이다. 거래관계의 사람과 언쟁이 생기고 이해관계가 얽혀서 마음이 멀어진다. 이해타산이 맞지 않아 서로 갈등으로 이별하거나 소송을 한다. 심신이 불안하여 전반적으로 건강상태가 좋지 않다. 사업가는 신중하게 거래하고 무리하면 불리하다. 하늘에는 구름이 많다.

267운 | 겸손하고 양보하면 도움을 받는다

7월 | 선연상봉 신부단장(善緣相逢 新婦丹粧)의 운이다.

좋은 인연을 만나는 운이 마치 신부가 신랑을 맞이할 신부단장을 하고 기다리는 것과 같이 준비하면 귀인을 만난다. 신랑은 점점 가까이 오고 있으니 신부단장을 잘 하고 기다려야 한다. 신랑 앞에 당당하게 나설 수 있는 모습을 갖추어야 한다. 준비하지 않으면 귀인이 아니고 도둑이 들어온다. 남들의 결점을 보지 말라.

8월 | 복배지수 만시지탄(覆盃之水 晚時之歎)의 운이다.

즉 이미 엎질러진 물처럼 다시 수습하기 어려운 것이다. 때가 지난 뒤에 탄식한다. 먼저는 재물이 조금 들어오지만 뒤에는 도로 나간다. 때문에 문제는 지갑을 단속해야 한다. 지출을 해야 할 것이 생기면 일단 유보하고 다음으로 미루어야 한다. 무슨 물건이나 토지를 구입하지 말라. 계약도 뒤로 미루거나 서행하라.

9월 | 안빈낙도 도인처세(安貧樂道 道人處世)의 운이다.

가난한 생활 가운데서도 도를 즐기는 것이 도인들의 처세이다. 세상 속에 살면서도 세상 밖을 쳐다보는 안빈낙도의 생활이 필요하다. 작전을 세우고 계획을 잘 세우면 성공한다. 그러나 운은 길흉이 상반인데 즉 절반은 길하고 절반은 흉한 운이다. 독불장군은 불리하다. 좋은 동업자를 얻어야 탈출구가 열린다.

10월 │ 복과재생 길복저축(福過災生 吉福貯蓄)의 운이다.

즉 지나친 행복은 도리어 재앙을 부른다. 모든 것은 저축을 해두어야 불행을 예방할 수 있다. 행복도 마찬가지다. 행복이 왔다고 해서 행복을 다 누리지 말고 저축을 해두는 것이 필요하다. 겸손하고 양보하면 사람이 도와준다. 집안에서 조용히 근신하면 이롭다. 전체운은 불리하나 귀인의 도움으로 무난하다.

11월 │ 복차지계 역사참고(覆車之戒 歷史參考)의 운이다.

전복된 앞의 차를 보면서 뒤에 차들은 조심한다. 역사를 참고하면 지금의 사건을 바르게 갈 수 있다. 즉 이전 사람들이 실패한 일은 뒷사람들이 보고 거울삼아 경계하면 다시 실패하지 않고 이롭다. 시작하기 전에 이전 사람들의 행보를 참고한다. 선두에 나서지 말고 조용히 뒤에서 따라가면 무사히 화를 면한다.

12월 │ 안불망위 자경마장(安不忘危 自警魔障)의 운이다.

즉 편안한 가운데서도 마음을 놓지 않고 늘 스스로를 마장을 경계하면 재앙이 따르지 않고 이롭다. 이 달은 고전운이니 피해를 줄이는데 힘써야 한다. 운이 불리하니 수고를 해도 허송세월이다. 소원의 운을 보니 환경이 갖추어져 있지 않아서 성사되는 일이 없다. 세월이 약인데 계절이 바뀌기를 기다려야 한다.

268운 | 무지몽매하면 실수하기 쉽다

7월 | 길복환영 흉화추방(吉福歡迎 凶禍追放)의 운이다.

즉 길복은 환영하여 받아 드리고 흉화는 추방한다. 어떤 것이 길복이고 어떤 것이 흉화인지 판단하고 구분하여 취사선택을 잘 하면 성공한다. 이 달은 작은 흉함이 따르는 운이니 인내하고 고대하면 만 가지의 장벽을 다 뛰어 넘는다. 부정한 거래의 유혹을 주의하라. 사업 계획은 잘 되고 있어서 추진만 하면 된다.

8월 | 대부재천 소부재인(大富在天 小富在人)의 운이다.

큰 부자는 하늘이 점지해 주시고 작은 부자는 누구나 노력하면 된다. 즉 큰 부귀영화는 인력으로 억지로 만들어지는 것이 아니라 하늘의 천명에 달려있다. 그러나 작은 부자는 누구나 노력하면 될 수 있다. 운을 보니 서둘면 손해본다. 지금의 생각이 무지몽매하니 실수하기 쉽다. 미리 예방하고 주의하면 전화위복이 된다.

9월 | 안면부지 전생인연(顔面不知 前生因緣)의 운이다.

즉 만난 일이 없어 얼굴을 모르는 사람을 처음으로 만나는데 실은 전생에 깊은 인연이 있는 사람이다. 귀하게 생각하라. 새로운 거래처를 통하여 초면이지만 어디선가 많이 본듯한 사람이다. 일보후퇴를 하는 것이 유리하다. 교섭운을 보니 좀더 적극적인 교섭이 필요하다. 결혼운을 보니 진실한 마음이면 성공한다.

10월 │ 사전준비 마장불침(事前準備 魔障不侵)의 운이다.

 일이 일어나기 전에 예방하고 준비를 철저하게 한다면 재앙은 틈타지 못한다. 이 달은 건강운을 보니 잠복성의 질환이 나타난다. 작은 흉함이 따르는 운이다. 작은 과실이 일어날 운이니 경계하고 관찰해야 한다. 정도를 고수하면 마장이 침범하지 못한다. 인간관계를 원만하게 하며 원수를 용서하고 포용하라.

11월 │ 부염기한 속세인심(附炎棄寒 俗世人心)의 운이다.

 따뜻하면 달라붙고 차가우면 버리는 것이 속세의 인심이다. 즉 권세가 떨칠 때는 붙어서 따르다가 권세가 쇠하면 버리고 떠나는 것이 세상의 인심이니 권세가 있을 때 단속을 잘 해두어야 한다. 운을 보니 절반 정도 이루어진다. 취직의 운을 보니 우선 입사부터 먼저 하면 유리하다. 평소에 덕을 많이 베풀라.

12월 │ 동청서우 선택좌우(東晴西雨 選擇左右)의 운이다.

즉 동쪽 하늘은 맑은데 서쪽 하늘은 비가 내린다. 선택을 잘 하면 성공한다. 시험의 운을 보니 자기의 실력에 맞게 응시하면 가능하나 조금이라도 무리하면 불합격이다. 자신을 너무 과대평가하지 말라. 기술을 연마하고 준비하면 좋은 운이 돌아온다. 운이 회복하니 서서히 준비를 하라. 연습을 많이 하면 길이 보인다.

271운 | 대인관계에서 의견 차이가 많다

7월 | 일심기원 소원성취(一心祈願 所願成就)의 운이다.

일심으로 기원하니 소원을 성취한다. 대인관계에서 약간의 의견이 차이가 나지만 곧 화해가 된다. 거래처와 의견차이가 있지만 계약은 순탄하게 성사된다. 사방이 시원하게 열린다. 교섭을 잘 하면 이익이 많다. 상대는 강하고 당신은 약하다. 무리하면 손해본다. 그러나 일심으로 기원하여 소원성취를 하는 운이다.

8월 | 부전자전 전통중시(父傳子傳 傳統重視)의 운이다.

즉 부모가 하던 사업을 자식이 상속받아 발전을 시키는 운인데 전통을 중요시하여 나가면 사업은 발전한다. 대인관계에서 불화가 생기지만 발전에는 지장이 없다. 동업자와 함께 사업을 진행하나 동상이몽이니 큰 싸움이 일어날 징조다. 이때는 매사에 신중하고 양보함이 길하다. 처음은 싸우나 곧 화합한다.

9월 | 십실구공 경기불황(十室九空 景氣不況)의 운이다.

즉 여관업을 하는 사람에게 방은 열인데 아홉이 비었다. 불경기다. 파리만 날리는 운이다. 이 달은 운이 고독하고 사람들에게 실망을 당한다. 이 달은 몸부림을 쳐도 소용이 없다. 세월이 약이다. 일보 후퇴를 하는 것이 유리하다. 사업운을 보니 때가 아직 오지 않았는데 무리하게 전진하면 그 결과는 실패를 초래한다.

10월 │ 정도견수 사불범정(正道堅守 邪不犯正)의 운이다.

　정도를 굳게 지켜라. 사악한 마귀는 정도를 행하는 사람에게는 침범하지 못한다. 작은 흉함이 따르는 운이니 작은 과실이 일어난다 그러나 조심하고 경계하고 관찰하면 마장은 침범하지 못한다. 연애운을 보니 사랑이 식어진다. 이별의 운이 왔기 때문이다. 사업은 현재에 만족하고 더 이상의 확장은 불리하다.

11월 │ 부창부수 가정원화(夫唱婦隨 家庭圓和)의 운이다.

　남편이 주장하고 아내가 이에 따른다. 부부가 화합하는 도리를 다하니 가정에 경사가 일어난다. 가정 내에는 즐거우나 밖은 아직도 불리하다. 현실에 만족하고 과욕을 금한다. 이사나 가게 이전이나 여행은 삼가 하면 유리하다. 금전거래를 하면 크게 사기를 당할 위험이 있다. 새로운 친구를 사귀지 말라. 불리하다.

12월 │ 십년감수 하강준비(十年減壽 下降準備)의 운이다.

　목숨이 10년이나 줄었다. 내려갈 준비를 한다. 즉 몹시 놀랐거나 매우 위험한 고비를 한 번 겪는다. 이 달은 자중하고 서서히 내려갈 준비를 해야 한다. 높이 오르면 오를수록 자기의 아래를 살펴야 한다. 자기의 과실을 살피고 돌아보면 설사 높은 지위에 올라도 허물이 없다. 사방에서 질투하는 무리들이 많아 문제다.

272운 | 운이 떠나니 영웅호걸도 재주를 못부린다

7월 | 시래천지 득명득재(時來天地 得名得財)의 운이다.

때가 오니 하늘도 땅도 다 도와주어 명예를 얻고 재물을 얻는다. 명예와 재물을 동시에 얻으니 즐겁다. 운이 오면 천지가 다 도와주지만 운이 떠나면 영웅호걸도 재주를 부리지 못하고 천하의 모사꾼도 지혜가 통하지 않는다. 아무리 뛰어난 사람도 운에는 당할 장사가 없다. 운의 흐름을 살펴라. 운을 모르면 길을 모른다.

8월 | 십중팔구 부화뇌동(十中八九 附和雷同)의 운이다.

열 사람 중에 아홉 사람은 모두 소인배들이니 줏대 없이 남들의 의견에 그대로 따라 움직인다. 구설이 많이 따른다. 소소한 구설이 크게 화근을 만든다. 정신을 안정하고 전날의 과오를 회개하면 흉함이 작아진다. 분수를 지켜라. 입을 굳게 다물고 말을 아끼면 큰 화근은 몸에 따르지 않는다. 묵중언행이다.

9월 | 병마침신 병난재발(病魔侵身 病難再發)의 운이다.

병마가 몸에 침범하니 고질병이 다시 재발하는 흉운이다. 운이 고독하고 사람들에게 실망을 당한다. 친구나 동업자에게 배신을 당하여 좌절한다. 일보후퇴를 하는 것이 유리하다. 결혼운을 보니 조심하면 결혼이 이루어지지만 방심하면 방해자가 나타난다. 고질병이 재발한다. 음식이 보약이니 음식을 골고루 먹어라.

10월 | 구사일생 신중경계(九死一生 愼重警戒)의 운이다.

아홉 번 죽고 한 번 살아나는 불운이니 매사에 신중하고 경계하라. 즉 여러 차례 죽을 고비를 넘기고 겨우 살아난다. 흉함이 따르는 운이니 과실을 범한다. 소소한 언행에도 신중하고 경계하고 관찰해야 한다. 정도를 고수하면 마장이 침범하지 못한다. 이사나 가게 이전이나 여행은 관망함이 좋다. 사기를 당할 수 있다.

11월 | 복성불임 소리만족(福星不臨 小利滿足)의 운이다.

복을 주는 별이 도와주지 않으니 큰 기대를 하지말고 작은 이익에 만족하라. 이 때는 작은 이익에 만족하면서 계절이 바뀌기를 기다려야 한다. 세월이 지나면 모든 일이 다 해결된다. 세월이 약이다. 고독한 나그네가 홀로 여행을 가는 중이니 외롭다. 강한 세력과 화합하고 의존하며 따르고 순종하라. 부부가 대립한다.

12월 | 안시예방 한시준비(安時豫放 閑時準備)의 운이다.

안전할 때 예방하고 한가할 때 준비한다면 장차 닥칠 모든 재앙을 다 막을 수 있다. 사람에게 닥치는 모든 재앙은 사전에 예방하고 준비를 하지 못한 연고다. 기술을 연마하고 준비하면 좋은 운이 돌아온다. 이 달은 불리하니 환난을 예방하고 다음을 준비하는 운이다. 예방하고 준비하는 사람에게는 흉운은 없다.

273운 | 인내하고 자중하면서 기다려라

7월 | 인고세월 학수고대(忍苦歲月 鶴首苦待)의 운이다.

고통을 인내하며 기다려야 하는 시기다. 학의 목처럼 목을 길게 내밀고 기다려야 한다. 기다리면 운이 온다. 이 달은 강을 건너야 하는데 배는 강 건너편 쪽에 있다. 배가 돌아올 때까지 인내하고 자중하며 기다려야 한다. 배가 빨리 오지 않는다고 혈기를 부리며 강물에 뛰어 들면 빠져 죽는다. 기다릴 수밖에 없다.

8월 | 분골쇄신 갈충보국(粉骨碎身 竭忠報國)의 운이다.

즉 뼈를 갈아 가루로 만들고 몸을 부수는 것처럼 자기 몸을 돌보지 않고 지극한 정성을 다하여 충성을 한다면 소원을 이룰 수 있다. 지성이면 감천이다. 길운이 아니지만 참고 기다리면 머지않아 기회가 온다. 심신을 안정하고 기다리며 대비하면 뜻밖의 귀인을 만나 성공한다. 최선을 다하면 좋은 운과 기회가 온다.

9월 | 문전박대 일시관망(門前薄待 一時觀望)의 운이다.

상대방으로부터 문 앞에서 박대를 당한다. 그러므로 일시적이지만 잠시 관망하라. 즉 이 달은 새로운 거래처를 찾아가면 문전박대를 당한다. 때문에 찾아가지 말고 차라리 입장 바꾸어 생각하는 역지사지를 생각함이 유리하다. 이 달은 주위의 사정이 불리하여 당분간은 관망하며 기다려야 한다. 다른 방법을 찾아보라.

10월 │ 안전제일 순리자연(安全第一 順理自然)의 운이다.

무엇보다도 안전이 제일이다. 순리에 따르고 자연적인 것이 안전하다. 이 달은 일상적인 생활비는 궁색함이 없다. 큰 돈을 투자하면 위험하고 실패할 가능성이 많다. 저축이나 안전위주로 투자하라. 신규의 거래처는 상대의 생각이 명확하지 못하다. 다른 거래처를 찾아보는 것이 오히려 유리할 수가 있다.

11월 │ 생노병사 불가사의(生老病死 不可思議)의 운이다.

즉 인간의 탄생과 늙어짐과 병드는 것과 죽는 것은 불가사의한 이치 속에 따라간다. 인생이란 말로 나타낼 수도 없고 마음으로 헤아릴 수도 없는 오묘한 이치다. 때문에 지금은 상식으로는 생각할 수 없는 이상야릇한 일이 벌어진다. 마음을 수양하면 길하고 귀인을 만나 새로운 진리를 접하여 인생의 전환기를 맞이한다.

12월 │ 십벌지목 지성감천(十伐之木 至誠感天)의 운이다.

열 번 찍어 넘어가지 않을 나무는 없고 지성이면 감천이다. 최선을 다하면 당신의 소원을 반드시 이룰 수 있다. 하반기 운은 한 번은 웃고 한 번은 눈물을 흘린다. 사면초가이지만 귀인을 만나 위기를 모면한다. 진퇴양난 속에서도 신명의 도움을 받아 다시 재기한다. 인내심을 가지고 꾸준히 노력하면 성공한다.

274운 | 외출하면 불리하고 집에 머물면 길하다

7월 | 식구증가 자손번창(食口增加 子孫繁昌)의 운이다.

집안에 자식이나 손자가 태어나니 자손이 번창이다. 경사 중에 자손의 탄생이 제일 큰 경사다. 회사에서는 신입사원이 들어온다. 학생에게는 새로운 친구가 나타난다. 식구가 불어나는 운이니 집안이 경사롭고 만사가 형통하다. 그러나 경제적인 면은 아직 서행이니 마음이 편하지 않다. 집안은 길한데 외출하면 흉하다.

8월 | 불감생심 전진중단(不敢生心 前進中斷)의 운이다.

즉 이 달은 감히 엄두를 낼 수 없는 골치 아픈 일이 벌어지니 앞으로 전진하는 것을 일시 중단하라. 사업은 부진하니 확장은 금물이며 현재의 사업에 문제점을 찾아보완을 해야 한다. 새로운 친구를 만남도 악연이 될 수가 있다. 신규사업도 금물이다. 내부 단속을 잘 해야 한다. 현재 운을 보니 40%만 길하다.

9월 | 인난상심 심신불안(人難傷心 心身不安)의 운이다.

즉 사람들로부터 고통을 당하며 마음에 상처를 입으니 심신이 불안하니 우왕좌왕하며 방랑생활을 한다. 운이 고독하고 사람들에게 실망을 당한다. 친구나 동업자에게 배신을 당하여 좌절한다. 결혼은 아직 상대방을 살펴야 한다. 사기결혼을 당하는 운이기 때문이다. 만남의 인연을 보면 사람은 비슷한 유형끼리 만난다.

10월 │ 인화기중 호구지책(人和其中 糊口之策)의 운이다.

 즉 사람들과 잘 화합하는 그 가운데서 먹고 살아가기 위한 방책이 있다. 지금은 취미나 소질이나 적성 등을 전연 고려하지 않고 의식주의 해결을 위하여 마음에 없지만 할 수없이 일을 한다. 서둘지 말고 서서히 대화로 풀어 나가면 이익을 본다. 조급하면 실패하니 오히려 제3자를 앞장세워서 추진함이 좋다.

11월 │ 사불범정 정도고수(邪不犯正 正道固守)의 운이다.

 사악한 무리들은 정도를 침범하지 못하니 정도를 굳게 지키면 이롭다. 마귀가 아무리 사악하더라도 정도를 고수하는 자에게는 침범하지 못한다. 고독한 나그네가 홀로 여행을 가는 중이니 외롭다. 외로워도 정도를 지켜라. 강한 세력 앞에 따르고 순종하면 유리하다. 우선 기력부터 양성하라. 강해야 살아남는다.

12월 │ 동문명랑 불문가지(東門明朗 不問可知)의 운이다.

 즉 동쪽 문이 밝아오니 물어 보지 않아도 알 수 있는 것처럼 새로운 희망이 보인다. 운이 회복하니 서서히 일어날 준비를 해야 한다. 소소한 희망이 열리니 만족하라. 아직은 조금 불리한 운이지만 겸손하고 양보하는 자세를 가지면 전화위복의 운이다. 겸손하고 양보하면 이롭다. 내적으로는 준비하며 외적은 겸양이다.

275운 | 운이 올 때까지 자신을 연마하라

7월 | 자기연마 자강자존(自己鍊磨 自强自存)의 운이다.

자기자신을 연마하여 스스로 강해지지 않으면 생존경쟁에서 이길 수 없다. 그냥 기다리는 것이 아니고 태양이 나타날 때까지 자기연마가 필요하다. 이 달은 아직 깊은 밤의 운이다. 아침 태양이 나타나려면 아직 멀었다. 깊은 밤의 운이니 캄캄하고 답답할 뿐이다. 인내하면서 자기를 연마해야 좋은 기회를 만난다.

8월 | 충신도리 불사이군(忠臣道理 不事二君)의 운이다.

즉 충신의 도리는 두 임금을 섬기지 않는다. 지금은 불사이군의 운이므로 거래관계는 두 곳의 상부회사에 매달리면 오히려 불리하다. 한 곳의 상부회사만 관계를 맺어야 유리하다. 연애운도 마찬가지로 삼각관계를 유지하면 결국 손해를 본다. 지금은 두 마리의 토끼를 잡으려면 오히려 한 마리도 못 잡는다.

9월 | 악인악과 선인선과(惡因惡果 善因善果)의 운이다.

악한 원인이 있었기에 악한 결과가 따르고 선한 원인이 있었기에 선한 결과가 따른다. 지금 당신에게 닥치는 고통은 전날 당신이 남들에게 고통을 준 결과이다. 인과응보이다. 운이 40%만 길하여 고독하고 대인관계에서 사람들에게 실망을 당한다. 친구나 동업자에게 배신을 당하여 좌절한다. 일보후퇴가 유리하다.

10월 │ 호랑지심 혈기화근(虎狼之心 血氣禍根)의 운이다.

즉 호랑이나 이리와 같이 사납고 무자비한 혈기가 일어난다. 혈기는 모든 재앙의 근본이다. 순간의 혈기로 십년공부가 나무아미타불이 된다. 제발 혈기를 부리지 말라. 혈기만 부리지 않는다면 만사가 순순하게 이루어진다. 잃어버린 물건은 높은 곳에 찾아보라. 찾는다해도 아마 찾아도 망가진 상태이므로 쓸 수가 없다.

11월 │ 천지광대 사계변화(天地廣大 四季變化)의 운이다.

천지는 넓고 크다. 사계절은 항상 변화한다. 하늘과 땅을 보면 우주의 넓은 것을 알 수 있고 사계절의 변화하는 것을 보면 운의 변화를 알 수 있다. 공명정대하여 조금도 부끄러움이 없는 도덕적인 자세로 살아간다면 천지신명이 도와주어 크게 이롭다. 마음의 자세를 바르게 가져서 군자가 되어라. 천지대은에 감사하라.

12월 │ 호언장담 언행일치(豪言壯談 言行一致)의 운이다.

분수에 맞지 않는 말을 함부로 책임감 없이 지껄이면 크게 해롭다. 말과 행동이 같아야 군자라 할 수 있다. 말 한마디를 천금보다 더 무겁게 생각하는 군자는 호언장담을 하지 않으며 언행일치를 한다. 대인관계에서 의견이 차이나면 시비이해를 논하지 말고 일시 양보해야 화근이 따르지 않는다. 선두는 불리하다.

276운 | 언행을 주의하면 문제는 생기지 않는다

7월 | 호의호식 건강장수(好衣好食 健康長壽)의 운이다.

좋은 옷을 잘 입고 좋은 음식을 잘 먹는다. 운이 호의호식하니 좋고 따라서 수명도 장수한다. 하반기 운은 조금 흉하나 걱정할 것은 아니다. 전화위복의 길운이 기다리고 있으니 희망이 있다. 순리의 길을 행하면 무사히 잘 넘어간다. 악연을 만나지 않도록 하라. 건강면은 좋으나 경제적인 면은 조금 막힘이 있다.

8월 | 무휴적공 예방팔난(無休積功 豫防八難)의 운이다.

쉬지 말고 꾸준히 적선의 공덕을 쌓으면 이로운데 장차 닥칠 삼재 팔난을 예방한다. 하반기 운은 건강면에 주의를 해야 한다. 머리나 열병이나 수족 등에 발병한다. 또 집에 도적이 들어올 운세이니 미리 방비를 잘 해야 한다. 혼자서는 못 막으니 경찰에 신고하거나 친구에게 도움을 청하라. 평소에 적선의 공덕을 쌓아라.

9월 | 의견차이 거래마찰(意見差異 去來摩擦)의 운이다.

상대방과 의견에 차이가 나고 거래처와 마찰이 생긴다. 쌍방이 서로 뜻이 맞지 않는다. 거래가 오래 가지 못한다. 의견대립이 생긴다. 인내심을 가지고 극복해야 한다. 거래처와 대화는 많아도 성사는 안 된다. 설사 거래가 이루어진다 해도 길지 못하다. 의견이 차이나면 동행은 불리하다. 먼저 화해를 찾아야 한다.

10월 │ 대지여우 대인여소(大智如愚 大人如小)의 운이다.

 큰 지혜를 가진 사람의 처세는 어리석게 보이고 또 큰 인물은 오히려 작은 소인배처럼 보인다. 진짜는 항상 감추어지고 겉으로 잘 나타나지 않기 때문이다. 하반기 운은 분수를 지키면 길한데 즉 분수 밖의 일은 아예 착수를 말라. 이미 시작한 사업도 분수 밖이라면 손을 떼는 것이 현명하다. 직접 나서지 말라.

11월 │ 혹세무민 사교경계(惑世誣民 邪教警戒)의 운이다.

 세상 사람을 속여 미혹하게 하고 세상을 어지럽히는 사악한 종교 집단이 나타난다. 이러한 집단의 유혹에 속아넘어간다면 크게 손해를 본다. 유혹의 손길이 서서히 다가온다. 말을 들어보면 청산유수처럼 잘 한다. 그러나 모두 허상이고 거짓말이고 사기다. 헌금을 많이 강요하거나 몸을 요구하는 집단은 모두 사교다.

12월 │ 혼비백산 경천동지(魂飛魄散 驚天動地)의 운이다.

 혼백이 날아가고 흩어진다. 즉 몹시 놀라 어찌 할 바를 모르는 경천동지의 일이 벌어진다. 심장이 약한 사람은 즉사할 것이고 심장이 강한 사람도 많은 충격을 받는다. 그러나 지나가고 보면 아무것도 아니고 아무런 문제도 없다. 허깨비가 한 번 장난을 친 것이다. 염력을 강화시켜 놀랄 일을 대비하라.

277운 | 천리를 역행하면 자연히 붕괴된다

7월 | 업장소멸 제사감사(業障消滅 諸事感謝)의 운이다.

지금 당하는 여러 가지 고통은 전생에 지은 업장이다. 업장소멸이라 생각하고 모든 고통을 감사하게 받아 드리면 이롭다. 가을 겨울의 운을 보니 흉하다. 천리를 역행하면 자연히 붕괴된다. 악연을 상봉하니 마음이 괴롭다. 언쟁과 소송운이 들어오니 언행을 주의하라. 순리에 따르고 역행을 하지 말라.

8월 | 불측지변 매사신중(不測之變 每事愼重)의 운이다.

즉 세상에 일은 뜻밖에 일어나는 예측할 수 없는 사고나 질병이 나타나니 매사에 신중하게 예방한다면 무사 안전하다. 가을 겨울의 운을 보니 병자는 투병생활이 길어지고 수술하거나 질병이 악화된다. 이때는 천지신명께 의지해야 한다. 심신을 안정하고 전날의 잘못을 회개하고 반성해야 한다. 민심이 분산된다.

9월 | 악의악식 시련극복(惡衣惡食 試鍊克復)의 운이다.

누더기 같은 옷을 입고 좋지 않는 음식을 먹는 흉운이다. 지금의 어려움을 잘 극복한다면 좋은 운을 맞이한다. 거래처나 대인관계에서 의견이 차이나면 시비이해를 논하지 말고 일시 양보해야 화근이 따르지 않는다. 선두에 나서면 위험하다. 단체나 강한 세력에 의존하고 따라가라. 사업은 현상유지 하는 것으로 만족하라.

10월 │ 약방감초 필수요원(藥房甘草 必需要員)의 운이다.

　약방에서 감초는 어느 약이나 다 들어간다. 당신도 지금은 약방의 감초 같이 반드시 필요한 중요한 사람이 되라. 어느 모임이나 다 들어갈 수밖에 없다. 들어가서도 교섭을 잘 하면 이익이 많다. 모든 일에 취사선택을 잘하면 전화위복을 만들고 귀인이 나타나 도와줄 것이다. 반드시 필요한 사람이 되어야 성공한다.

11월 │ 극기하심 불치하문(克己下心 不恥下問)의 운이다.

　자기의 자존심을 극복하고 하심(下心)으로 아래 사람에게 묻는 것을 부끄러워하지 않는다. 성공을 하기 위해서는 불치하문의 교훈을 깊이 생각해야 한다. 자존심 때문에 아래 사람에게 묻는 것을 부끄러워한다면 당신에게는 발전이 없다. 자존심을 버리고 모르는 것은 무조건 누구에게나 물어보도록 하라. 결혼하는 운이다.

12월 │ 약육강식 승자생존(弱肉强食 勝者生存)의 운이다.

　약한 자는 강한 자의 먹이가 되는 것이니 이긴 자 만이 살아남는다. 즉 당신이 지금 약한 자의 입장이면 적에게 먹히는 꼴이 되어 슬픔이 되고 반대로 강한 자의 입장이면 먹는 자가 되어 기뻐한다. 문제는 어떤 상대를 만나는가에 따라 승패가 좌우한다. 당신보다 더 약한 자를 선택하여 공격해야 이기고 살아남는다.

278운 | 조심하면 불행은 침범하지 못한다

7월 | 양수겸장 재관양득(兩手兼將 財官兩得)의 운이다.

즉 장기에서 한 수로써 두 말이 한꺼번에 장군을 부르는 좋은 수가 되었다. 때문에 재물도 얻고 승진도 하며 재관(財官)을 동시에 얻는다. 또 미혼자는 결혼을 하며 학생이면 합격의 명예를 얻는다. 그러나 작은 과실이 생기며 구설이 따르고 소소한 언쟁이 일어난다. 전체적으로는 길하나 작게는 시비가 발생한다.

8월 | 불편부당 중도고수(不偏不黨 中道固守)의 운이다.

즉 어느 당이나 어떤 단체에도 가담하지 말고 중도를 굳게 지키면 이롭다. 아무 편이나 어느 당에도 가입하지 말고 홀로 중도를 지키면 이롭다. 방심은 절대금물이다. 작은 과실에 조심하지 않으면 큰 일로 전개 될 수 있다. 항상 조심하는 사람에게는 불행은 침범하지 못한다. 지금은 중립을 지켜 나가는 것이 유리하다.

9월 | 아전인수 이기주의(我田引水 利己主義)의 운이다.

자기 논에 물대기 식이니 이기주의다. 즉 자기에게만 이롭게 되도록 생각하거나 행동하면 적을 만든다. 당신이 이기주의적인 생각과 행동을 하니 상대방도 마찬가지로 이기주의적인 행동을 한다. 가는 말이 고와야 오는 말이 고운 법이다. 상대방을 포용하는 마음이 중요하다. 사업운을 보니 경영은 순조롭지 못하다.

10월 | 안검상시 인화상책(按劍相視 人和上策)의 운이다.

칼자루를 잡고 서로 노려본다. 상대방과 화해하는 것이 상책이다. 즉 거래처와 의견에 대립이 생기고 서로 원수처럼 대하는 상태가 된다. 일보후퇴를 하는 것이 유리하다. 서둘지 말고 서서히 대화로 풀어 나가라. 조급하면 실패하니 오히려 제3자의 사람을 앞장세워서 추진함이 길하다. 인간관계의 화해가 가장 중요하다.

11월 | 비몽사몽 동서불분(非夢似夢 東西不分)의 운이다.

꿈같기도 하고 꿈이 아닌 것 같기도 하여 동쪽과 서쪽을 잘 분간하지 못한다. 옳고 그른 것의 구분이 잘 안 된다. 비록 몽매한 운이지만 정도를 고수하면 마장이 침범하지 못한다. 기력이 많이 쇠진하다. 우선 기력부터 양성하라. 가을 겨울의 운을 보니 쇠약한 운이다. 겸손한 태도를 가지면 남들에게 존경과 신뢰를 얻는다.

12월 | 의외희출 회복징조(意外喜出 回復徵兆)의 운이다.

의외로 기쁜 일이 나타나니 이는 운이 회복된다는 좋은 징조이다. 운이 회복하니 서서히 준비를 해야 한다. 소소한 희망이 열리니 만족하라. 아직 불리한 운이지만 겸손하고 양보하는 자세를 가지면 전화위복의 운이다. 겸손하고 양보하면 크게 이롭다. 흉운에서 길운으로 교차하는 시기이니 희망을 가지고 준비하라.

281운 | 정도를 지키면 마장이 침범하지 못한다

7월 | 용모변신 심운종변(容貌變身 心運從變)의 운이다.

용모를 변화시키니 마음과 운도 따라서 변화된다. 환경이 변화되면 마음상태나 운의 흐름도 달라진다. 마음과 몸은 서로 크게 영향을 주고받는다. 우선 마음의 자세를 바르게 변화를 하고 영업의 방식을 새롭게 변화를 한다면 좋은 결과를 본다. 여행을 다녀와도 좋다. 여행지에서 귀인을 만날 수 있다. 변화를 많이 하라.

8월 | 복진고래 적복예방(福盡苦來 積福豫防)의 운이다.

즉 복이 다하면 고난이 오는 법이니 복을 누릴 때 그 복을 다 누리지 말고 저축해 두어야 예방이다. 이 달은 30%만 길하여 마음이 불안하고 몸에는 질병이 따른다. 천지신명께 기도하고 심신안정을 취해야 한다. 작은 이익에 만족하고 근검절약해야 한다. 노력하면 절반 정도 이루어진다. 예방을 잘 한사람은 안심이다.

9월 | 흑백불분 혼탁세상(黑白不分 混濁世上)의 운이다.

검은 것과 흰 것이 뒤섞여 있어 혼탁한 세상이다. 즉 지금은 옳고 그른 것이 분명하지 아니하다. 옳고 그른 것이 분명하지 아니하므로 함부로 결정을 내리면 안 된다. 모든 결정은 일단 보류하거나 뒤로 미루고 다시 한 번 더 신중하게 생각하고 살펴보아야 한다. 흑백을 분별하라. 계약이나 거래는 잠시 중단하라.

10월 | 다정다감 일장춘몽(多情多感 一場春夢)의 운이다.

　애틋한 정과 느끼는 생각이 많아 다정다감하나 이루어 질 수 없는 사랑이기에 일장춘몽이다. 이름만 있고 실속은 없다. 즉 모래 위에 세워진 큰집과 같다. 모래 위에 세워진 집이니 기초가 너무나 허술하다. 때문에 언제 무너질지 모르는 불안한 형상이다. 당신과 상대방은 서로 마음뿐이고 실속은 없다. 짝사랑이다.

11월 | 회자정리 이자재회(會者定離 離者再會)의 운이다.

　즉 만나면 반드시 헤어진다. 또 시간이 지나면 이별한 자는 반드시 다시 만난다. 인연 때문이다. 세상일에 너무 애착을 두지 말라. 세상만사는 무상하다. 고독한 나그네가 홀로 여행을 가는 운이다. 기력이 많이 쇠진하다. 우선 기력부터 양성하라. 취직의 운을 보니 자기의 조건을 내세우지 말고 우선 입사부터 먼저 하라.

12월 | 시시비비 손익계산(是是非非 損益計算)의 운이다.

　옳은 것은 역시 옳은 것이고 아니 것은 역시 아니다. 시시비비를 분명하게 가려야 손실과 이익을 계산 할 수 있다. 기술을 연마하고 준비하면 좋은 운이 돌아온다. 운이 회복하니 서서히 준비를 해야 한다. 소소한 희망이 열리니 만족하며 계산을 분명히 하도록 하라. 내적으로 마음은 정직하고 외적인 행동은 원만하라.

282운 | 피해를 줄일 수 있는 방법을 찾아라

7월 | 득재승진 호사다마(得財昇進 好事多魔)의 운이다.

재물이 많이 오고 승진운이 함께 들어오니 반갑지만 좋은 일에는 항상 마가 끼는 법이다. 시기하고 질투하는 무리들이 방해를 하여 일이 잘 되어 가는 도중에 문제가 발생한다. 때문에 겸손하고 자중하며 신중해야 한다. 조심하면 문제없이 부귀영화를 다 차지한다. 완전히 승리를 접수하지 전까지는 방심하지 말라.

8월 | 회피부득 정면승부(回避不得 正面勝負)의 운이다.

즉 적을 피하려고 하나 피할 수가 없다면 피하지 말고 정면으로 도전하여 승부를 걸라. 당신이 이긴다. 싸움이나 송사가 일어날 운이 들어왔는데 이런 싸움이나 송사를 피하려고 하나 피할 수가 없어 고민한다. 송사는 정직한 사람이 이기는 것이 아니고 증거를 잘 제시하는 사람이 이긴다. 증거확보에 최선을 다하라.

9월 | 후목분장 구제불능(朽木糞牆 救濟不能)의 운이다.

즉 썩은 나무에 조각을 하거나 부패한 벽토에 흙 질을 하여도 소용이 없으니 구제가 불능이다. 정신상태가 썩은 소인배를 아무리 잘 교화시켜도 쓸모가 없다. 지금 당신이 상대하고 있는 새로운 거래처의 사람은 정신상태가 썩은 이기주의적인 사람이니 깊이 거래하지 말라. 정신상태가 바른 사람을 찾아서 거래하라.

10월 │ 후생가외 수양정진(後生可畏 修養精進)의 운이다.

　성장하는 후배가 두려우니 뒤지지 않으려면 수양하고 정진해야 한다. 즉 부하나 아래 사람들이 많은 실력을 가지고 올라오기 때문에 그들이 두려운 것이다. 그들에게 밀려나지 않으려면 실력을 쌓아야 하니 곧 수양정진이다. 과실을 주의해야 한다. 즉 투자를 무리하게 하면 심히 불리하다. 작은 이익에 만족하라.

11월 │ 활인구제 최고공덕(活人救濟 最高功德)의 운이다.

　사람의 목숨을 구해주는 것이 제일 높은 공덕이다. 위험에 처한 사람을 그냥 지나치지 말고 구해주면 큰 공덕이 된다. 대인관계에서 너무 이해타산 적이고 정략적으로 치우치면 불화가 따르게 마련이다. 약간은 손해를 보는 듯 하면 오히려 큰 이익을 얻으니 이롭다. 건강을 유의하라. 하복부. 요도기. 등에 주의하라.

12월 │ 사고팔고 생존감사(四苦八苦 生存感謝)의 운이다.

　사방팔방이 모두 고통을 당하는 일들 뿐이다. 죽지 않고 살아 있는 것만으로도 감사하라. 죽을 운이다. 즉 아주 어렵고 위험한 상태에 빠져들었다. 하반기 운은 자중해야 길하다. 선두에 나서면 언쟁이 일어난다. 이 달은 전쟁중이라 자중함이 상책이다. 실력자를 앞에 세우고 뒤에서 조용히 따라간다면 만사는 형통이다.

283운 | 책임은 과중한데 능력이 부족하다

7월 | 책임과중 능력부족(責任過重 能力不足)의 운이다.

책임은 과중한데 능력이 부족하다. 사방이 어렵고 힘들고 고통스러운 일이다. 어려움에 빠져버린 운이다. 사업은 곤경에 처하였고 설상가상으로 몸에 질병까지 따르고 있다. 앞으로 나아가지도 못하고 뒤로 물러 갈 수도 없는 그야말로 진퇴양난이다. 호랑이에게 물려가도 정신만 차리면 산다고 했다. 정신을 차려라.

8월 | 화중지병 심락신고(畵中之餠 心樂身苦)의 운이다.

즉 그림의 떡이니 마음은 즐거우나 몸은 고달프다. 실제는 아무것도 없고 허상뿐이다. 종교나 수도나 정신적인 면에서는 이익을 얻지만 물질적인 면에서는 손해를 본다. 때문에 정신적인 부분에 전진하면 크게 길하고 물질적인 면을 추구하면 손해를 많이 본다. 명산대천을 찾아가서 수양을 하면 큰 이로움이 따른다.

9월 | 화호유구 수분상책(畵虎類狗 守分上策)의 운이다.

호랑이를 그리려다 개 모양이 되었다. 자기의 분수를 지키는 것이 상책이다. 즉 영웅호걸의 위엄을 세우려다 이루지 못하고 경박한 소인배의 꼴이 되었다. 허풍을 떨지 말고 자기의 분수를 지키고 현실을 직시하고 처세하면 이롭다. 돈과 재물의 운을 보니 자금난에 직면하여 고전하나 잘 살펴보면 탈출구의 길은 있다.

10월 │ 심지안정 확고부동(心地安定 確固不動)의 운이다.

 마음의 바탕이 안정이 되면 정신력이 확실하고 튼튼하여 마음이 흔들리지 않는다. 마음이 확고부동하니 따라서 언행도 확고부동하고 또 사업도 확고부동하게 발전한다. 즉 마음이 모든 것을 지배하며 이끌어 가기 때문이다. 매사에 신중하면 마장은 침범하지 못한다. 선천적인 질병에 주의하라. 색정의 유혹을 경계하라.

11월 │ 환득환실 염력강화(患得患失 念力强化)의 운이다.

 얻으려고 근심하고 잃지 않으려고 근심하니 염력을 강화시켜 모든 난관을 극복하라. 이 달은 걱정하고 근심하는 달이다. 즉 이익이나 지위를 얻기 전에는 그것을 얻으려고 근심하고 또 얻은 후에는 그것을 잃지 않으려고 걱정을 하니 이래저래 근심 걱정이 끊일 사이가 없다. 염력(念力)이 약한 탓이니 염력을 강화하라.

12월 │ 화이부동 군자처세(和而不同 君子處世)의 운이다.

 즉 남들과 사이좋게 지내지만 정의를 굽혀서까지 무턱대고 한데 어울리지는 않는 것이 군자의 처세다. 세상만사는 사필귀정이다. 군자는 화이부동하고 소인은 부화뇌동(附和雷同)한다. 하늘의 기후를 보니 구름이 많고 폭풍이 몰아치고 있다. 대피하는 것이 상책이다. 새로운 사업을 시작하지 말고 현재의 일에 만족하라.

284운 | 신중하면 구사일생으로 살 수 있다

7월 | 화이부실 有名無實(花而不實 有名無實)의 운이다.

꽃뿐이고 열매는 없다. 이름만 있고 실속은 없는 빛 좋은 개살구다. 즉 말이나 명예나 겉으로 나타나는 모습은 화려하게 보이나 실질적인 이익은 없다. 유명무실한 입장이다. 운이 불리하다. 사방에서 적들이 노리고 있다. 이미 적진 속이 깊이 들어와 버렸다. 적에게 포위된 상태이나 신중하면 구사일생으로 재앙을 면한다.

8월 | 화복동문 임기응변(禍福同門 臨機應變)의 운이다.

화나 복이나 모두 자신이 불러온다. 위기를 만나 임기응변에 능해야 살아남는다. 자기 혼자의 힘으로는 역부족이다. 지극한 정성으로 임하면 하늘이 감동할 것이다. 이사나 가게 이전은 불리하다. 시골이나 한적한 곳으로 가서 마음을 수양하면 길하다. 정신을 수양하면 의외로 좋은 돌파구가 보인다. 정신은 안정하라.

9월 | 화복무문 화복자초(禍福無門 禍福自招)의 운이다.

재앙이나 복은 일정한 문이 없이 들어온다. 사람의 마음이 화복을 불러들인다. 사업운을 보니 당신의 계획과 사업의 장래성은 대단히 길하다. 그러나 이 달은 주위의 사정이 불리하여 당분간은 관망하여 기다려야 한다. 강 건너 길운이 있으니 여유를 가지고 기다려라. 당신의 돈이 남의 지갑으로 들어가니 속이 상한다.

10월 │ 유해무익 허무절망(有害無益 虛無絶望)의 운이다.

　해로움만 있고 이익은 없다. 인생이 허무하고 절망처럼 보인다. 이
달은 일보후퇴를 하는 것이 유리하다. 매사신중에 또 신중하면 마
장은 침범하지 못한다. 재물의 운을 보니 일상생활비는 궁색함이
없다. 현실에 만족하고 조용히 성현들의 말씀을 독서하면 좋다. 의
식주는 별로 걱정이 없지만 큰 목적이 이루어지지 않는다.

11월 │ 신부할족 가려상신(信斧割足 可慮傷身)의 운이다.

　믿는 도끼에 발등 찍혀 몸을 상할까 염려된다. 그토록 믿었던 심
복에게 배신을 당하여 인생의 허망함을 느낀다. 한사람에게만 의지
하여 믿으면 절대 안 된다. 운이 시원시원하지 못하고 지지부진하
다. 상대방과 의견차이로 언쟁이 일어난다. 매사에 신중하라. 사람
의 속마음은 알 수가 없다. 조심하여 안전함이 제일이다.

12월 │ 시불가실 시기불망(時不可失 時機不忘)의 운이다.

　즉 기회는 한 번 놓치면 두 번 다시 오지 않으므로 그것을 놓치지
말라. 기회는 자주 오는 것이 아니다. 기회를 잡기 위해서는 사전에
많은 준비가 필요하다. 평소에 준비가 없이 기회를 맞이하면 잡을
수 없다. 좋은 기회가 곧 온다고 생각하고 항상 준비하고 있어야
한다. 기후를 보니 구름이 많으나 비는 오지 않는다.

285운 | 살아남으려면 복지부동하라

7월 | 호사유피 인사유명(虎死遺皮 人死遺名)의 운이다.

호랑이는 죽어서 가죽을 남기고 사람은 죽어서 이름을 남긴다. 즉 짐승도 죽어서 가죽을 남겨 세상에 이익을 주는데 하물며 사람은 죽어서 더 좋은 명성을 남기지 못하면 살아온 의미가 없다. 봉사활동을 하여 좋은 이름을 사회에 남기도록 해야 한다. 불리한 운이니 피해를 최소한으로 줄일 수 있는 방법을 찾아야 한다.

8월 | 홍로점설 불가항력(紅爐點雪 不可抗力)의 운이다.

뜨거운 불길 위에 한 점의 눈이 녹는다. 불가항력이다. 지금 상대방의 적군은 뜨거운 불길과 같고 당신의 아군은 한 점의 눈과 같다. 때문에 상대하여 싸우기는 역부족이며 불가항력이다. 정면으로 승부를 걸면 자살행위이고 피하는 것이 상책이다. 도망을 가면서 후일을 기약하면 산다. 피하는 것도 좋은 처세술이다.

9월 | 불운자중 포옥유죄(不運自重 抱玉有罪)의 운이다.

즉 운이 흥하면 값비싼 보물을 가지고 있어도 죄가 되어 화를 입는 법이니 자중해야 한다. 운이 불리하면 재물을 많이 가지고 있는 것도 시비가 되어 화를 입는다. 그러나 자중하면 무난하다. 동업자나 거래처와의 의견이 대립하여 협조가 되지 못하고 사업에 난항이 따른다. 사업은 경쟁업체가 나타나 전쟁중이다.

10월 | 포류지질 온유겸손(蒲柳之質 溫柔謙遜)의 운이다.

갯버들처럼 유연하고 부드러운 체질이니 온유겸손하면 이롭다. 즉 손님접대는 자기 집 살림살이 형편대로 하고 시장의 물건은 시세대로 사면된다. 바람이 불면 부는대로 물결이 치면 치는대로 살면 다치지 않는다. 한 걸음 뒤로 물러서서 사태를 주시하면 좋은 것이 보인다. 웃는 얼굴에는 침을 못 뱉는다.

11월 | 호부견자 현부몽자(虎父犬子 賢父蒙子)의 운이다.

아버지는 호랑인데 자식은 개새끼 즉 강아지다. 즉 아버지는 잘났는데 자식은 어리석고 멍청하다. 또 사장은 훌륭한데 사원들은 멍청하다. 만일 당신이 사장의 입장이라면 부하들의 관리를 잘해야 한다. 또 당신이 부하의 입장이라면 자신을 연마하고 실력을 길러야 한다. 과욕을 금하고 현실에 충실해야 한다.

12월 | 유비무환 선견지명(有備無患 先見之明)의 운이다.

미리 예방하고 준비하는 자에게는 환난이 없는 것이니 미리 앞을 내다보는 지혜가 필요하다. 즉 앞을 보는 밝은 눈이 필요하다. 앞을 내다볼 줄 아는 밝은 지혜가 없으면 지금의 난관을 극복하기 어렵다. 하반기 운은 자중해야 길하다. 선두에 나서면 언쟁이 일어난다. 사업상의 단체 모임이라면 조용히 따라가야 한다.

286운 | 대세를 거역하면 반드시 실패한다

7월 | 평지풍파 경천동지(平地風波 驚天動地)의 운이다.

고요한 땅에 바람과 물결이 일어나 하늘과 땅이 놀랄만한 큰 사건이 일어난다. 어려운 문제가 발생하니 매사에 신중하고 복지부동함이 상책이다. 운이 불리하니 대세를 따르는 것이 길하다. 자기 혼자의 힘으로는 역부족이다. 복지부동하며 대세에는 순응하는 것이 살아남는 길이다. 신앙심을 가지고 천지신명께 기도하라.

8월 | 패전장수 무언병법(敗戰將帥 無言兵法)의 운이다.

전쟁에서 패배한 장수는 병법을 말하지 않는다. 즉 실패한 사람은 그 사건에 대하여 구구한 변명을 하지 않는다. 이 달은 자기 분수에 맞지 않는 일에는 유혹이 있어도 참고 수용하지 말라. 그리고 새로운 추진하고 있는 일이라도 결점을 찾아내어 보완해야 한다. 어려운 일이 닥치면 친구나 선배의 도움을 청하라.

9월 | 지피지기 백전백승(知彼知己 百戰百勝)의 운이다.

적의 실력을 알고 자신의 실력을 알면 백전백승이다. 하반기 운은 비록 시련의 운이지만 알고 보면 적도 당신과 마찬가지로 기진맥진한 상태다. 때문에 너무 겁을 먹지말고 전열을 정비하고 대처하면서 사태를 파악할 필요가 있다. 연애운을 보니 미지근하다. 좀 더 강하게 전진한다면 의외로 좋은 열정이 될 수 있다.

10월 │ 화근경계 안시예방(禍根警戒 安時豫放)의 운이다.

 화근을 경계하여 일어나지 않도록 해야 한다. 또 안전할 때 화근을 예방해야 한다. 즉 화근이 될 재앙의 요소를 만들지 말아야 한다. 신중하게 검토하고 최악의 경우를 생각하여 피해를 줄이도록 작전을 세워야 한다. 호랑이에게 물려가도 정신만 차리면 산다. 심사숙고하며 찾아보면 좋은 돌파구가 보일 것이다.

11월 │ 박학다식 재덕겸비(博學多識 才德兼備)의 운이다.

 학문이 넓고 지식이 풍부하다. 재주와 덕망을 함께 겸비한다면 두려울 것이 없다. 학문과 지식을 밑천 삼아 전진하라. 거래관계에서 마음에 든다고 해서 접근하면 호랑이 꼬리를 밟는 꼴이니 위험하다. 상대방은 큰 사기꾼이니 다시 한 번 상대방을 살펴보라. 거래는 뒤로 미루어야 한다. 지금의 거래는 사기를 당한다.

12월 │ 내외파경 조강지처(內外破鏡 糟糠之妻)의 운이다.

 부부사이의 거울이 깨진다. 즉 부부사이에 금슬이 안 좋아 별거나 이혼을 한다. 파경의 운이니 사업도 파산하고 친구간에 의리도 갈라진다. 조강지처를 버리면 천벌을 받는다. 거래를 주의하라. 새로 거래하는 사람도 고등 사기꾼이다. 한 번 걸려들면 패가망신을 당할 것이다. 위험한 인물이니 거래를 중단하라.

287운 | 직장에서 박탈당하는 불운이다

7월 | 혈혈단신 자수성가(孑孑單身 自手成家)의 운이다.

외롭고 의지할 곳이 없는 홀몸이다. 사방을 돌아보아도 도와줄 사람은 아무도 없다. 자수성가해야 한다. 자력심을 더욱 기르고 강한 독립정신을 무장하라. 운이 좀 불리하니 자중함이 좋다. 직장에서는 박탈당하는 불운이다. 사고가 일어날 징조가 보이니 다시 한 번 더 점검하고 살펴보아야 한다. 매사에 심히 조심하라.

8월 | 구설상쟁 청이여농(口舌相爭 聽耳如聾)의 운이다.

구설이 따르고 서로 싸움이 일어난다. 구설이 귀에 들려도 듣지 못하는 귀머거리처럼 처세하라. 하는 일 없이 구설을 듣고 싸움을 하여 세월만 헛되이 보낸다. 이 달은 전쟁의 운이 들어 있으니 싸움을 주의하라. 조심조심하면 무난히 넘어간다. 앞을 봐도 적군이고 뒤를 봐도 적군이니 사면초가이며 사방이 적이다.

9월 | 도처득재 산천대축(到處得財 山天大蓄)의 운이다.

가는 곳곳마다 재물을 얻는다. 재물이 산처럼 하늘에 닿을만큼 많이 모인다. 좀처럼 얻기 어려운 좋은 기회가 왔다. 이 좋은 기회를 놓치면 당신은 박탈당한다. 이기면 충신이고 지면 역적이다. 이기면 살고 지면 죽는다. 평소에 적선을 하고 인간관계를 잘 해두어야 도움을 받을 수 있다. 호사다마를 생각하라.

10월 │ 속수무책 술수무용(束手無策 術數無用)의 운이다.

손이 묶인 듯이 어쩔 수없이 꼼짝못한다. 때문에 뛰어난 묘수도 아무 소용이 없다. 가만히 당하고 만다. 이 달은 크게 실수하는 흉운이니 신중하라. 도적이 문 앞까지 왔다. 상대가 적극적으로 나와도 받아드리면 화근이 된다. 돈과 재물의 운을 보니 큰 손해를 본다. 회사는 도산하고 가정에는 우환이 갑자기 밀려든다.

11월 │ 함구무언 제일안전(緘口無言 第一安全)의 운이다.

입을 다물고 말하지 아니하면 제일 안전하다. 지금은 입을 열면 모두 불리하다. 말하지 않고 조용히 있으면 모든 문제가 저절로 사라진다. 침묵이 제일 좋은 방책이다. 가만히 침묵하면 2등은 한다. 그러나 입을 열면 3등이나 아니면 꼴찌를 한다. 입을 꾹 다물면 만사가 형통하다. 마음을 급하나 몸이 따르지 않는다.

12월 │ 구밀복검 표리부동(口蜜腹劍 表裏不同)의 운이다.

입에는 꿀이 있고 배에는 칼이 있다. 겉과 속이 다르다. 즉 지금의 상대자는 이중인격자다. 겉으로는 상냥한 체 당신을 위하면서 은근히 돌아서서는 당신을 끌어내려 모함을 하고있다. 때문에 당신도 같은 방법으로 구밀복검으로 상대해야 당하지 않는 운이다. 하늘에는 먹구름이다. 신중하라. 뒤통수를 맞을까 두렵다.

288운 | 사면초가이며 진퇴양난이다

7월 | 제사만족 제사수복(諸事滿足 諸事受福)의 운이다.

모든 일에 만족하면 모든 일에서 복을 받는다. 만족하는 사람은 진실로 행복한 사람이다. 만족할 줄 아는 것이 부자다. 즉 만족할 줄 모르면 아무리 많은 것을 소유해도 마음은 가난뱅이다. 하반기 운은 길하지 못하다. 사업가나 직장인은 부정거래를 하는 운이다. 또 불륜으로 연애하거나 색정으로 망신을 당한다.

8월 | 토사구팽 대성통곡(兎死狗烹 大聲痛哭)의 운이다.

토끼사냥이 끝나니 이제 사냥개도 잡아먹는다. 큰 소리를 내며 억울함을 통곡한다. 당신은 지금 토사구팽에서 나오는 사냥개와 같은 입장이다. 당신은 상대방을 위해서 충성을 다했다. 그러나 상대방은 이제 당신을 다 이용해 먹었다고 생각하고 냉정하게 자른다. 당신은 눈물을 흘리며 버림을 당한다. 억울하다.

9월 | 수원수구 인과응보(誰怨誰咎 因果應報)의 운이다.

즉 누구를 원망하고 누구를 탓하랴. 남을 원망하거나 탓할 것이 없다. 천지의 이치는 인과응보의 이치로 이루어진다. 지금 당신이 당하는 고난은 전생의 업장이라 생각해야 한다. 그 누구도 원망할 것도 아니고 원수도 없다. 업장소멸이라고 생각해야 한다. 어차피 당해야 할 운이라면 곱게 당하는 것이 전화위복이 된다.

10월 │ 수수방관 무난무사(袖手傍觀 無難無事)의 운이다.

팔짱을 끼고 바라보고만 있으면 아무 어려움이 없고 아무 탈이 없이 넘어간다. 즉 응당 해야 할 일인데도 불구하고 아무런 관여도 하지 않고 그대로 내버려둔다. 지금 당신의 운이 불리하기 때문에 주변에 일어나는 사건에 대하여 관여하지 말고 수수방관하면 이롭다. 무관하게 상대하면 별탈은 없다. 벙어리처럼 처세하라.

11월 │ 수심청정 구문견수(修心淸淨 口門堅守)의 운이다.

마음은 만사의 중심이며 근본이니 마음을 수양하여 청정하게 할 것이며 입을 굳게 지켜 화근을 예방할지니 입을 통하여 모든 죄가 들어온다. 수신제가를 한 다음에 치국평천하를 한다. 그러나 어리석은 사람은 자기의 할 일도 제대로 못하면서 남의 일에 간섭하다가 망신을 당한다. 운이 불리하다.

12월 │ 파란만장 起伏人生(波瀾萬丈 起伏人生)의 운이다.

운이 파란만장이니 상당한 고난이 따른다. 기복이 많은 인생이다. 지금의 운은 사면초가이며 진퇴양난이다. 자중함이 제일 길하다. 이 달은 고전운이니 피해를 줄이는데 힘써야 한다. 운이 불리하니 만사가 다 불리하다. 취직의 운을 보니 역시 불가능하다. 시험의 운을 보니 불합격이다. 작은 이익에 만족하며 근신하라.

동양철학전문출판 삼한

찾기 쉬운 명당

•••••••••••••••••••••••••••••••••••••
신비한 동양철학 44

풍수지리의 모든 것 !

이 책은 가능하면 쉽게 풀려고 노력했고, 실전에 도움
이 되도록 했다. 특히 풍수지리에서 방향측정에 필수인
패철(佩鐵)사용과 나경(羅經) 9층을 각 층별로 간추려
설명했다. 그리고 이 책에 수록된 도설, 즉 오성도, 명
산도, 명당 형세도 내거수 명당도, 지각(枝脚)형세도,
용의 과협출맥도, 사대혈형(穴形) 와겸유돌(窩鉗乳突)
형세도 등은 국립중앙도서관에 소장된 문헌자료인 만
산도단, 만산영도, 이석당 은민산도의 원본을 참조했다.

· 호산 윤재우 저

명리입문

•••••••••••••••••••••••••••••••••••••
신비한 동양철학 41

명리학의 필독서 !

이 책은 자연의 기후변화에 의한 운명법 외에 명리학
도들이 궁금해 했던 인생의 제반사들에 대해서도 상세
하게 기술했다. 따라서 초보자부터 심도있게 공부한 사
람들까지 세심히 읽고 숙독해야 하는 책이다. 특히 격
국이나 용신뿐 아니라 십신에 대한 자세한 설명, 조후
용신에 대한 보충설명, 인간의 제반사에 대해서는 독보
적인 해설이 들어 있다. 초보자들에게는 더할 수 없이
훌륭한 길잡이가 될 것이다.

· 동하 정지호 편역

사주대성

신비한 동양철학 33

초보에서 완성까지

이 책은 과거 현재 미래를 모두 알 수 있는 비결을 실었다. 그러나 모두 터득한다는 것은 어려울 것이다.역학은 수천 년간 동방의 석학들에 의해 갈고 닦은 철학이요 학문이며, 정신문화로서 영과학적인 상수문화로서 자랑할만한 위대한 학문이다.

· 도관 박흥식 저

해몽정본

신비한 동양철학 36

꿈의 모든 것 !

막상 꿈해몽을 하려고 하면 내가 꾼 꿈을 어디다 대입시켜야 할지 모를 경우가 많았을 것이다. 그러나 이 책은 찾기 쉽고, 명료하며, 최대한으로 많은 갖가지 예를 들었으니 꿈해몽을 하는데 어려움이 없을 것이다.

· 청암 박재현 저

동양철학전문출판 삼한

기문둔갑옥경

신비한 동양철학 32

가장 권위있고 우수한 학문!

우리나라의 기문역사는 장구하지만 상세한 문헌은 전무한 상태라 이 책을 발간하기로 했다. 기문둔갑은 천문지리는 물론 인사명리 등 제반사에 관한 길흉을 판단함에 있어서 가장 우수한 학문이며 병법과 법술방면으로도 특징과 장점이 있다. 초학자는 포국편을 열심히 익혀 설국을 자유자재로 할 수 있도록 하고 개인의 이익보다는 보국안민에 일조하기 바란다.

· 도관 박흥식 저

정본·관상과 손금

신비한 동양철학 42

바로 알고 사람을 사귑시다

이 책은 관상과 손금은 인생을 행복으로 이끌기 위해 있다는 관점에서 다루었다. 그야말로 관상과 손금의 혁명이라고 할 수 있을 것이다. 여러분도 관상과 손금을 통한 예지력으로 인생의 참주인이 되기 바란다. 용기를 불어넣어 주고 행복을 찾게 하는 것이 참다운 관상과 손금술이다. 이 책으로 미래의 좋은 예지력을 한번쯤 발휘해 보기 바란다. 이 책이 일상사에 고민하는 분들에게 해결방법을 제시해 줄 것이다.

· 지창룡 감수

조화원약 평주

신비한 동양철학 35

명리학의 정통교본!

이 책은 자평진전, 난강망, 명리정종, 적천수 등과 함께 명리학의 교본에 해당하는 것으로 중국 청나라 때 나온 난강망이라는 책을 서낙오 선생께서 설명을 붙인 것이다. 기존의 많은 책들이 격국과 용신으로 감정하는 것과는 달리 십간십이지와 음양오행을 각각 자연의 이치와 춘하추동의 사계절의 흐름에 대입하여 인간의 길흉화복을 알 수 있게 했다.

· 동하 정지호 편역

龍의 穴·풍수지리 실기 100선

신비한 동양철학 30

실전에서 실감나게 적용하는 풍수지리의 길잡이!

이 책은 풍수지리 문헌인 조선조 고무엽(古務葉) 태구승(泰九升) 부집필(父輯筆)로 된 만두산법(巒頭山法), 채성우의 명산론(明山論), 금낭경(錦囊經) 등을 알기 쉬운 주제로 간추려 풍수지리의 길잡이가 되고자 했다. 그리고 인간의 뿌리와 한 사람의 고유한 이름의 중요성을 풍수지리와 연관하여 살펴보아야 하기 때문에 씨족의 시조와 본관, 작명론(作名論)을 같이 편집했다.

· 호산 윤재우 저

천직·사주팔자로 찾은 나의 직업

신비한 동양철학 34

역경없이 탄탄하게 성공할 수 있는 방법 !

잘 되겠지 하는 막연한 생각으로 의욕만 갖고 도전하는 것과 나에게 맞는 직종은 무엇이고 때는 언제인가를 알고 도전하는 것은 근본적으로 다르고, 결과 또한 다르다. 더구나 요즈음은 I.M.F.시대라 하여 모든 사람들이 정신까지 위축되어 생기를 잃어가고 있다. 이런 때 의욕만으로 팔자에도 없는 사업을 시작했다고 하자, 결과는 불을 보듯 뻔하다. 그러므로 이런 때일수록 침착과 냉정을 찾아 내 그릇부터 알고, 생활에 대처하는 지혜로움을 발휘해야 한다.

· 백우 김봉준 저

통변술해법

신비한 동양철학 ㉑

가닥가닥 풀어내는 역학의 비법 !

이 책은 역학에 대해 다 알면서도 밖으로 표출되지 않아 어려움을 겪는 사람들을 위한 실습서다. 특히 틀에 박힌 교과서적인 역술의 고정관념에서 벗어나, 한차원 높게 공부할 수 있도록 원리통달을 설명하는데 중점을 두었다. 실명감정과 이론강의라는 두 단락으로 나누어 역학의 진리를 설명했기 때문에 누구나 쉽게 이해할 수 있다. 역학계의 대가 김봉준 선생의 역서 「알기쉬운 해설·말하는 역학」의 후편이다.

· 백우 김봉준 저

주역육효 해설방법 上·下

신비한 동양철학 38

한 번만 읽으면 주역을 활용할 수 있는 책!

이 책은 주역을 해설한 것으로, 될 수 있는 한 여러 가지 사설을 덧붙이지 않고 주역을 공부하고 활용하는데 필요한 요건만을 기록했다. 따라서 주역의 근원이나 하도낙서, 음양오행에 대해서도 많은 설명을 자제했다. 다만 누구나 이 책을 한 번 읽어서 주역을 이해하고 활용할 수 있도록 하는데 중점을 두었다.

· 원공선사 저

사주명리학의 핵심

신비한 동양철학 ⑲

맥을 잡아야 모든 것이 보인다!

이 책은 잡다한 설명을 배제하고 명리학자들에게 도움이 될 비법만을 모아 엮었기 때문에 초심자가 이해하기에는 다소 어려운 부분도 있겠지만 기초를 튼튼히 한 다음 정독한다면 충분히 이해할 것이다. 신살만 늘어놓으며 감정하는 사이비가 되지말기를 바란다.

· 도관 박흥식 저

동양철학전문출판 삼한

이렇게 하면 좋은 운이 온다

신비한 동양철학 ㉗

한 가정에 한 권씩 놓아두고 볼만한 책 !

좋은 운을 부르는 방법은 방위·색상·수리·년운·월운·날짜·시간·궁합·이름·직업·물건·보석·맛·과일·기운·마을·가축·성격 등을 정확하게 파악하여 자신에게 길한 것은 취하고 흉한 것은 피하면 된다. 간혹 예외인 경우가 있지만 극소수에 불과하고 대부분은 적중하기 때문에 좋은 효과를 본다. 이 책의 저자는 신학대학을 졸업하고 역학계에 입문했다는 특별한 이력을 갖고 있기 때문에 더 많은 화제가 되고 있다.

· 역산 김찬동 저

말하는 역학

신비한 동양철학 ⑪

신수를 묻는 사람 앞에서 말문이 술술 열린다!

이 책은 그토록 어렵다는 사주통변술을 이해하기 쉽고 흥미롭게 고담과 덕담을 곁들여 사실적인 인물을 궁금해 하는 사람에게 생동감있게 통변하고 있다. 길흉작용을 어떻게 표현하느냐에 따라 상담자의 정곡을 찔러 핵심을 끄집어내고 여기에 대한 정답을 내려주는 것이 통변술이다. 역학계의 대가 김봉준 선생의 역작이다.

· 백우 김봉준 저

술술 읽다보면 통달하는 사주학

신비한 동양철학 ㉗

술술 읽다보면 나도 어느새 도사 !

당신은 당신 마음대로 모든 일이 이루어지던가. 지금까지 누구의 명령을 받지 않고 내 맘대로 살아왔다고, 운명 따위는 믿지도 않고 매달리지 않는다고, 이렇게 말하는 사람들이 많다. 그러나 그것은 우주법칙을 모르기 때문에 하는 소리다.

· 조철현 저

참역학은 이렇게 쉬운 것이다

신비한 동양철학 ㉔

음양오행의 이론으로 이루어진 참역학서 !

수학공식이 아무리 어렵다고 해도 1, 2, 3, 4, 5, 6, 7, 8, 9, 0의 10개의 숫자로 이루어졌듯이, 사주도 음양과 목, 화, 토, 금, 수의 오행으로 이루어졌을 뿐이다. 그러니 용신과 격국이라는 무거운 짐을 벗어버리고 음양오행의 법칙과 진리만 정확하게 파악하면 된다. 사주는 단지 음양오행의 변화일 뿐이고, 용신과 격국은 사주를 감정하는 한가지 방법에 지나지 않는다.

· 청암 박재현 저

나의 천운 운세찾기

신비한 동양철학 ⑫

놀랍다는 몽골정통 토정비결 !

이 책은 역학계의 대가 김봉준 선생이 놀랍다는 몽공토정비결을 연구 · 분석하여 우리의 인습 및 체질에 맞게 엮은 것이다. 운의 흐름을 알리고자 호운과 쇠운을 강조했으며, 현재의 나를 조명해보고 판단할 수 있도록 했다. 모쪼록 생활서나 안내서로 활용하기 바란다.

· 백우 김봉준 저

쉽게푼 역학

신비한 동양철학 ❷

쉽게 배워서 적용할 수 있는 생활역학서 !

이 책에서는 좀더 많은 사람들이 역학의 근본인 우주의 오묘한 진리와 법칙을 깨달아 보다 나은 삶을 영위하는데 도움이 될 수 있도록 가장 쉬운 언어와 가장 쉬운 방법으로 풀이했다. 역학계의 대가 김봉준 선생의 역작이다.

· 백우 김봉준 저

역산성명학

신비한 동양철학 ㉕

이름은 제2의 자신이다 !

이름에는 각각 고유의 뜻과 기운이 있어서 그 기운이
성격을 만들고 그 성격이 운명을 만든다. 나쁜 이름은
부르면 부를수록 불행을 부르고 좋은 이름은 부르면
부를수록 행복을 부른다. 만일 이름이 거지 같다면 아
무리 운세를 잘 만나도 밥을 좀더 많이 얻어 먹을 수
있을 뿐이다. 이 책의 저자는 신학대학을 졸업하고 역
학계에 입문했다는 특별한 이력을 갖고 있기 때문에
더 많은 화제가 되고 있다.

・역산 김찬동 저

작명해명

신비한 동양철학 ㉖

누구나 쉽게 배워서 활용할 수 있는 체계적인 작명법 !

일반적인 성명학으로는 알 수 없는 한자이름, 한글이
름, 영문이름, 예명, 회사명, 상호, 상품명 등의 작명방
법을 여러 사례를 들어 체계적으로 분석하여 누구나
쉽게 배워서 활용할 수 있도록 서술했다.

・도관 박홍식 저

동양철학전문출판 삼한

관상오행

신비한 동양철학 ⑳

한국인의 특성에 맞는 관상법!

좋은 관상인 것 같으나 실제로는 나쁘거나 좋은 관상이 아닌데도 잘 사는 사람이 왕왕있어 관상법 연구에 흥미를 잃는 경우가 있다. 이것은 중국의 관상법만을 익히고, 우리의 독특한 환경적인 특징을 소홀히 다루었기 때문이다. 이에 우리 한국인에게 알맞는 관상법을 연구하여 누구나 관상을 쉽게 알아보고 해석할 수 있도록 자세하게 풀어놓았다.

· 송파 정상기 저

물상활용비법

신비한 동양철학 31

물상을 활용하여 오행의 흐름을 파악한다!

이 책은 물상을 통하여 오행의 흐름을 파악하고, 운명을 감정하는 방법을 연구한 책이다. 추명학의 해법을 연구하고 운명을 추리하여 오행에서 분류되는 물질의 운명 줄거리를 물상의 기물로 나들이 하는 활용법을 주제로 했다. 팔자풀이 및 운명해설에 관한 명리감정법의 체계를 세우는데 목적을 두고 초점을 맞추었다.

· 해주 이학성 저

운세십진법 · 本大路

신비한 동양철학 ❶

운명을 알고 대처하는 것은 현대인의 지혜다!

타고난 운명은 분명히 있다. 그러니 자신의 운명을 알고 대처한다면 비록 운명을 바꿀 수는 없지만 충분히 향상시킬 수 있다. 이것이 사주학을 알아야 하는 이유다. 이 책에서는 자신이 타고난 숙명과 앞으로 펼쳐질 운명행로를 찾을 수 있도록 운명의 기초를 초연하게 설명하고 있다.

· 백우 김봉준 저

국운 · 나라의 운세

신비한 동양철학 ㉒

역으로 풀어본 우리나라의 운명과 방향!

아무리 서구사상의 파고가 높다하기로 오천년을 한결같이 가꾸며 살아온 백두의 혼이 와르르 무너지는 지경에 왔어도 누구하나 입을 열어 말하는 사람이 없으니 답답하다. IMF라는 특수한 상황에서 불확실한 내일에 대한 해답을 이 책은 명쾌하게 제시하고 있다.

· 백우 김봉준

명인재

신비한 동양철학 43

신기한 사주판단 비법 !

살(殺)의 활용방법을 완벽하게 제시하는 책!
이 책은 오행보다는 주로 살을 이용하는 비법이다. 시중에 나온 책들을 보면 살에 대해 설명은 많이 하면서도 실제 응용에서는 무시하고 있다. 이것은 살을 알면서도 응용할 줄 모르기 때문이다. 그러나 이 책에서는 살의 활용방법을 완전히 터득해, 어떤 살과 어떤 살이 합하면 어떻게 작용하는지를 자세하게 설명하고 있다.

· 원공선사 지음

사주학의 방정식

신비한 동양철학 18

가장 간편하고 실질적인 역서 !

이 책은 종전의 어려웠던 사주풀이의 응용과 한문을 쉬운 방법으로 터득할 수 있게 하는데 목적을 두었고, 역학의 내용이 어떤 것이며 무엇이 어디에 속하는지를 알고자 하는데 있다.

· 김용오 저

원토정비결

신비한 동양철학 53

반쪽으로만 전해오는 토정비결의 완전한 해설판

지금 시중에 나와 있는 토정비결에 대한 책들을 보면 옛날부터 내려오는 완전한 비결이 아니라 반쪽의 책이다. 그러나 반쪽이라고 말하는 사람이 없다. 그것은 주역의 원리를 모르기 때문이다. 따라서 늦은 감이 없지 않으나 앞으로의 수많은 세월을 생각하면서 완전한 해설본을 내놓기로 한 것이다.

· 원공선사 저

내가 보고 내가 바꾸는 DIY사주

신비한 동양철학 40

내가 보고 내가 바꾸는 사주비결 !

이 책은 기존의 책들과는 달리 한 사람의 사주를 체계적으로 도표화시켜 한 눈에 파악할 수 있고, DIY라는 책 제목에서 말하듯이 개운하는 방법을 제시하고 있다. 초심자는 물론 전문가도 자신의 이론을 새롭게 재조명해 볼 수 있는 케이스 스터디 북이다.

· 석오 전 광 지음

동양철학전문출판 삼한

남사고의 마지막 예언

신비한 동양철학 29

이 책으로 격암유록에 대한 논란이 끝나기 바란다

감히 이 책을 21세기의 성경이라고 말한다. 〈격암유록〉
은 섭리가 우리민족에게 준 위대한 복음서이며, 선물이
며, 꿈이며, 인류의 희망이다. 이 책에서는 〈격암유록〉
이 전하고자 하는 바를 주제별로 정리하여 문답식으로
풀어갔다. 이 책으로 〈격암유록〉에 대한 논란은 끝나기
바란다.

• 석정 박순용 저

진짜부적 가짜부적

신비한 동양철학 7

부적의 실체와 정확한 제작방법

인쇄부적에서 가짜부적에 이르기까지 많게는 몇백만원
에 팔리고 있다는 보도를 종종 듣는다. 그러나 부적은
정확한 제작방법에 따라 자신의 용도에 맞게 스스로
만들어 사용하면 훨씬 더 좋은 효과를 얻을 수 있다.
이 책은 중국에서 정통부적을 연구한 국내유일의 동양
오술학자가 밝힌 부적의 실체와 정확한 제작방법을 소
개하고 있다.

• 오상익 저

한눈에 보는 손금

신비한 동양철학 52

논리정연하며 바로미터적인 지침서

이 책은 수상학의 연원을 초월해서 동서합일의 이론으로 집필했다. 그야말로 완벽하리만치 논리정연한 수상학을 정리한 것이다. 그래서 운명적, 철학적, 동양적, 심리학적인 면을 예증과 방편에 이르기까지 아주 상세하게 기술했다. 이 책은 수상학이라기 보다 한 인간의 바로미터적인 지침서 역할을 해줄 것이다. 독자 여러분의 꾸준한 연구와 더불어 인생성공의 지침서가 될 수 있을 것이다.

· 정도명 저

만세력 | 사륙배판 · 신국판 사륙판 · 포켓판

신비한 동양철학 45

찾기 쉬운 만세력

이 책은 완벽한 만세력으로 만세력 보는 방법을 자세하게 설명했다. 그리고 역학에 대한 기본적인 내용과 결혼하기 좋은 나이 · 좋은 날 · 좋은 시간, 아들 · 딸 태아감별법, 이사하기 좋은 날 · 좋은 방향 등을 부록으로 실었다.

· 백우 김봉준 저

수명비결

신비한 동양철학 14

주민등록번호 13자로 숙명의 정체를 밝힌다

우리는 지금 무수히 많은 숫자의 거미줄에 매달려 허우적거리며 살아가고 있다. 1분 ·1초가 생사를 가름하고, 1등·2등이 인생을 좌우하며, 1급·2급이 신분을 구분하는 세상이다. 이 책은 수명리학으로 13자의 주민등록번호로 명예, 재산, 건강, 수명, 애정, 자녀운 등을 미리 읽어본다.

· 장충한 저

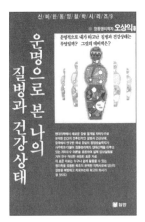

운명으로 본 나의 질병과 건강상태

신비한 동양철학 9

타고난 건강상태와 질병에 대한 대비책

이 책은 국내 유일의 동양오술학자가 사주학과 더불어 정통명리학의 양대산맥을 이루는 자미두수 이론으로 임상실험을 거쳐 작성한 표준자료다. 따라서 명리학을 응용한 최초의 완벽한 의학서로 질병을 예방하고 치료하는데 활용한다면 최고의 의사가 될 것이다. 또한 예방의학적인 차원에서 건강을 유지하는데 훌륭한 지침서로 현대의학의 새로운 장을 여는 계기가 될 것이다.

· 오상익 저

오행상극설과 진화론

신비한 동양철학 5

인간과 인생을 떠난 천리란 있을 수 없다

과학이 현대를 설정하여 설명하고 있으나 원리는 동양
철학에도 있기에 그 양면을 밝히고자 노력했다. 우주에
서 일어나는 모든 일을 과학으로 설명될 수는 없다.
비과학적이라고 하기보다는 과학이 따라오지 못한다고
설명하는 것이 더 솔직하고 옳은 표현일 것이다. 특히
과학분야에 종사하는 신의사가 저술했다는데 더 큰 화
제가 되고 있다.

• 김태진 저

사주학의 활용법

신비한 동양철학 17

가장 실질적인 역학서

우리가 생소한 지방을 여행할 때 제대로 된 지도가 있
다면 편리하고 큰 도움이 되듯이 역학이란 이와같은
인생의 길잡이다. 예측불허의 인생을 살아가는데 올바
른 안내자나 그 무엇이 있다면 그 이상 마음 든든하고
큰 재산은 없을 것이다.

• 학선 류래웅 저

쉽게 푼 주역

신비한 동양철학 10

귀신도 탄복한다는 주역을 쉽고 재미있게 풀어놓은 책

주역이라는 말 한마디면 귀신도 기겁을 하고 놀라 자빠진다는데, 운수와 일진이 문제가 될까. 8×8=64괘라는 주역을 한 괘에 23개씩의 회답으로 해설하여 1472괘의 신비한 해답을 수록했다. 당신이 당면한 문제라면 무엇이든 해결할 수 있는 열쇠가 이 한 권의 책 속에 있다.

· 정도명 저

핵심 관상과 손금

신비한 동양철학 54

사람을 볼 줄 아는 안목과 지혜를 알려주는 책

오늘과 내일을 예측할 수 없을만큼 복잡하게 펼쳐지는 현실에서 살아남기 위해서는 사람을 볼줄 아는 안목과 지혜가 필요하다. 시중에 관상학에 대한 책들이 많이 나와있지만 너무 형이상학적이라 전문가도 이해하기 어렵다. 이 책에서는 누구라도 쉽게 보고 이해할 수 있도록 핵심만을 파악해서 설명했다.

· 백우 김봉준 저

진짜궁합 가짜궁합

신비한 동양철학 8

남녀궁합의 새로운 충격

중국에서 연구한 국내유일의 동양오술학자가 우리나라 역술가들의 궁합법이 잘못되었다는 것을 학술적으로 분석·비평하고, 전적과 사례연구를 통하여 궁합의 실체와 타당성을 분석했다. 합리적인「자미두수궁합법」과「남녀궁합」및 출생시간을 몰라 궁합을 못보는 사람들을 위하여「지문으로 보는 궁합법」등을 공개한다.

· 오상익 저

좋은꿈 나쁜꿈

신비한 동양철학 15

그날과 앞날의 모든 답이 여기 있다

개꿈이란 없다. 꿈은 반드시 미래를 예언한다. 이 책은 프로이드의 정신분석학적인 입장이 아닌 미래판단의 근거에 입각한 예언적인 해몽학이다. 여러 형태의 꿈을 체계적으로 정리했으니 올바른 해몽법으로 앞날을 지혜롭게 대처해 보자. 모쪼록 각 가정에서 한 권씩 두고 이용하면 생활하는데 많은 도움이 될 것이다.

· 학선 류래웅 저

완벽 만세력

신비한 동양철학 58

착각하기 쉬운 썸머타임 2도 인쇄

시중에 많은 종류의 만세력이 나와있지만 이 책은 단순한 만세력이 아니라 완벽한 만세경전으로 만세력 보는 법 등을 실었기 때문에 처음 대하는 사람이라도 쉽게 볼 수 있도록 편집되었다. 또한 부록편에는 사주명리학, 신살종합해설, 결혼과 이사택일 및 이사방향, 길흉보는 법, 우주천기와 한국의 역사 등을 수록했다.

· 백우 김봉준 저

周易·토정비결

신비한 동양철학 40

토정비결의 놀라운 비결

지금 시중에 나와 있는 토정비결에 대한 책들을 보면 옛날부터 내려오는 완전한 비결이 아니라 반쪽의 책이다. 그러나 반쪽이라고 말하는 사람이 없다. 그것은 주역의 원리를 모르기 때문이다. 따라서 늦은 감이 없지 않으나 앞으로의 수많은 세월을 생각하면서 완전한 해설본을 내놓기로 했다.

· 원공선사 저

현장 지리풍수

신비한 동양철학 48

현장감을 살린 지리풍수법

풍수를 업으로 삼는 사람들이 진(眞)과 가(假)를 분별할 줄 모르면서 24산의 포태사묘의 법을 익히고는 많은 법을 알았다고 자부하며 뽐내고 있다. 그리고는 재물에 눈이 어두워 불길한 산을 길하다 하고, 선하지 못한 물(水)을 선하다 하면서 죄를 범하고 있다. 이는 분수 밖의 것을 망녕되게 바라기 때문이다. 마음 가짐을 바로 하고 고대 원전에 공력을 바치면서 산간을 실사하며 적공을 쏟으면 정교롭고 세밀한 경지를 얻을 수 있을 것이다.

· 전항수 · 주관장 편저

완벽 사주와 관상

신비한 동양철학 55

사주와 관상의 핵심을 한 권에

자연과 인간, 음양(陰陽)오행과 인간, 사계와 절후, 인상(人相)과 자연, 신(神)들의 이야기 등등 우리들의 삶과 관계되는 사실적 관계로만 역(易)을 설명해 누구나 쉽게 이해할 수 있도록 썼으며 특히 역(易)에 대한 관심과 흥미를 갖게 하고자 인상학(人相學)을 추록했다. 여기에 추록된 인상학(人相學)은 시중에서 흔하게 볼 수 있는 상법(相法)이 아니라 생활상법(生活相法) 즉 삶의 지식과 상식을 드리고자 했으니 생활에 유익함이 있기를 바란다.

· 김봉준 · 유오준 공저

해몽·해몽법

신비한 동양철학 50

해몽법을 알기 쉽게 설명한 책

인생은 꿈이 예지한 시간적 한계에서 점점 소멸되어 가는 현존물이기 때문에 반드시 꿈의 뜻을 따라야 한다. 이것은 꿈을 먹고 살아가는 인간 즉 태몽의 끝장면인 죽음을 향해 달려가고 있는 인간이기 때문이다. 꿈은 우리의 삶을 이끌어가는 이정표와도 같기에 똑바로 가도록 노력해야 한다.

· 김종일 저

역점

신비한 동양철학 57

우리나라 전통 행운찾기

주역을 무조건 미신으로 치부해버리는 생각은 버려야 한다. 주역이 점치는 책에만 불과했다면 벌써 그 존재가 없어졌을 것이다. 그러나 오랫동안 많은 학자가 연구를 계속해왔고, 그 속에서 자연과학과 형이상학적인 우주론과 인생론을 밝혀, 정치·경제·사회 등 여러 방면에서 인간의 생활에 응용해왔고, 삶의 지침서로써 그 역할을 했다. 이 책은 한 번만 읽으면 누구나 역점가가 될 수 있으니 생활에 도움이 되길 바란다.

· 문명상 편저

명리학연구

신비한 동양철학 59

체계적인 명확한 이론

이 책은 명리학 연구에 핵심적인 내용만을 모아 하나의 독립된 장을 만들었다. 명리학은 분야가 넓어 공부를 하다보면 주변에 머무르는 경우가 많아, 주요 내용을 잃고 헤매는 경우가 많다. 그러므로 뼈대를 잡는 것이 중요한데, 여기서는 「17장. 명리대요」에 핵심 내용만을 모아 학문의 체계를 잡는데 용이하게 하였다.

・권중주 저

쉽게 푼 풍수

신비한 동양철학 60

현장에서 활용하는 풍수지리법

산도는 매우 광범위하고, 현장에서 알아보기 힘들다. 더구나 지금은 수목이 울창해 소조산 정상에 올라가도 나무에 가려 국세를 파악하는데 애를 먹는다. 그러므로 사진을 첨부하니 많은 도움이 되길 바란다. 물론 결록에 있고 산도가 눈에 익은 것은 혈 사진과 함께 소개하니 참고하기 바란다. 이 책을 열심히 정독하면서 답산하면 혈을 알아보고 용산도 할 수 있을 것이다.

・전항수・주장관 편저

동양철학전문출판 삼한

올바른 작명법

신비한 동양철학 61

세상의 부모들에게 가장 소중한 것이 무엇이냐고 물으면 누구든 자녀라고 할 것이다. 그런데 왜 평생을 좌우할 이름을 함부로 짓는가. 이름이 얼마나 소중한지를. 이름의 오행작용이 사람의 일생을 어떻게 좌우하는지를 모르기 때문이다. 세상만물은 음양오행의 영향을 받지 않는 것이 없다. 봄이 가면 여름이 오고, 여름이 가면 가을이 오고, 가을이 가면 겨울이 오고, 겨울이 가면 봄이 오는 것 또한 음양오행의 원리다.

· 이정재 저

신수대전

신비한 동양철학 62

흉함을 피하고 길함을 부르는 방법

신수를 보는 방법은 여러 가지가 있는데 대부분이 주역과 사주추명학에 근거를 둔다. 수많은 학설 중에서 몇 가지를 보면 사주명리, 자미두수, 관상, 점성학, 구성학, 육효, 토정비결, 매화역수, 대정수, 초씨역림, 황극책수, 하락리수, 범위수, 월영도, 현무발서, 철판신수, 육임신과, 기문둔갑, 태을신수 등이다. 역학에 정통한 고사가 아니면 제대로 추단하기 어려운데 엉터리 술사들이 넘쳐난다. 그래서 누구나 자신의 신수를 볼 수 있도록 몇 가지를 정리했다.

· 도관 박흥식

음택양택
·····································
신비한 동양철학 63
현세의 운·내세의 운
이 책에서는 음양택명당의 조건이나 기타 여러 가지를
설명하여 산 자와 죽은 자의 행복한 집을 만들 수 있도
록 했다. 특히 죽은 자의 집인 음택명당은 자리를 옳게
잡으면 꾸준히 생기를 발하여 흥하나, 그렇지 않으면
큰 피해를 당하니 돈보다도 행·불행의 근원인 음양택
명당에 관심을 기울여야 한다.

· 전항수·주장관 지음

이런 집에 살아야 잘 풀린다
·····································
신비한 동양철학 64
운이 트이는 좋은 집 알아보는 비결
힘든 상황에서 내 가족이 지혜롭게 대처하고 건강을
지켜주는, 한마디로 운이 트이는 집은 모두의 꿈일 것
이다. 가족이 평온하게 생활할 수 있는 집, 나가서는 발
전을 가져다 줄 수 있는 그런 집이 있다면 얼마나 좋을
까? 그런 소망에 한 걸음이라도 가까워지려면 막연하
게 운만 기대해서는 안 된다. '호랑이를 잡으려면 호랑
이 굴로 들어가라'는 속담이 있듯이 좋은 집을 가지려
면 그만한 노력이 있어야 한다.

· 강현술·박흥식 감수

사주에 모든 길이 있다

신비한 동양철학 65

사주를 간명하는데 조금이라도 도움이 되었으면 하는 바람에서 이 책을 쓰게 되었다. 간명의 근간인 오행의 왕쇠강약을 세분해서 설명했다. 그리고 대운과 세운, 세운과 월운의 연관성과, 십신과 여러 살이 운명에 미치는 암시와, 십이운성으로 세운을 판단하는 방법을 설명했다.

· 정담 선사 편저

사주학

신비한 동양철학 66

5대 원서의 핵심과 실용

이 책은 사주학을 체계적으로 공부하려는 학도들을 위해 꼭 알아야 할 내용과 용어를 수록하는데 중점을 두었다. 이 학문을 공부하려고 찾아온 사람들에게 여러 가지 질문을 던져보면 거의 기초지식이 시원치 않다. 그런 상태로 사주를 읽으려니 제대로 될 리가 없다. 이 책으로 용어와 제반지식을 터득하면 빠른 시일에 소기의 목적을 이룰 수 있을 것이다.

· 글갈 정대엽 저

주역 기본원리

신비한 동양철학 67

주역의 기본원리를 통달할 수 있는 책

이 책에서는 기본괘와 변화와 기본괘가 어떤 괘로 변했을 경우 일어날 수 있는 내용들을 설명하여 주역의 변화에 대한 이해를 돕는데 주력하였다. 그러나 그런 내용을 구분할 수 있는 방법을 전부 다 설명할 수는 없기에 뒷장에 간단하게설명하였고, 다른 책들과 설명의 차이점도 기록하였으니 참작하여 본다면 조금이나마 도움이 될 것이다.

· 원공선사 편저

사주특강

신비한 동양철학 68

자평진전과 적천수의 재해석

이 책은 『자평진전(子平眞詮)』과 『적천수(滴天髓)』를 근간으로 명리학(命理學)의 폭넓은 가치를 인식하고, 실전에서 유용한 기반을 다지는데 중점을 두고 썼다. 일찍이 『자평진전(子平眞詮)』을 교과서로 삼고 『적천수(滴天髓)』로 보완하라는 서낙오(徐樂吾)의 말에 깊이 공감한다.

청월 박상의 편저

동양철학전문출판 삼한

복을 부르는방법

신비한 동양철학 69

나쁜 운을 좋은 운으로 바꾸는 비결

개운하는 방법은 여러 가지가 있으나, 이 책의 비법은 축원문을 독송하는 것이다. 독송이란 소리내 읽는다는 뜻이다. 사람의 말에는 기운이 있는데, 이 기운은 자신에게 돌아온다. 좋은 말을 하면 좋은 기운이 돌아오고, 나쁜 말을 하면 나쁜 기운이 돌아온다. 이 책은 누구나 어디서나 쉽게 비용을 들이지 않고 좋은 운을 부를 수 있는 방법을 실었다.

· 역산 김찬동 편저

인터뷰 사주학

신비한 동양철학 70

쉽고 재미있는 인터뷰 사주학

얼마전까지만 해도 사주학을 취급하는 사람들은 미신을 다루는 부류로 취급되었다. 그러나 지금은 하루가 다르게 이 학문을 공부하는 사람들이 폭증하고 있는 것으로 보인다. 젊은 층에서 사주카페니 사주방이니 사주동아리니 하는 것들이 만들어지고 그 모임이 활발하게 움직이고 있다는 점이 그것을 증명해준다. 그뿐 아니라 대학원에는 역학교수들이 점차로 증가하고 있다.

· 글갈 정대엽 편저